지역사회
경찰활동과
범죄예방

Community Policing & Crime Prevention

임창호

박영사

머리말

20세기 초에 미국 경찰관서는 주로 전문화된 경찰활동 모델에 의해서 운용되었다. 이 모델 아래에서 경찰관서는 엄격한 계층구조에 의해서 조직되고, 표준화된 운용 프로토콜을 이용하고, 중대한 강력범죄에 효과적으로 대응하는 것을 강조하였다. 그러나 20세기 후반에 사회적 무질서 및 범죄율이 증가하기 시작했을 때, 경찰관리자는 경찰관서의 역할을 재조사하고 경찰과 지역사회 간의 파트너십을 통해서 범죄를 줄이기 위한 개혁적 노력을 하였다.

이러한 노력은 '지역사회 경찰활동'으로 알려진 새로운 법집행 철학을 형성하였다. 지역사회 경찰활동은 경찰관과 지역주민 간의 직접적인 관계를 강조하고, 덜 엄격한 계층구조 및 프로토콜에 의해 경찰관서를 조직화하고, 지역 범죄·무질서의 근본원인을 다루고자 노력하였다.

지역사회 경찰활동을 활성화하기 위한 노력은 일반적으로 세 가지 요소로 요약될 수 있다.

첫째, 조직 변혁(organizational transformation)은 관리 정책, 조직 구조, 직원 관리, 정보 기술과 관련된다. 조직 변혁의 토대는 경찰관서가 지리적으로 구분된 임무 및 배치에 의해서 조직화되는 것이다. 또한 경찰관서가 분권화되어 톱다운식 정책과 계층화된 보고체계에 더 적게 의존한다.

둘째, 지역사회 파트너십(community partnership)은 지역사회 경찰활동 노력이 효과적이기 위해서 매우 중요하다. 지역사회 참여는 경찰관서의 모든 측면에 적용된다. 경찰관과 지역사회 파트너들은 지역사회의 가장 중요한 공공안전 이슈의 우선순위를 설정하고 함께 해결하고자 노력한다.

셋째, 지역사회 경찰활동의 가장 변혁적인 측면은 사후적 범죄대응 모델에서 사전적 문제해결(problem solving) 모델로의 전환이다. 사전적 문제해결 접근법은 범죄활동과 관련된 특정 사항을 체계적으로 확인·분석함으로써 범죄가 발생하기 전에 예방하려는 노력이다. 문제 지향적 경찰활동은 어떤 지역사회 문제의 근본원인을 확인하고 그 문제의 효과적인 해결방법을 분석하기 위해서 경찰관, 분석가, 지역주민 사이에 창의적인 문제해결을 촉진하는 경향이 있다.

이러한 지역사회 경찰활동은 사실상 특정 지역사회에 맞춤식의 범죄예방 전략을 제시한다. 지역사회 경찰활동은 범죄예방전략과 매우 유사성을 갖고 있기 때문에 현대적인 범죄예방 접근법으로 볼 수 있다. 우리나라는 지역사회 경찰활동을 위한 하드웨어인 지구대·파출소 제도를 갖추고 있지만, 지역경찰관은 지역사회 경찰활동의 진정한 가치를 제대로 인식하지 못하고 있으며, 지역경찰관서는 여전히 지역 특성을 반영한 고유한 프로그램을 실행하지 못하고 있다. 그러나 우리나라 경찰은 '공동체 치안'이라는 명칭 아래에서 지역경찰관이 지역주민과 자주 접촉하고 지역주민의 의견을 파악하고자 노력하고 있어서 앞으로 지역사회 경찰활동이 더욱 발전할 것으로 예상된다.

저자의 여러 사명 중 하나는 우리 사회의 범죄 및 범죄두려움 수준을 감소시켜서 좀더 나은 사회를 만드는 데 기여하는 것이다. 앞으로 저자는 우리나라 상황에 적합한 지역사회 경찰활동 전략 및 전술을 개발하는 데 최선의 노력을 다할 것이다. 지역사회 경찰활동에 대한 다양한 실증적 연구가 실행될 수 있도록 경찰기관은 적극적인 지원을 아끼지 말아야 할 것이다.

끝으로 이 책이 출판될 수 있도록 도와주신 박영사 임직원분들께 감사드리며, 항상 응원하고 지지해 주는 가족 및 동료 교수들에게도 진심으로 감사드린다. 이 책이 우리나라 지역사회 경찰활동의 발전에 기여하기를 진심으로 기대한다.

2021년 3월 17일
저자 임 창 호

차례

제1장 경찰활동의 역사 및 발전 과정

제2장 지역사회 경찰활동의 선행연구

제3장 지역사회 경찰활동의 개념 및 특징

제4장 전략 지향적 경찰활동

제5장 이웃 지향적 경찰활동

제8장 지역사회 범죄예방

제9장　지역사회 경찰활동의 실행

제10장 지역사회 경찰활동의 실행 사례

제11장 지역사회 경찰활동과 경찰관의 자질

제12장 지역사회 경찰활동과 과학기술

제13장 지역사회 경찰활동의 평가 및 미래

제 1 장

경찰활동의 역사 및 발전 과정

제 1 장   경찰활동의 역사 및 발전 과정

지역사회 경찰활동은 미국 경찰활동의 역사에서 가장 중요한 경향들 중 하나로 여겨진다. 그러나 지역사회 경찰활동은 사회의 병폐를 없애기 위한 만병통치약으로서 마법처럼 생긴 것이 아니다. 미국에서 대부분의 경찰관서들이 도입하고 있는 지역사회 경찰활동을 정확하게 이해하기 위해서는 미국 경찰활동의 역사, 더 나아가 영국 경찰활동의 역사를 살펴보고, 지역사회 경찰활동이 발전해 온 과정을 이해할 필요가 있다.

제1절   영국의 경찰제도

Ⅰ. 중세 영국의 법집행

1. 집단 책임제도

1) 프랭크플레지

산업혁명이 시작할 때까지 영국에서의 법집행 책임은 지방 책임이어서, 시민들이 질서를 유지하기 위한 집단적인 책임을 갖고 있었다. 경찰활동은 프랭크플레지(frankpledge) 제도를 통해서 제공되었다. 프랭크플레지 제도는 노르만인(Norman)의 제도로서 모든 자유민들은 왕의 법에 충성을 맹세하고 지역 치안을 유지하는 책임을 지도록 요구하였다.

2) 10인 조합과 100인 조합

프랭크플레지 제도 아래에서 12세 이상의 각 남자는 9명의 이웃 사람과 함께 10인 조합(tithing)을 구성하도록 요구되었다. 10개의 10인 조합은 한 개의 100인 조합(hundred)으로 구성되었다. 10인 조합제도는 지방의 법과 질서를 유지하기 위하여 집단책임 원칙을 형성하는 데 기여하였다. 100인 조합은 한 명의 100인 조합장(hundredman)에 의해서 관리되었다.

앵글로 - 색슨인은 지방을 지배하기 위해서 shire라고 알려진 지리적 구분을 만들었다. 한 명의 고위관직(ealdorman)이 각 shire를 관리하기 위해서 임명되었는데, 그들의 임무는 세금 징수를 포함하였다. Shire reeve는 법원을 관리하기 위해서 임명되었다(Roberts et al., 2002).

2. 정복자 William

1066년에 노르망디 공작(Duke of Normandy)이었던 정복자 윌리엄(William the Conqueror)은 영국을 정복하였다. 이 당시 영국은 수많은 마을들로 구성되어 있어서, 제한된 중앙집권 정부를 갖고 있었다. 노르만인은 개인의 권리를 제한하는 집단적 안전(collective security) 개념을 가져왔고, 봉건제도(feudal system)를 통해서 정부 활동 및 운영을 중앙집권화하기 시작하였다.

3. King John과 마그나 카르타

1199년에 존 왕(King John)은 왕관을 물려받았지만, 그의 억압적인 방식으로 인해서 1215년에 기본적인 시민권과 정치적인 권리를 보장해 주는 마그나 카르타(Magna Carta)에 서명하게 되었다. 미국 헌법상 권리장전(Bill of Rights)에 의해서 미국인들이 누리는 많은 자유들은 마그나 카르타로부터 기원한다.

4. Edward 1세와 윈체스터법

1285년에 에드워드 1세(Edward Ⅰ)는 윈체스터법(Statute of Winchester)을 공포하였다. 이 법은 토지소유주로 하여금 한 명의 기사를 위해서 말 한 필과 갑옷 한 벌을 지원하도록 요구하였다(Roberts et al., 2002). 토지소유주로 하여금 기사를 지원하도록 함으로써, 왕이 군대를 유지하기 위해서 필요로 하는 예산을 절약하게 되었다. 이러한 제도는 왕이 자신의 군대를 유지하는 것을 가능하도록 만들었고, 그 결과 귀족과 외국 군주를 통제할 수 있게 되었다. 게다가 이 법은 최초의 감시 제도(watch system)를 만들었다.

Ⅱ. 17세기·18세기 영국의 법집행

1. 17세기의 법집행

1) 도시의 범죄 및 무질서 증가

1500년경에 빈곤한 사람들이 도시로 많이 이주하게 되었고, 그 결과 도시에서의 빈곤, 실직, 인구 과다는 범죄와 무질서의 엄청난 증가를 가져왔다. 이 당시 영국은 불법과 범죄자로 만연하였다. 상인들은 자신들의 사적 경찰을 채용하기 시작했는데, 그것은 영국의 '상인 경찰제도'를 형성하게 되었다. 도시는 교구(parish)로 나뉘어져 있었고, 몇몇 교구에서는 교구민들이 교대로 순찰을 하였고, 다른 교구에서는 교구민들이 교구를 순찰할 감시원(watchman)들에게 비용을 지불하였다.

2) 주간 감시와 야간 감시

17세기경 법집행 의무는 주간 감시(day watch)와 야간 감시(night watch)의 2개의 영역으로 구분되었다. 주간 감시는 교도관으로 복무했거나 다른 정부 직책을 맡았던 constable로 구성되었다. 반면에 시민은 야간 감시 업무를 맡았다. 시민은 순번제로 돌면서 화재, 악천후, 무질서를 감시하도록 기대되었다. 몇몇 지역들은 야간감시원(night watchman)이 큰 소리로 시각을 외치도록 하였다.

만약 감시원이나 시민이 범죄를 목격한다면, 고함을 질러 시민들을 불러 모아서 범죄자를 추적하고 체포하도록 하였다(hue and cry). 즉 질서를 유지하는 것은 모든 시민들의 의무였다. 1663년에 찰스 2세(Charles Ⅱ)는 London 야간 감시제도(night watch)를 시작해서, 1,000명의 감시원이 일몰시간부터 일출시간까지 순찰하도록 하였다. 그러나 이 당시의 범죄통제 노력은 비효과적이었고, 빈곤과 범죄는 계속해서 영국 도시를 괴롭혔다.

2. 18세기의 법집행

18세기 말 충분한 재산을 가진 사람은 다른 사람들로 하여금 그들의 감시 업무를 대신하도록 했으며, 이들이 급료를 받는 최초의 경찰이었다. 주간 및 야간감시원 제도는 점차 비효과적으로 되었다. 부유한 사람들은 그들을 대신할 사람을 고용하여 감시의무를 회피할 수 있었으며, 고용된 사람들은 부유한 사람들에 대해서는 그들의 권한 행사를 주저했다.[1] 18세기 영국에서 법집행제도는 부패했을 뿐만 아니라 정치제도 및 정부 또한 부패로 가득 차 있었다(Gaines & Kappeler, 2011: 60).

III. 영국의 현대경찰제도 창설

1. 범죄와 무질서의 London

산업혁명의 영향을 받고 있던 영국 London은 대량 실업과 빈곤을 겪고 있었다. London은 많은 범죄들로 고통 받는 슬럼지역과 심각한 청소년 비행 문제를 갖고 있는 무질서한 도시가 되었다. 몇몇 시민들은 자기 방어를 위해 무기를 소지하기 시작했다. 그 문제들을 다루기 위해서 1780~1820년 사이에 의회는 조사 목적으로 5개의 의회 위원회를 소집하였다.

2. 영국의 개혁가들

영국 개혁가들은 더욱 인도주의적인 법률들은 잘 준수되어 범죄가 줄어들 것이라고 생각하여, 개혁 노력을 엄격하지 않은 법률에 집중하였다. 다른 개혁가들은 경찰의 창설에 노력을 집중하였고, 5명이 London에서 최초의 현대경찰제도의 창설에 직접 기여하였는데, 이들은 헨리 필딩(Henry Fielding), 패트

---

[1] Richardon(1970: 10)에 따르면, "1700년대 중반, New York시의 야간 감시원은 게으르고, 술에 취해 있고, 밤새도록 코를 고는 사람들의 집단이다. 그들은 야간의 어떤 무질서들도 진압하지 않으며, 아마도 주거침입절도에 가담할 준비가 되어 있을 것이다."

릭 콜쿠하운(Patrick Colquhoun), 로버트 필(Robert Peel), 찰스 로완(Charles Rowan), 리차드 매인(Richard Mayne)이었다.

3. 1829년 런던 수도경찰청의 창설

영국에서 노동자들은 새로운 기계, 식량 폭동, 계속된 범죄 증가에 대항해서 시위를 하였다. 폭도를 해산시키기 위해 동원된 영국 군대는 시민들이 군대의 명령에 저항하기 시작하면서 점차 효과적이지 못하였다. 1822년에 영국의 여당인 토리(Tories)당은 새로운 대안들을 생각하기 시작했다.

수상은 그 문제를 다룰 경찰조직을 설립하기 위해서 로버트 필(Robert Peel)을 임명하였다. 필은 필딩과 콜쿠하운에 의해서 제안된 개혁들을 잘 알고 있었고, 많은 영국 시민들은 전문적인 경찰조직의 설립에 반대한다는 것을 발견하였다. 급여를 받는 전임(full-time) 경찰관에 대한 지지를 얻으려는 필의 노력은 7년 동안 실패하였다.

그러나 필이 영국 내무부 장관에 임명되었을 때, 그는 의회 내에 지지 기반을 형성하였고, 전국적인 경찰제도를 창설하려고 노력하기보다는 오히려 London의 도시 경찰만을 개혁하는 데 집중하였다. '런던 수도경찰법'(Metropolitan Police Act)이 1829년에 통과되어, 이전의 무질서한 교구경찰(parish constable)과 야간 감시원(watchman)을 런던 수도경찰(Metropolitan Police of London)로 대체하였는데, 이것은 현대 경찰활동의 기원이 되었다.

4. Robert Peel의 9가지 경찰활동 원리

로버트 필(Robert Peel)은 아래와 같은 9가지 경찰활동 원리(principles of policing)를 제시하였다. 9가지 원리들은 오늘날의 경찰활동을 위해서도 타당하다고 생각된다.

(1) 경찰의 의무는 군대 및 엄격한 처벌에 의한 억압 대신에 범죄와 무질서를 예방하는 것
(2) 경찰의 기능 및 직무를 수행하는 경찰의 권한은 경찰의 존재·행위에 대한 시민 승인과, 시민 존중을 확보하고 유지하는 능력에 의존한다.

(3) 시민의 존중과 승인을 확보하고 유지하는 것은 법률 준수를 확보하는 일에서 시민의 자발적인 협력을 의미한다.

(4) 시민의 협력이 확보될 수 있는 만큼 경찰상 목적을 성취하기 위한 무력 및 강제 사용의 필요성이 감소한다.

(5) 시민 의견에 영합하지 않고 법률 내용의 공정 또는 불공정에 관계 없이 법률에 대한 공평한 서비스를 항상 보여주고, 그리고 재산이나 사회적 지위에 관계없이 모든 시민들에게 개개의 서비스 및 친밀성을 제공하고, 예절 및 친근한 유머를 사용하고, 그리고 생명을 보호하고 유지함에 있어서 개인적 희생을 보여줌으로써 시민 호의를 구하고 유지한다.

(6) 법률 준수를 확보하고 질서를 회복하는 데 필요한 시민 협력을 받기 위해서 설득, 조언 및 경고가 불충분한 것으로 확인될 때에만 무력을 사용한다. 그리고 경찰 목적을 성취하기 위하여 어떤 특정한 경우에 대해서 필요로 되는 최소한의 무력만을 사용한다.

(7) "경찰은 시민이고 시민은 경찰이다"라는 역사적 전통을 실현시켜 주는 시민 관계를 항상 유지한다. 경찰은 지역사회 복지에 대한 관심에서 모든 시민들에게 책임을 져야 하는 의무에 대하여 항상 관심을 기울이고 급여를 받는 시민의 구성원일 뿐이다.

(8) 경찰 집행기능의 엄격한 유지의 필요성을 항상 인식하고, 유죄를 판단하고 유죄인을 처벌하는 사법부의 권한을 빼앗는 것처럼 보이지 않도록 한다.

(9) 경찰 능률성의 증거는 범죄와 무질서의 부존재이고, 그것들을 다루는 데 있어서 가시적인 경찰조치가 경찰 능률성의 증거는 아니다.

5. 친밀한 경찰-시민 관계

로버트 필은 무력이나 법의 엄격함에 의존함이 없이, 경찰이 그들의 행동에서 시민의 인정 및 지지를 이끌어 낼 때에 비로소 성공한 것이라고 인식했다. 이러한 신념은 오늘날에도 여전히 유효하다. 어떤 경찰관서도 시민의 자발적인 동의 없이 범죄와 무질서를 통제할 수는 없다(Gehrand, 2000: 111).

로버트 필은 경찰이 London에서 질서를 유지하는 데 도와주는 친밀한 경찰-시민 관계를 계획했다. 최초의 현대 경찰관서로서 인정되고 있는 런던 수도경찰(London Metropolitan Police)의 설계자에 의해서 계획된 것처럼, 경찰관의 직무는 주로 범죄예방과 사회유지이며 범죄수사가 아니었다. 경찰은 이웃과 상호작용을 함으로써 적극적으로 질서를 유지하는 지역 보안관(marshal)의 역할을 수행해야 했다.

제2절 미국의 경찰제도

Ⅰ. 초기 미국의 경찰제도

1620년에 미국에 왔던 사람들과 그들의 후손들은 미국 혁명을 경험하면서 영국 군인이 주택을 몰수하고 식민지인에게 완전한 권한을 행사할 수 있도록 하는 영국 법규를 거부했다. 미국 경찰의 선구자들은 그러한 권력이 새롭게 창설된 국가에 존재하지 않기를 원했다. 권력 남용의 위험을 인식한 선구자들은 질서 있는 자유체계를 만들었으며, 권력의 오용으로부터 시민을 보호하기 위해서 정부로부터의 안전장치로서 권리장전(Bill of Rights)(1791)을 제정하였다(Burger, 1991: 26.)

1) 북부지역의 경찰활동

(1) 영국경찰제도의 도입

미국 북부지역에서 경찰활동 및 질서유지 체계는 영국의 경찰체계를 모델로 하였다. 감시 시스템(watch system)은 지역 자원봉사자들로 구성되었고, 그들의 주요 임무는 임박한 위험에 대해 경고하는 것이었다. Boston은 1636년에, New York은 1658년에, Philadelphia는 1700년에 야간 감시제도를 만들었다. 야간 감시제도는 특별하게 효과적인 제도는 아니었다.

(2) 주간 감시원 제도의 신설

London에서 1829년에 런던 수도경찰이 창설되었을 때에도, 미국은 여전히 영국 제도와 유사한 주간·야간 감시원 제도를 운영하고 있었다. 1833년에 Philadelphia는 주간 감시원 제도(day watch)를 신설하여 주간·야간 감시원 모두에게 급여를 주는 최초의 도시가 되었다(Gaines, Kappeler, & Vaughn 1999).

(3) New York시의 주간·야간 감시원 통합(대도시 경찰관서의 시초)

1830년대에 중앙집권화된 도시 경찰조직이 등장하였는데, 1838년에 Boston시는 6명의 경찰관으로 구성된 경찰조직을 설립했다. 1844년에 New York시는 경찰서장(police chief)의 통제하에 주간 및 야간 감시원을 통합하였는데, 그것은 오늘날 미국 전역에 존재하는 제도와 유사한 '대도시 경찰관서의 시초'가 된다. 다른 도시들은 New York에 의해서 실시된 제도를 모방하였다. 이 당시의 경찰관서들은 런던 수도경찰과 로버트 필의 원리에 기초해서 설치되었다.

1857년에 Boston, Chicago, New Orleans, Newark, Cincinnati, Philadelphia, Baltimore는 런던 수도경찰을 모델로 하여 경찰관서를 통합하였다. 이러한 경찰관서의 신임 경찰서장들은 경찰관들 사이에서 심각한 인사상 문제에 직면하기 시작했다. 새롭게 통합된 경찰로부터 경찰서장들이 발견했던 것은 잘 훈련되지 못한 경찰관들이었다.

(3) 많은 지역 지원활동 및 서비스 활동

당시 경찰인사상의 문제에도 불구하고 정직하고 헌신하는 경찰관들이 많이 있었기 때문에, 시민들은 경찰에 대해서 자신들을 도와줄 수 있는 근원으로 생각했다. 초기 경찰관의 직무에는 종종 상상되었던 것보다 더 많은 지역 지원활동과 서비스 활동이 포함되어 있었다. 20세기 초 법집행기관은 시민을 돕기 위해 정부에 의해서 공인된 거의 '유일한 서비스 기관'이었다. 이 당시에 복지, 가석방, 보호관찰, 실직 등을 담당하는 행정기관이 존재하지 않았다.

(4) 제복의 착용

경찰관으로 하여금 제복을 착용하도록 요구한 것은 미국에서 최초의 경찰이 창설된 이후 10년 이상이 지나서였다. 그 당시에 제복 착용에 대한 경찰관들의 저항은 강력했다. 경찰관들은 제복은 반미국적이며, 지위 하락과 예

속의 상징이라고 주장하였다. 그럼에도 불구하고, 1854년에 New York시는 소속 경찰관들이 제복을 착용한 미국 최초의 도시 경찰이 되었다. 그 이후 1858년에 Boston, Chicago 및 다른 도시들도 New York시를 뒤따라서 경찰관들로 하여금 제복을 착용하도록 하였다.

2) 남부 지역의 경찰활동

(1) 노예규제 법령의 제정

미국 남부 주에서 경찰활동은 다른 방향으로 발전하였다. 남부 주에서의 경찰활동은 노예순찰(slave patrol) 제도에서 그 기원을 찾아볼 수 있다. 1700년경에 압박 받는 노예들이 야기할 수 있는 위험에 대해서 걱정했던 남부 지역 식민지들은 노예를 규제하는 법령을 제정했다. 이러한 법령은 노예들이 무기를 소지하지 못하고, 집단으로 모이지 못하고, 허가 없이 플랜테이션을 떠나지 못하고, 처벌에 저항하지도 못하도록 금지하였다. 예견했던 것처럼 많은 노예들은 그들에 대한 속박에 저항했다. 그러한 저항은 주로 도망, 음모, 반란 등이었다. 심각한 문제는 몇몇 남부 주에서는 노예들이 식민지인들보다 더 많았다는 것이었다.

(2) 특별집행 경찰관의 창설

매우 위협적인 존재였던 노예들에 대한 백인 식민지인들의 두려움은 현대 경찰로의 전환으로서, 종합적인 집행 권한을 가진 '특별집행 경찰관'을 창설하도록 만들었다. 이러한 노예순찰 제도가 사실상 최초의 미국경찰제도이었다. 1750년경 모든 남부 식민지들은 모든 백인 남자들이 순찰관으로 복무하도록 하는 노예순찰 제도를 갖고 있었다. 그러나 사실상 순찰관들은 일반적으로 가난한 백인 남자였다.

대부분의 주에서 순찰관은 플랜테이션에 들어가서 노예들의 거주지에 침입할 수 있었고, 플랜테이션 밖에서 발견되는 노예를 처벌할 수 있었고, 노예법령을 위반한 것으로 여겨지는 노예를 수색하고, 폭행하고, 심지어 살해할 수도 있었다.

Ⅱ. 정치적 시대의 경찰제도

미국 경찰활동이 발전하는 과정에서 <표 1-1>에서 보는 것과 같은 미국 경찰제도의 3가지 패러다임 전환이 발생했다. 패러다임(paradigm)은 정치, 의학, 교육, 심지어 형사사법체계와 같은 생활의 특정한 측면을 바라보는 방법이다. 패러다임 전환(paradigm shift)은 어떤 특정한 주제에 관해 '새롭게' 생각하는 방법을 의미한다. 켈링(George L. Kelling)과 무어(Mark H. Moore)(1991: 6)는 이러한 패러다임 전환을 미국 경찰활동의 특정한 시대(era)로 설명하고 있다.

〈 표 1-1 〉 미국경찰제도의 3가지 시대

항목	정치적 시대 (1840~1930년대)	개혁 시대 (1930~1980년대)	지역사회 시대 (1980년대~현재)
권한부여	정치와 법률	법률과 전문화	지역사회 지원, 법률과 전문화
기능	광범위한 사회적 서비스	범죄통제	광범위한 서비스 제공
조직 설계	분권화	집권화, 고전적	분권화, 특별팀, 매트릭스
지역사회와의 관계	친밀함	전문적, 거리가 먼	친밀함
전술 및 기술	도보순찰	예방순찰과 신고에 대한 신속한 대응	도보순찰, 문제해결, 공공관계
결과	시민만족, 정치적 만족	범죄통제	삶의 질, 시민만족

자료: Kelling & Moore, 1991.

1. 경찰관서의 설치

정치적 시대(the Political Era: 1840-1930) 동안 경찰관서가 설치되었으며, 이 시기에 경찰은 정치와 매우 밀접하게 연결되어 있었다. 이것은 영국의 상황과는 달랐다. 영국에서는 경찰이 왕 아래에 집권화되었고, 경찰서장은 경찰관을 해고할 권한을 갖고 있었다. 그러나 미국에서는 경찰이 자치단체장 아래에 설치되어 분권화되었고, 경찰서장은 경찰관을 해고할 권한을 갖고 있지 않았으며, 그 결과 경찰은 종종 규율이 부족했다. 또한 미국의 경찰관들은 주로 그들 지역사회 내에 거주하였고, 다수당의 구성원이었다. 이 당시에는 도보순찰이 가장 일반적인 경찰활동 전략이었으므로 경찰관은 일반 시민과 친밀하였다.

2. 엽관제도

정치적 시대 동안에 경찰서장은 정치적으로 임명되었으며, 경찰서장은 자신을 임명한 사람들이 계속해서 권력을 유지하도록 하는 데 많은 관심을 갖고 있었다. 정치가들은 자신들을 위해 투표했던 사람들에게 관직이나 특권으로 보상했다. 이것은 엽관제도(spoils system 또는 patronage system)라고 불렸다.

3. 위커샘 위원회

1929년에 후버(Herbert Hoover) 대통령은 형사사법제도를 연구하기 위하여 「법준수 및 집행에 관한 국가위원회」(National Commission on Law Observance and Enforcement)를 구성하였고, 전 법무부장관(attorney general)이었던 위커샘(George W. Wichersham)을 위원장으로 임명하였다. 위커샘 보고서가 1931년에 제출되었을 때, 그것은 미국 경찰활동의 역사에서 가장 중요한 사건들 중 하나가 되었다(Walker, 1997: 154). 위커샘 위원회는 경찰에 관한 2개의 보고서에 중점을 두었다.

「법집행에서의 불법」(Lawlessness)이란 제목의 report 11은 3단계(자백이나 진술을 얻어 내기 위해서 물리적 또는 심리적으로 고통을 가하는 것)가 광범위하게 실행되고 있다고 결론을 내리면서, 경찰 폭력(brutality)의 문제를 설명했다. 특별한 전술에는 (1) 연장된 질문하기, (2) 위협과 친밀성, (3) 물리적 폭력, (4) 불법 구류, (5) 피의자에 대한 변호인 접근 거절 등이 포함되었다(National Commission on Law Observance and Enforcement, Report on Lawlessness in Law Enforcement, 1931: 4).

「경찰」이란 제목의 report 14는 경찰행정을 조사했으며, (1) 전문적인 리더십, (2) 집권화된 행정통제, (3) 경찰관을 위한 더 높은 기준, 즉 사실상 경찰 전문화를 요구했다. 이 당시 경찰의 비능률과 부패는 경찰활동의 두 번째 시대인 개혁시대를 가져오게 되었다.

III. 개혁 시대의 경찰활동

개혁 시대(the Reform Era: 1930~1980년)는 종종 발전시대(the Progressive Era)라고도 불린다. 볼머(August Vollmer)와 윌슨(O. W. Wilson)은 경찰관서의 조직 및 기능에 있어서 철저한 변화를 요구하는 개혁운동의 선두에 섰다.

1. August Vollmer

1) 미국 경찰의 아버지

볼머는 '미국 경찰의 아버지'로 불리는데, 그는 1904년에 Berkeley시 marshall로 선출되었고, 1909년에 경찰서장이 되어 1932년까지 경찰서장의 역할을 담당하였다.

2) 경찰 개혁활동

Berkeley에서의 재임기간 동안 볼머는 미국 경찰의 모델을 만들었다. 그의 개혁에는 (1) 순찰차량에의 무전기 설치, (2) 지문 및 필적 분류체계, (3) 범죄수법(MO) 파일의 분류 및 활용을 위한 업무체계, (4) 자동차 및 자전거 순찰, (5) 경찰관서 내 경찰학교 설치 등이 포함되었다.

볼머는 경찰이 단순히 범죄와 싸우기보다는 지역사회에 대해서 더 많은 책임을 지니고 있는 사회사업 전문가(professional)로서의 교육훈련을 받아야 한다고 믿었다. 그의 저서인 'The Police and Modern Society'(1936)는 여전히 법집행 분야에서 고전이다. 그는 또한 Berkeley의 California 대학교에 최초로 경찰 프로그램을 개설하도록 지원하였다.

2. O. W. Wilson

볼머의 부하였던 월슨은 경찰전문화 운동을 계속 이어갔다. 월슨의 가장 큰 장점 중 하나는 정직한 법집행에 대한 확고한 신념이었다. 그는 경찰이 범죄의 근본원인에 대해 거의 통제하지 못한다고 인식했으며, '예방순찰'이란 개념을 만들었다. 그의 가장 유명한 저서는 'Police Administration'(1950)과 'Police Planning'(1957)이다.

3. 경찰활동과 정치의 분리

1) 경찰 채용시험의 실시

개혁시대 동안 기본적 변화는 경찰활동을 정치와 분리시키는 것이었으며, 그것은 다양한 방법에 의해 성취되었다. 예를 들면 Los Angeles에서 경찰서장 직책은 직업공무원 직무(civil-service job)가 되었으며, 경찰 지원자들은 채용시험에 통과하도록 요구되었다.

2) 경찰 역할의 변화

경찰활동에서 강조되는 것도 변화되어 시민은 경찰활동을 범죄와 싸우는 것(fighting crime)으로 여기기 시작했다. 경찰은 사회서비스 기능을 덜 만족스러운 것으로 여겼으며, 가능한 경우에는 그러한 기능의 수행을 피했다.

3) 경찰-시민 관계의 변화

개혁시대 동안에 경찰과 일반 시민 간의 관계 또한 변화하였다. 이 기간 동안에 경찰지도자들은 경찰관과 정치가·시민 사이의 올바른 관계를 재정의하였다. 경찰은 전문적이고 중립을 지키며, 시민과의 냉정한 관계에서 공평한 법집행가가 되고자 하였다.

4. 가늘고 푸른 선

개혁시대 동안에 '가늘고 푸른 선'(thin blue line)이라는 개념이 형성되었다. 이 용어는 법률을 준수하는 평화로운 시민과 살인·약탈을 행하는 범죄자를 구분하는 선을 의미한다. 이 용어는 또한 경찰과 그들이 봉사하는 일반 시민 사이의 거리를 의미한다. 이 용어는 지역사회에 대한 위험을 설명하고, 경찰이 그러한 위험과 준법시민 사이에 위치한다는 것이다. 즉 경찰 영웅주의(police heroism)와 고립(isolation) 양자를 의미한다.

5. 신속한 대응과 예방순찰 전략

개혁시대 동안에 경찰을 일반 시민과 격리시킨 것 외에도, 도보순찰을 자동차 순찰로 대체하였다. 출동요청에 대해서 '신속한 대응'을 강조하면서, 윌슨의 순찰차에 의한 '예방순찰 전략'은 개혁시대 동안 경찰활동의 핵심이 되었다. 경찰은 전문적으로 범죄와 싸우는 사람(crime-fighter)으로 여겨졌고, 개혁시대 동안의 경찰활동은 전문적 모델(professional model)이라고 말해졌다.

6. 경찰과 일반 시민의 갈등

1) 일반 시민의 적

미국에서 거의 동시적으로 발생했던 몇몇 중요한 사건들로 인해서 폭발적인 사회적 변화가 있었던 1960년대 동안에 경찰활동들이 많은 도전을 받았다. 미국에서 매우 불평등하고, 정치적이고, 경제적인 체계를 변화시키려는 일반 대중운동인 시민권리 운동(civil rights movement)이 1950년대 말에 시작했다. 흑인과 (거의 대부분 남자이면서 백인인) 경찰 사이의 대결은 이 시기 동안에 증가하였다. 경찰이 시위 행진과 시민 불복종을 다루는 방법은 이러한 상황을 악화시켰다.

교육훈련이 부족한 상황에서 마약문화뿐만 아니라 혼란스러운 일련의 사회운동에 직면하면서, 경찰은 일반 시민의 적(enemy)이 되었다. 경찰관은 학생에서부터 유명한 연예인에 이르는 모든 사람들에 의해서 'pig'라고 불렸다. pig는 평화, 평등, 정의를 방해했던 현상, 제도 및 모든 것들을 반영한 것이었다. 1960년대 경찰은 사회와 전쟁을 벌였고, 법집행기관과 시민 간의 관계가 매우 긴장되었다.

2) 부패와 범죄행위

경찰이 1960년대에 인종폭동과 전쟁반대 시위를 다루었던 비합리적인 방법 외에도, 몇몇 대도시 경찰관서들은 부패로 인해 비난을 받았다. 경찰기관들 사이의 부패 및 범죄행위에 관한 1970년대 연구들은 전체 형사사법체계의 방법, 태도, 이미지 등이 변화하도록 만들었다. 법집행활동에 대한 대중매체의 보도는 일반 시민에게 많은 내용을 알렸으며, 일반 시민도 변화를 요구했다.

7. 경찰활동 조사를 위한 위원회

1960년대와 1970년 초 미국 도시의 혼란과 경찰활동에 관한 대책은 다수의 전문위원회를 설치하는 것이었다. 5개의 국가위원회가 경찰활동 및 형사사법 과정의 다양한 측면을 조사하고, 혁신 권고를 하기 위해서 구성되었다.

(1) 법집행 및 사법행정에 관한 대통령위원회(President's Commission on Law Enforcement and Administration of Justice)

이 위원회는 도시의 인종폭동에 의해서 영향을 받았다. 1967년과 1968년에 발간된 보고서로 인해서 1968년의 「안전거리법」(Safe Streets Act)이 제정되었고, 경찰 관련 프로그램들을 위해 중요한 자금을 제공했던 법집행원조청(Law Enforcement Assistance Administration: LEAA)이 설치되었다.

(2) 공공 무질서에 대한 국가자문위원회(National Advisory Commission on Civil Disorders)

Kenner 위원회로 잘 알려진 이 위원회는 1967년 여름 동안에 발생한 미국의 많은 도시의 폭동과 무질서로 인해서 설치되었다. 그 위원회의 보고서는 무질서 유형을 조사하고, 연방 정부, 형사사법체계, 지방 정부에 의한 대응방안을 권고했다.

(3) 폭력의 원인과 예방에 관한 국가위원회(National Commission on the Causes and Prevention of Violence)

이 위원회는 1968년 킹 목사(Martin Luther King, Jr.)와 케네디 대통령 (Robert Kennedy)의 암살 이후에 설치되었다. '정의를 확립하기 위해, 국내의 평온을 얻기 위해서'라는 그 위원회의 보고서는 1969년에 발행되었다.

(4) 대학 불안에 관한 대통령위원회(President's Commission on Campus Unrest)

이 위원회는 1970년 Kent 주립대학교와 Jackson 주립대학교에서의 시위와 관련된 학생 사망 이후에 설치되었다.

(5) 형사사법 표준 및 목표에 관한 국가자문위원회(National Advisory Commission on Criminal Justice Standards and Goals)

이 위원회는 경찰의 범죄통제 노력을 위한 표준 및 권고 사항을 개발하려는 시도에서 1973년에 6개의 보고서를 발표했다.

8. 경찰과 지역사회 사이의 관계를 촉진하기 위한 노력

1) 공공 관계

공공 관계(public relation) 노력은 주로 경찰 이미지를 향상시키려는 일방적인(one-way) 노력이다. 경찰관서에 의한 이러한 노력은 경찰관서의 오픈 하우스를 개최하고, 학교 및 지역사회의 사건에 대해서 대변인을 제공하는 것이 포함되었다. 많은 경찰관서들은 공공관계과를 설치해서, 특정 경찰관으로 하여금 공공 관계 업무를 담당하도록 하였다. 그러한 노력들은 시민의 지원을 필요로 한다는 경찰행정가에 의한 인식을 반영한 것이다.

2) 지역사회 관계

1970년대 말 경찰과 일반 시민 사이의 더 악화된 관계의 결과로서, 많은 경찰관서들은 지역사회 관계(community relation) 프로그램을 시작했다. 대중매체에 의해 형성되고 주로 일방적 의사소통이었던 공공관계 노력과 달리, 지역사회 관계 프로그램은 합동 경찰활동(team policing)과 지역사회 자원 경찰관 (community resource officer)과 같은 경찰전술을 통해서 경찰과 지역사회를 더욱 가깝게 하고자 노력했다.

지역사회 관계를 촉진하려는 노력은 범죄예방 프로그램을 통해서 시민들을 자주 참여시켰다. 그러한 범죄예방 프로그램은 나중에 지역사회 경찰활동 노력에서도 사용되는 전략이 되었다. 개념 간의 혼란을 피하기 위해서, <표 1-2>에서 보는 것과 같이 공공 관계(public relations), 지역사회 관계(community relations), 인간 관계(human relations)를 구분할 필요가 있다.

〈 표 1-2 〉 공공관계, 지역사회관계, 인간관계

	공공관계 (Public Relations)	지역사회 관계 (Community Relations)	인간관계 (Human Relations)
개념	경찰 이미지를 향상시키려는 노력	지역사회와 상호작용하고 의사소통을 하려는 노력	다른 사람 또는 집단과 관계를 맺고 이해하려는 노력
주요 활동	우리는 여러분에게 우리가 무엇을 하고 있는지를 말할 것이다. 그러나 우리가 범죄와 싸울 수 있도록 혼자 놔두라	합동경찰활동, 지역사회 자원경찰관, 학교 자원 경찰관	협력관계를 형성하기

9. 합동 경찰활동

1) 합동 경찰활동의 등장 배경

1960년대 중반 이후 미국에서 도시 폭동이 발생한 후에, 경찰과 지역사회 관계는 경찰의 준군대적 구조와 지역사회 욕구에 대한 경찰의 적절치 못한 대응 때문에 비난을 받아 왔다. 그로 인해 경찰은 지역사회의 다양한 욕구에 부응할 수 있는 다른 유형의 경찰조직이 필요하다는 것을 인식하게 되었다. 그 결과 1970년 대 초기에 합동 경찰활동(Team Policing)이 등장하였다.

합동 경찰활동은 1968년에 Syracuse 경찰서에 의해서 최초로 활용되었으며, 1974년에 미국 전역의 60여 개 경찰관서가 합동 경찰활동의 여러 형태를 시도했다(Schwartz & Clarren, 1977). 이웃 합동경찰활동반(Neighbourhood Team

Policing Unit)이 특별 연방자금을 받으며 조직되었다. 그 부서는 경찰과 소수 민족 사이의 공공관계를 회복하고자 했으나, 1970년대 말에 해체되었다.

2) 합동 경찰활동의 목적

합동 경찰활동은 (1) 경찰관서를 재조직하고, (2) 경찰의 지역사회 관계를 개선하며, (3) 경찰관의 사기를 진작하고, (4) 경찰조직 내의 변화를 촉진하려는 시도였다. 합동 경찰활동은 효율성을 위한 경찰집권화의 필요성과 지역주민을 위한 경찰분권화의 필요성 양자의 균형을 맞추기 위한 시도라고 할 수 있다. 합동 경찰활동은 미국과 영국의 전통적 경찰활동 방법을 바꾸어 놓은 가장 역동적인 실험들 중 하나이다. 합동 경찰활동은 우수한 경찰서비스를 제공함에 있어서 다양한 부서의 경찰관들이 함께 참여하는 하나의 혁신적 경찰활동이었다.

3) 합동 경찰활동의 내용

합동 경찰활동의 핵심요소는 분권화와 지역 중심의 경찰서비스 전달이며, 합동 경찰활동에서 경찰관은 20~30명으로 구성된 팀으로 조직되어 특정 지역을 고정적으로 배정받고, 그 지역의 모든 경찰서비스 전달에 대해 책임을 졌다. 지역 문제의 확인과 그 해결전략의 개발은 그 팀에게 전적으로 맡겨져 있다. 팀 내부의 임무, 계획 작성, 경찰서비스에 대한 권한은 팀 리더에게 부여되었다.

일반적으로 합동 경찰활동은 팀 내에 집행활동 책임을 맡고 있는 경찰관을 지도자(경사나 경위)와 결합시키는 것이었다. 팀에 속한 각 경찰관은 순찰·교통·수사기능을 수행할 기회를 갖고 있으며, 필요한 곳에서는 마약, 비행, 청소년 통제와 같은 전문화된 기능도 수행할 기회를 갖게 되었다.

합동 경찰활동은 세 가지 공통적인 운영요소들을 수행하고자 시도했다. 첫째, 순찰의 지리적 안정성, 즉 작은 지역에 경찰팀을 고정적으로 배치한다. 둘째, 일주일에 7일, 24시간 동안 한 지역에 배치된 모든 경찰관들 사이의 밀접한 의사소통을 포함해서 팀원들 사이에 최대한 상호작용을 한다. 셋째, 팀원들과 지역사회 사이에 최대한 의사소통을 한다.

4) 합동 경찰활동의 평가

합동 경찰활동의 실패는 철학이나 생각보다는 변화의 실행과정에서 생겼는데, 실행과정 동안의 몇몇 문제점을 지적하면 다음과 같다(Roberg & Kuykendall, 1993: 109).

(1) 조직의 모든 계층에서 변화과정에 대한 기획과 이해가 결여되었다. 합동 경찰활동이 일반 순찰활동과 어떻게 다른지에 대한 분명한 정의가 없었다.

(2) 조직의 상층부나 외부의 의견이 강요되었고, 하위계층으로부터도 지지를 받지 못했다.

(3) 성공에 대해 비판적이었던 중간관리자와 일선감독관이 불만을 갖게 되었다. 그들은 기획과정에서 배제되었으며 새로운 노력을 요구하는 변화된 역할을 행할 준비가 되어 있지 못했다.

(4) 새로운 프로그램을 지지하기 위해서 필요로 되는 조직 과정·구조에 있어서 변화가 없었다.

(5) 새로운 프로그램을 지지해 주는 전체적인 조직철학이 존재하지 않았다.

(6) 전반적인 노력이 너무 빨랐다. 대부분의 실험이 충분히 기획되지 못했고 너무 성급하게 추진되어 순찰경찰관들은 그들이 무엇을 하기로 되어있는지를 정확히 알지 못했다.

5) 지역사회 경찰활동에의 영향

합동 경찰활동은 당시의 지배적인 개혁 시도였으나, 그 실패의 원인은 개념 자체보다는 조직 혁신을 위한 노력이 없었기 때문이다. 이때 얻은 교훈이 '지역사회 경찰활동'의 중요한 등장 배경이 되었다. 더 잘 교육받은 경찰관들을 보유하고, 명령계통 전체에 걸쳐서 더 발전된 관리를 했다면, 합동 경찰활동은 성공적이었을지도 모른다. 그런 한계에도 불구하고 합동 경찰활동은 지역사회 경찰활동 개념의 기초를 확립했다.

10. 법집행원조청

1) 예산 지원

경찰의 부정적 이미지에 대한 또 다른 대응은 1968년 법집행원조청(Law Enforcement Assistance Administration: LEAA)의 설치였다. LEAA는 법집행을 위한 연구 및 프로그램에 예산을 수년 동안 지원하고, 범죄와의 전쟁(war on crime)에도 수십억 달러를 제공하였다. LEAA는 경찰, 법원, 교정체계를 향상시키고, 청소년 비행을 줄이기 위해 노력하고, 혁신적인 범죄와의 싸움 프로젝트를 위해서 주정부 및 지방정부에 90억 달러 이상의 자금을 제공하였다. 수만 개의 프로그램 및 프로젝트가 LEAA 자금을 지원 받았으며, 수백만 시간이 범죄를 감소시키고, 형사사법을 향상시키고, 효과적이고, 능률적이며, 경제적인 방법을 확인하기 위해 제공되었다.

2) 법집행 교육 프로그램

오늘날 대부분의 법집행 공무원들이 LEAA가 잘못 관리되었다고 인식할지라도 LEAA의 긍정적인 측면도 있다. 그것은 수천 명의 경찰관에게 고등교육을 받기 위한 자금을 제공했던 법집행 교육 프로그램(Law Enforcement Education Program: LEEP)이었다.

11. 법원의 판결

법원은 1960년대 동안에 형사사법에 중요한 영향을 미쳤다. 몇몇 판결이 경찰권을 제한했고, 피고인의 권리를 명확하게 하였다.

1) Mapp v Ohio 판결

1961년 Mapp v Ohio 판결은 미국의 모든 법원 및 법집행 공무원에게 배제규칙(exclusionary rule)을 적용했다. 1914년에 Weeks v United States 판결에서 형성된 배제규칙은 비록 증거가 그 사건과 관련이 있을지라도, 합리적이지 못하고 위헌적인 수색 및 압수에 의해 획득된 증거를 거부해야 한다고 하였다.

2) Gideon v Wainwright 판결

1963년 Gideon v Wainwright 판결에서 대법원은 제14차 수정헌법의 적법 절차 조항은 주정부로 하여금 모든 중범죄 사건에서 가난한 피고인에게 무료 변호인을 제공해야 한다고 판결을 내렸다.

3) Escobedo v Illinois 판결

1964년 Escobedo v Illinois 판결에서 대법원은 개인이 변호인을 선임할 수 있으며, 신문 동안에 변호인이 참여하도록 허용된다는 권리를 고지받지 않은 채 자백한다면, 그 자백은 불법이라고 판결했다.

4) Miranda v Arizona 판결

변호인을 참여시킬 수 있고, 필요한 경우 공공비용으로 선임할 수 있는 권리와 기타 권리들은 가장 유명한 1966년 대법원 판결인 Miranda v Arizona 판결에서 재확인되었다. 법원은 피의자가 신문 전에 4가지 기본적 권리를 고지받지 않았다면, 구금된 피의자의 신문 동안 경찰에 의해서 획득된 증거는 법원에서 이용될 수 없다고 판결했다.

- 진술거부권을 행사할 수 있는 피의자의 권리
- 피의자에 의해서 행해진 어떤 진술이라도 법원에서 사용할 수 있는 경찰의 권리
- 신문 동안에 변호인을 참여시킬 수 있는 피의자의 권리
- 만약 피의자가 변호인을 선임할 수 있는 경제적 여유가 없는 경우, 신문 전에 법원에 의해서 임명된 변호인을 선임할 수 있는 피의자의 권리

5) Terry v Ohio 판결

또 다른 유명한 판결은 1968년 Terry v Ohio 판결에서 내려졌다. 이 사건은 의심스러운 행동을 조사하기 위해 어떤 사람을 정지시켜 질문할 수 있는 경찰관의 권리와, 만약 경찰관이 그 사람이 무장을 했다고 믿을 만한 이유를 갖고 있다면 그 사람의 신체를 수색(frisk)할 수 있는 경찰관의 권리를 확립했다.

12. 개혁시대 동안의 기타 문제 및 도전

1) 이민자 및 정신병 환자의 유입

위의 대법원 판결들에도 불구하고 신고된 범죄건수는 증가했으며, 범죄에 대한 일반 시민의 두려움은 증대되었다. 이민자들의 유입은 주요 도시들의 문제를 증가시켰다. 1970년대 동안 정신병 환자들의 탈시설화는 수천 명의 정신장애를 지닌 사람들을 어떤 지원도 받지 못한 채 거리로 내몰았다.

2) 예방순찰, 신속대응, 범죄수사에 대한 연구

1970년대에 행해진 연구들은 경찰 효과성에 의문을 제기하였다. 경찰전술의 3가지 주요요소인 (1) 자동차 예방순찰, (2) 출동요청에 대한 신속한 대응, (3) 범죄수사의 효과성 연구들은 모두 경찰활동에 대해서 실망적인 결과를 알려주었다. 즉 자동차 예방순찰은 범죄, 시민의 범죄 두려움 수준, 경찰에 대한 시민 만족도에 거의 영향을 미치지 못했다. 마찬가지로 출동요청에 대한 신속한 대응은 체포, 경찰에 대한 시민 만족도, 시민의 범죄 두려움 수준에 거의 영향을 미치지 못했다. 또한 범죄수사의 효과성 연구는 수사부서가 매우 형편없이 관리되어서, 수사부서가 효과적일 수 있는 기회를 거의 갖고 있지 못하다고 하였다(Kelling, 1988: 4).

전문화 모델의 효과성에 대한 중요한 도전은 1972년 Kansas시 예방순찰 연구였다. 이 고전적 연구는 예방순찰 노력의 증가 또는 감소는 (1) 범죄, (2) 범죄에 대한 시민 두려움, (3) 경찰에 대한 지역사회 태도, (4) 경찰의 출동시간, (5) 교통사고 등에 어떤 의미 있는 영향을 미치지 못하였다는 것을 알려주었다. 많은 법집행 공무원들은 Kansas시 예방순찰 연구를 경찰활동에 있어서 새로운 시대의 시작으로 보았다.

이 연구는 경찰활동에서 경찰에 의해서 활용된 최초의 실험적 연구였으며 획기적인 사건이 되었다. 또한 이 연구는 경찰활동에서 더욱 심층적인 연구를 위한 환경을 제공했고, 경찰활동의 전문화에 있어서 최초의 진정한 운동으로 보여진다. 이 연구의 연구설계 및 수행에 있어서 문제들이 있었지만, 그 연구는 경찰활동에 관한 많은 가정에 의문을 제기하였다. 그것은 많은 경찰관들이 이미 알고 있었지만, 경찰예산에 영향을 줄 것을 두려워하여 공개

되기를 원치 않았던 것이었다.

3) 문제 지향적 경찰활동과 깨진 유리창 이론

1970년대 중반에 미국 경찰활동에서 일반적인 개혁은 천천히 진행되었다. 합동 경찰활동과 같은 유망한 개혁들은 주요한 변화를 야기하지 못하였다. 1979년 골드스타인(Herman Goldstein)의 '문제 지향적 경찰활동'(Problem-Oriented Policing)과 1982년 윌슨(James Q. Wilson)과 켈링(George L. Kelling)의 '깨진 유리창'(Broken Windows)이라는 2개의 논문은 개혁운동에 대하여 의문을 제기하였다.

경찰활동을 재평가하기 위한 다른 이유들은 경찰관이 된 사람들의 변화하는 성격과 순찰경찰관의 전통적 역할에 대한 그들의 좌절 때문이었다. 비록 순찰이 '경찰활동의 뼈대'일지라도, 순찰은 가장 적은 만족을 주는 임무로 여겨졌다. 더 많은 고등교육을 받고 더 적은 군대문화를 갖고 있는 신임경찰관을 끌어들이기 위해서는 순찰영역의 변화가 필요했다. 경찰관서의 임무를 성취함에 있어서 순찰경찰관의 역할이 경찰관서에서 중요하게 여겨졌다.

4) 민간경비원의 고용

많은 상인과 개인들은 자신들의 안전을 확보하기 위해 민간경비원을 고용하기 시작했다. 일반 시민은 경찰 혼자만으로는 평화를 유지할 수 없다고 여겼다. 비록 일부는 일반 시민과 민간경비원 사이에 더 많은 협력을 요구했을지라도, 다른 일부는 일반 시민이 경찰활동 노력과 더욱 협력해야 한다고 주장했다.

Ⅳ. 지역사회 시대의 경찰활동

형사사법과 순찰경찰관의 역할에 대한 불만족, 각종 연구 결과, 민간경비로의 경향, 골드스타인과 윌슨 및 켈링의 논문들의 결합은 경찰활동의 세 번째 시대인 지역사회 시대를 이끌었다.

1. 지역사회 참여

1980년대에 많은 경찰관서들은 범죄와의 싸움을 통해서 더 많은 지역사회 참여(Community Involvement)에 관한 실험을 하기 시작했다. 이 기간 동안 몇몇 도시들은 골드스타인(Goldstein)의 경찰활동에 대한 문제 지향적 접근을 실험했으며, 많은 경찰관서의 중점사항이 '범죄와의 싸움'에서 '범죄 예방'으로 변화되기 시작했다.

역사가들에 따르면, 지역사회 시대(the Community Era: 1980년~현재)는 1968년 2월에 「공공 무질서에 대한 국가자문위원회」가 제출한 커너(Kerner) 위원회 보고서에 그 뿌리를 갖고 있다. 그 보고서는 미국에서의 인종주의를 비난했고, 더욱 심화되는 인종적 양극화와 폭력을 피하기 위해서 흑인 지역사회에 도움을 요청했다.

2. 일반 시민의 다양한 욕구

법집행은 다양한 종류의 경찰활동에 대한 일반 시민의 욕구에 점차 부응하게 되었다. 오늘날에는 상당히 많은 경찰-시민 상호작용과 문제해결 활동이 있다. 비록 변화에 여전히 저항할지라도, 경찰기관은 그들의 지역사회의 욕구에 더 잘 대응할 것 같다. 경찰이 성폭행, 가정폭력, 아동 성학대, 음주운전, 실종아동을 다루는 방법의 중요한 변화가 이러한 새로운 대응을 입증하고 있다. 일반 시민은 경찰이 사전적(proactive)으로 될 것을 원한다. 즉 경찰이 범죄가 발생한 후에 범죄자를 체포하는 것뿐만 아니라 범죄를 예방해 줄 것을 원한다. 지역사회 시대 동안에 경찰은 지역사회와 친밀한 관계를 재설정하고자 노력했다.

3. 로버트 필 원리의 재등장

지역사회 시대는 지역사회 경찰활동, 지역사회 지향적 경찰활동, 이웃 지향적 경찰활동 등과 같은 많은 이름으로 불린다. 현재는 지역사회 경찰활동(community policing)이라는 용어가 가장 일반적으로 이용된다. 경찰활동에 대한 가장 새로운 접근법의 핵심으로서 사회안녕(welfare)은 '지역사회 책임'(이때 경찰관은 지역사회의 일부분이 되고, 지역사회와 분리되어서는 안 된다)이라는 고대시대의 생각으로 다시 되돌아 온 것이다. 비록 지역사회 경찰활동이 혁신적인 것으로 여겨질지라도, 지역사회의 참여와 지역사회에 대한 반응이라는 중요한 생각들은 1829년 로버트 필의 원리들에서 제시된 것들이었다(예 경찰은 시민이고, 시민은 경찰이다).

4. 경찰-지역사회 관계(PCR)의 등장

1) 도보순찰의 포기와 기동화된 경찰로의 대체

미국에서 1960년대에는 범죄 증가, 기술 발전, 경찰관리에 대한 인식 변화 등으로 인해 경찰은 도보순찰을 포기하였으며, 그 결과 도보순찰로 인해 형성되었던 지역사회와의 관계도 악화되었다. 도보순찰은 몇 분 안에 이 사건에서 또 다른 사건으로 이동할 수 있는 기동화된 경찰관들로 대체되었다.

2) 극심한 인구 변화와 갈등

도시의 많은 지역사회들은 극심한 인구 변화를 겪고 있었다. 오랜 기간 동안 도시 내에 거주했던 시민들이 새롭게 개발된 교외지역으로 이주해 나가고, 시골 지역에서 이주해 온 사람들이 도시 내에 거주하게 되었다. 시민의 지원요청이나 범죄신고에 응답하기 위해서 신속하게 이동하는 경찰관이 지역사회에 도착했을 때, 경찰관과 새로 이주해 온 시민 사이에 많은 문제들이 발생했다. 경찰관은 가능한 한 빨리 신속한 조치를 취하고, 더 심각한 다른 긴급사건을 처리할 필요가 있었기 때문에 의사소통의 부족과 불신이 계속해서 발생했다. 그 결과 이 당시 경찰은 더 이상 지역사회의 구성원이 아니었으며, 시민에게 점차 침략군으로 보여졌다.

3) 경찰-지역사회 관계 부서의 설치

많은 경찰관서들은 경찰과 지역사회 간의 문제들을 분석하기 위해서 '경찰-지역사회 관계'(Police Community Relation: PCR) 부서를 설치하였다. 이러한 PCR 부서는 주로 불미스러운 사건이 발생한 이후에 개입했기 때문에 효과적이지 못했다. PCR 부서가 좋은 의도를 갖고 있었을지라도 그들은 현실적으로 제대로 활동하지 못했다.

5. 지역사회 경찰활동의 등장

지역사회 경찰활동이 등장하는 데 여러 세기가 걸렸으며, 지역사회 경찰활동은 거의 모든 경찰활동의 사실상 기초가 되었다. 미국에서 지역사회 경찰활동이 출현·발전하여 미국 전역의 경찰관서에 걸쳐 확산된 것은 다음과 같은 요인들의 영향으로 인한 것이었다(Skogan, 1996: 90-93).

1) 정치적 요인

(1) 유력한 정치세력의 등장

지역사회 경찰활동을 수용함에 있어서 기초가 된 가장 중요한 구조적 요인은 정치이다. 아프리카계 미국인과 스페인계 미국인을 포함해서, 경찰과 자주 적대적인 관계를 갖고 있던 집단의 연합세력은 많은 도시에서 유력한 정치세력이 되었다. 정치지도자들은 경찰 남용을 억제하고, 주민을 법집행정책의 목표물로 다루지 않고, 주민에게 봉사하는 경찰활동을 발전시키고자 하였다.

(2) 정치지도자의 집단폭력의 예방 노력

다양한 배경을 갖고 있는 정치지도자들은 1991년 Los Angeles에서 로드니 킹(Rodney King) 구타 장면이 TV에 방송된 후에 발생했던 집단폭력을 예방하고자 하였다. 1960년대 중반 이후에 미국 도시에서 발생한 폭동들은 아프리카계 미국인과 경찰 사이의 갈등에 의해서 자주 일어났다.

미국의 대통령 위원회에 의해서 행해진 1960년대의 폭동에 관한 연구들에 따르면, 폭동 중 절반이 경찰권 남용사건에 의해 발생되었다. 그것은 Los Angeles, Miami, 그리고 다른 도시들에서 발생한 1980년대 폭동에 의해서도 입증되었다. 경찰관서의 정책을 발전시키고 경찰행정가를 선발할 때, 대도시 정치가들은 그들의 행동이 소수민족 사이에서 어떻게 받아들여질 것인가에 깊은 관심을 기울였다. 지역사회 경찰활동이란 말은 이러한 정치적 환경 내에서 매우 호의적으로 받아들여졌다.

2) 직업발전, 교육 및 연구

(1) 직업발전의 한 방법인 지역사회 경찰활동

지역사회 경찰활동에 참여하는 것은 경찰관들로 하여금 그들의 직업을 발전시키도록 만드는 방법이 되었다. 인종 간의 갈등에 민감하고 혁신적인 경찰서장을 찾고 있는 도시들은 지역사회 경찰활동에 전념하는 것이 경찰서장의 자격이라고 여겼다. Houston, Philadelphia, Los Angeles, 그리고 다른 도시들에서 수행되었던 지역사회 경찰활동 프로젝트의 고위 지휘관(Senior Commander)으로서 명성을 얻었던 사람들이 경찰서장으로 임명되었다. New York시에서 새로운 경찰국장을 선발하기 위한 중요한 기준은 전임자에 의해서 시작된 지역사회 경찰활동 노력을 계속해서 수행할 수 있는가였다.

(2) 지적인 경찰행정가의 등장

지역사회 경찰활동에 대한 관심은 주요 경찰서의 간부가 된 좋은 교육을 받은 지적인 경찰행정가의 등장에 의해 촉진되었다. 경영, 법학, 운용연구, 그리고 사회과학에 관한 대학학위로 무장한 그들은 자유화와 고객 지향적 경향을 받아들였다.

(3) 경찰활동에 관한 많은 연구

경찰활동에 관한 많은 연구들은 전통적 경찰활동의 한계점을 강조했다. 이러한 연구들은 일상적 순찰, 대부분의 민원신고에 대한 신속한 대응, 형사의 수사관행의 효과성, 건물 외부에 있는 마약시장에 대해 가끔 단속하는 활동의 효과성, 경찰이 가정폭력사건을 다루는 방법을 비판했다.

그 결과 전통적 관행의 문제점이 나타났고, 경찰실무가들이 전통적 경찰활동에 대해 갖고 있었던 확신이 약화되었다. 미국 사회의 범죄율도 계속해서 증가했다. 전통적 경찰활동을 계속해서 운영한다면 재정지원을 받기 어렵게 되어 지역사회 경찰활동에 관한 연구가 행해지게 되었다.

3) 연방의 자금지원과 경찰단체의 적극적 후원

(1) 연방의 자금지원

지역사회 경찰활동은 1980년대 동안에 널리 확산되었다. 왜냐하면 연방 기관과 Washington의 두뇌집단이 그 개념을 공격적으로 마케팅했기 때문이었다. 그들의 목표대상은 경찰서장뿐만 아니라 미국 도시의 대다수를 관리하는 전문경영인들이었다. 두뇌집단은 지역사회 경찰활동을 수행하고자 하는 도시경찰에 자금지원을 하기 위해 최선의 노력을 다했다. 도시경찰이 연방자금을 확보하기 위해서는 보조금 제안서를 작성해야 하기 때문에, 이것은 전형적으로 다른 도시의 유사한 프로그램에 대한 검토를 필요로 했다. 새로운 프로그램을 위한 실험 제안은 더 많은 자금을 제공 받을 것 같았다. 그래서 많은 지역사회 경찰활동 프로그램들이 개발되었다.

(2) 관리자의 연결망

지역사회 경찰활동이 국가 전체에 확산된 것은 전국에 걸친 관리자 (Management Personnel)의 연결망 때문이었다. 관리자들은 서로와, 그리고 정부의 정책결정가, 상담가, 전문기획가, 경찰 지식인과 의사교환을 하였다. 관리자들은 회의, 잡지, 연구보고서, 전문적인 소식지를 통하여 의사교환을 하였다. 예를 들면 Oregon주 Portland에서 지역사회 경찰활동 프로그램을 특징 있게 만든 1992년 여름 회의에는 전국에서 550명의 경찰행정가들이 참여하였다. 그들은 새로운 형태의 경찰활동을 실험하고 있었다. 다른 경찰서와 지역사회 경찰활동에 관한 견해를 교환하기 위해서, 그들이 참석비용을 내고 참석했다.

또한, 경찰관들은 다른 도시들을 자주 방문했다. Florida주 St. Petersburg에 지역사회 경찰활동을 도입하기 위해서 임명된 신임 경찰서장이 행한 최초의 일은 고위행정가들로 하여금 진보적인 경찰서를 견학하도록 한 것이었다. 그 결과, 그들은 실행 중에 있는 새로운 형태의 경찰활동을 직접 볼 수 있었다. 이러한 요소들의 영향은 미국 경찰활동의 분권적 성격(decentralization)에 의해서 촉진되었다.

(3) 다양한 경찰단체

미국에는 16,000여 개의 경찰관서가 있다. 대략 130개 경찰관서는 500명 이상을 고용하고, 850개 경찰관서는 100~500명 사이를 고용하고, 나머지 중 대략 25%의 경찰관서는 최소한 25명을 고용하고 있다. 그러나 경찰관서들은 강하게 결합되어 있지 못하다. 사실 경찰관서들의 고위행정가들은 경찰간부연구포럼(Police Executive Research Forum: PERF), 경찰재단(Police Foundation), 국제경찰서장협회(International Association of Chief of Police), 전국흑인법집행관조직(National Organization of Black Law Enforcement Officials), 그리고 주 및 지방조직들 사이에 나뉘어져 있었다. 위의 조직들 각각은 발전에 대한 안건을 갖고 있었다. 이것은 영국처럼 더욱 집권화된 체계에서 같은 생각의 행정가들로 구성된 소집단이 경찰활동을 강하게 통제하는 것과는 반대였다.

(4) 경찰재단과 경찰간부연구포럼의 창설

포드(Ford) 재단으로부터 기부금 지원을 받아서, 경찰활동 문제에 관한 과학적 연구를 집중시키기 위해서 경찰재단(Police Foundation)이 설립되었다. 그 후 곧 경찰간부연구포럼(PERF)이 창설되었다. 주요 지역의 대학교육을 받은 경찰간부들로 구성된 경찰간부연구포럼은 헌장을 채택하였는데 그 헌장은 포럼의 역할을 경찰행정의 논쟁점들을 연구하기 위한 조직으로 한정했다.

이러한 중요한 이정표들은 과학적 연구 환경을 만들었다. 그러한 과학적 연구 환경은 전통적 경찰활동에 도전을 하고, 경찰활동 전략을 평가하고, 새로운 법집행 프로그램의 본질적인 요소인 새로운 경찰서비스 대안을 실험하였다. 지역사회 경찰활동은 이러한 연구로 인해 밝혀진 것 위에 기초를 두고 있다(Barker, Hunter, & Rush, 1994: 51).

4) 사회조직의 변화와 기술의 발전

(1) 분권화 경향

지역사회 경찰활동의 채택을 용이하게 하는 것은 '사회조직의 장기적 변화'였다. 이러한 변화에는 대규모 조직을 더 작고, 더 유연하고, 반응적인 부서들로 분권화하는 경향이 포함되었다. 그리고 고객 지향적 방향을 위해서 시장과 같은 장치에 더욱 의존하고, 공공 서비스의 전달을 민영화하려는 내용이 포함되었다.

(2) 범죄자료의 분석

소규모 지역의 범죄자료에 대한 컴퓨터 분석을 통하여, 문제해결 노력이 가장 직접적인 영향을 미칠 수 있는 범죄다발 구역(Hot Spot)이 확인될 수 있었다.

(3) 이동통신의 발전

몇몇 도시에선 순찰경찰관과 지역 주민을 직접 연결시키기 위한 기술이 이용되고 있었다. Connecticut주 New Haven에서는 특별전화선과 전화응답장치를 통하여 지역경찰관(Neighborhood Officer)들은 외근 중일 때에도 지역 주민들이 직접적으로 메시지를 전달할 수 있게 해주는 Electronic Telephone Paging 장치를 갖고 다녔다. 경찰뿐만 아니라 더 많은 시민들은 이동통신장치를 갖고 다니기 때문에 그들 메시지의 즉시성이 증가하였다. 개개의 경찰관과 직접적으로 의사소통할 수 있는 시민 역량이 증가함에 따라 중앙집권적 배치의 역할이 감소될 것이다.

5) Crime Bill의 제정

(1) 경찰관의 증원

1994년 9월 의회는 Crime Bill이라고 더 잘 알려진 「폭력범죄 통제 및 법집행법」(Violent Crime Control and Law Enforcement Act of 1994)을 통과시켰다. 그 법은 역사적으로 가장 철저한 범죄통제에 관한 법률들 중 하나였다. 그 법은 형사사법기관들을 지원하기 위하여 추가적인 자원으로서 290억 달러 이상을 제공했다. 이 법은 새로운 지역 교도소들을 위하여 30억 달러를 배정하였고, 청소년 훈련기관을 위하여 30억 달러를 배정하였다. 그러나 이 법의 중요한 규정은 '지역사회 지향적 경찰활동 서비스'(COPS) 프로그램을 통해서 경찰관을 증원하기 위한 자금이었다. 특히 이 법은 5년간(1995~2000) 100,000명의 지역경찰관을 새로 채용하기 위하여 총 89억 달러의 자금을 제공하였다.

(2) 지역사회 경찰활동의 지원

'지역사회 지향적 경찰활동 서비스'(COPS) 프로그램은 지역경찰기관들이 지역사회 경찰활동 노력을 확실하게 증대시키고 지지할 것을 요구하였다. 직접적 방법으로 Crime Bill은 범죄와 싸우고 도시에서 삶의 질을 향상시키려는 전략으로서, 지역사회 경찰활동의 원리를 강화시켰다. 새로운 경찰관들을 거리에 내보내는 것 외에도, 이 법은 경찰기관들이 장비, 기술, 지원 시스템을 구입할 수 있는 새로운 방법을 제공하였다.

참고문헌

Barker, Thomas, Hunter, Ronald D., & Rush, Jeffery R. (1994). *Police System & Practices: An Introduction*, Englewood Cliffs: Prentice Hall Career & Technology.

Burger, Warren E. (1991). *Introduction*, The Bench & Bar of Minnesota.

Gaines, L., Kappeler, V., & Vaughn, J. (1999). *Policing in America* (3rd ed.), Cincinnati, Ohio: Anderson Publishing Company.

Gaines, L. K. & Kappeler, V. E. (2011). *Policing In America* (7th ed.), Waltham, MA: Elsevier.

Gehrand, Keith. (2000). "University Policing and the Community," *Law and Order Magazine*, December.

Kelling, George L. & Moore, Mark H. (1991). "From Political to Reform to Community: The Evolving Strategy of Police," in Jack R. Greene & Stephen D. Mastrofski (eds.), *Community Policing: Rhetoric or Reality*, New York: Praeger Publishers.

National Commission on Law Observance and Enforcement. (1931). *Report on Lawlessness in Law Enforcement*, Washington, D.C.: Government Printing Office.

Richardson, J. F. (1970). *The New York Police*, New York: Oxford University Press.

Roberg, Roy R. & Kuykendall, J. (1993). *Police & Society*, Belmont, California: Wadsworth Publishing Company.

Roberts, C., Roberts, D., & Bisson, D. (2002). *A History of England: Prehistory to 1714*, Upper Saddle River, NJ: Prentice-Hall.

Schwartz, A. T. & Clarren, S. N. (1977). *The Cincinnati Team Policing Experiment: A Summary Report*, Washington, DC: Police Foundation.

Skogan, Wesley G. (1996). "Community Policing in the United States," Jean-Paul (ed.), *Comparisons in Policing: An International Perspectives*, Aldershot: Avebury.

Wrobleski, H. M. & Hess, K. M. (2003). *An Introduction to Law Enforcement and Criminal Justice* (7th ed.), Belmont, CA: Wadsworth Thomson Learning.

Zhao, Jihong & Lovrich, N. P. (2003). "Community Policing: Did It Change the Basic Functions of Policing in the 1990s? A National Follow-Up Study," *Justice Quarterly*, 20(4): 697-724.

제 2 장

지역사회 경찰활동의 선행연구

제 2 장 지역사회 경찰활동의 선행연구

카터(David L. Carter)(1995: 2)는 지역사회 경찰활동은 갑자기 형성된 것이 아니라고 말했다. 지역사회 경찰활동은 광범위한 학자 및 경찰연구기관들에 의해서 행해진 연구로부터 발전해왔다. 주로 1970년대 초부터 경찰 순찰활동에 대해서 상당히 많은 연구들이 행해졌다. 지역사회 경찰활동의 형성에 중요한 영향을 준 선행연구를 살펴보는 것은 지역사회 경찰활동을 이해하기 위해서 매우 중요하다.

제1절 순찰활동에 관한 연구

Ⅰ. Kansas시 예방순찰 연구

1. 연구 방법

1972년 10월 1일부터 1973년 9월 30일까지 Missouri주 Kansas시 경찰서(KCPD)는 경찰재단(Police Foundation)의 지원을 받아서, 눈에 잘 띄는 차량에 의한 일상적 순찰이 범죄예방 또는 시민 안전감에 어떤 측정될 수 있는 효과를 미치는지를 알아보는 예방순찰(Preventive Patrol) 연구를 실시하였다.

Kansas시 예방순찰 실험은 148,359명의 거주자가 있는 32제곱 마일 내의 15개 순찰구역(beat)에서 실시되었다. 15개 순찰구역은 지역별로 (1) 반응적 지역(reactive area), (2) 사전적 지역(proactive area), (3) 통제 지역(control area)으로 지정되었다.

'반응적 지역'에서 경찰관은 예방순찰을 하지 않았으며, 오직 주민이 출동요청을 할 때에만 그 지역에 들어왔다. 반응적 지역을 설정한 의도는 그 순찰구역에서 경찰 가시성을 실질적으로 줄여보려는 것이었다. 반응적 지역에서 경찰관이 출동요청에 대응하고 있지 않을 때 순찰구역의 경계선에 인접해 있는 사전적 지역에서 순찰하였다. '사전적 지역'에서는 일상적 예방순찰 수준이 평상시의 2~3배 정도로 강화되었다. 만일 예방순찰이 실제로 범죄를 예방한다면, 사전적 지역의 범죄는 실질적으로 줄어들 것이라고 가정되었다. 반면에 '통제 지역'에서는 순찰차 한 대에 경찰관 한 명이 타고 순찰하는 평상시 예방순찰이 행해졌다.

2. 연구 결과

1년 후의 연구 결과는 (1) 범죄활동, (2) 신고된 범죄건수, (3) 추행조사에서 나타난 피해율, (4) 시민의 범죄 두려움 정도, (5) 경찰에 대한 시민 만족도 정도에서 3개 지역 사이의 실질적인 차이점은 관찰되지 않았다는 것을 보여준다(Thibault, Lynch, & McBride, 1998: 185). Kansas시 예방순찰 실험의 결과는 다음과 같다.

(1) 3개 지역에서 신고된 범죄건수의 차이는 '기타 성범죄'의 범주에 해당하는 노출(강간 제외)과 가벼운 성추행 같은 사건만이 통제 지역보다 반응적 지역에서 더 많이 발생했다. 그러나 평가자들은 이것은 의미가 없다고 여겼다.

(2) 경찰에 공식적으로 신고되지 않은 범죄와 관련하여 통계적으로 의미 있는 차이점은 발견되지 않았다.

(3) 3개 지역 사이의 체포건수에서 통계적으로 의미 있는 차이는 발견되지 않았다.

(4) 시민·기업에 의해서 취해진 안전조치는 순찰활동의 수준 변화에 따라서 의미 있게 변화되지 않았다.

(5) 순찰활동의 수준과 경찰에 대한 시민·상인의 태도 사이에 상호관계는 거의 없었다.

(6) 시민의 범죄 두려움은 일상적 예방순찰 수준의 변화에 따라 의미 있게 변화되지 않았다.

(7) 경찰이 신고에 대응하는 데 걸리는 시간은 일상적 예방순찰 수준의
변화에 따라서 의미 있게 변화되지 않았다.
(8) 순찰 수준은 교통사고 발생에 의미 있는 영향을 미치지 않았다.

오늘날 많은 연구자 및 경찰행정가들은 이러한 결론을 계속해서 논의하
고 있다. 결함 있는 실험 모델과 방법론 때문에 이 실험에 대해서 많은 비판
이 있었다. 그럼에도 불구하고 이 실험은 예방순찰에 대해서 많은 논의를 이
끌었다.

II. Kansas시 출동시간 연구

1. 연구 방법

출동시간(Response Time)과 범죄 사이의 관계를 연구하기 위하여, 1977년
에 법집행원조청(LEAA)은 Kansas시 출동시간 연구를 위해 연구비를 지원했
는데, 이 연구에 의해 제시되는 근본적인 2가지 문제는 "출동시간이 유익한
결과를 야기하는 데 어떤 영향을 미치는가?", "출동시간은 경찰에 대한 시민
만족도에 대해서 어떤 영향을 미치는가?"라는 것이었다.
전통적으로 출동시간은 경찰관이 시민의 출동요청에 대해서 대응하는 시
간으로 정의되고 있다. 기본적으로 출동시간이 짧으면 범인을 검거할 수 있
는 기회가 더 많아진다고 생각되었다. 또한 더 빠르게 출동하는 것은 경찰이
더욱 능률적임을 말해주며, 그 결과 경찰서비스에 대한 시민 만족도가 향상
될 것이라고 가정되었다.

2. 연구 결과

1972년 예방순찰 실험을 통해서 출동시간과 시민의 태도가 3가지 실험구
역(반응적 지역, 사전적 지역, 통제 지역)에서 큰 차이가 없다는 것이 밝혀졌다.
실험 결과로 인해, 출동시간은 거리·속도·지역·경찰관 태도 그리고 경찰출
동을 요청한 시민행동 등 복합적인 요소에 의해 결정되는 것으로 알려졌다.

범죄에 대한 효과에 있어서 Kansas시 출동시간 연구 결과는 다음과 같다
(Barker, Hunter, & Rush, 1994: 306).

  (1) 비록 몇몇 순찰전략이 출동시간에 영향을 미칠지라도, Part I 범죄의
      일부분은 신속한 경찰출동에 의해서 영향을 받지 않는다.

  (2) 신속한 경찰출동에 의해 영향을 받을 수 있는 범죄들의 비율인 효
      과성과 관련하여, 사건을 신고하는 데 걸리는 시간이 주로 출동시간
      의 효과성을 결정한다.

  (3) 신고를 지연시키는 요소는 주로 시민들이 통제할 수 없는 문제가 아
      니라 오히려 시민들의 자발적 태도이다.

  (4) 범죄 신고가 경찰출동을 방해할 정도로 오래 걸리지 않는다면, 현장경
      찰관의 신속한 출동은 어떤 유형의 범죄(강도)에 대해서는 중요한 영
      향을 미친다.

그러나 출동시간은 일반적으로 범죄에 대해서 제한된 영향을 미친다. 신속
한 출동시간이 중요범죄에서 유익한 결과를 가져오는 데 필수적이라는 가정
은 출동시간을 줄이기 위해서 경찰자원을 증가시키거나 변경해야 한다는 것
을 필요로 한다. 그러나 이러한 가정은 이 연구의 결과를 볼 때 여러 가지 의
문을 발생시킨다.

이 연구로 인해 시민을 만족시키는 주요한 요소는 경찰에 대한 시민 인식과
출동시간에 대한 기대감인 것으로 나타났다. 실제로 출동하는 데 걸리는 시간은
중요하지 않았다. 출동 시간 자체보다는 시민들이 예상한 도착 시간과 실제로
경찰이 도착한 시간이 일치하는지가 더 중요하였다(Radelet & Carter, 1998: 66).

III. 차별적 경찰대응 연구

1. 연구 방법

전통적으로 경찰에의 신고는 생명을 위협하는 상황을 제외하고는 신고받
은 순서대로 처리되었다. 그러나 차별적 경찰대응(Differential Police Response:
DPR)은 각 신고에의 즉각적인 경찰대응 여부는 차별적 우선순위에 따라 결

정되어야 함을 의미한다. 경찰간부연구포럼(PERF)은 차별적 경찰대응 시스템을 개발했으며, 그 시스템에서 훈련된 지령관은 모든 신고를 긴급 또는 비긴급으로 표시했다. 비긴급 신고는 시민으로 하여금 신고서를 작성하도록 요구하면서 대응이 보류되었고, 긴급 신고는 즉시 대응되었다.

또한 미국의 Wilmington 경찰서는 순찰활동 효과성을 높이기 위해 일반기업에서 개발된 전략인 요구 관리(Management of Demand: MOD) 접근법을 채택하여, 시민의 신고접수 기능을 심사기능으로 격상시켜, 모든 신고에 대해서 우선순위를 매겨 차별적으로 대응했다.

2. 연구 결과

차별적 경찰대응 전략에 대해서 시민들은 경찰서비스 질에 대해 만족하였고, 순찰경찰관들도 차별적 경찰대응에 대해서 만족하는 것으로 나타나서 초창기 차별적 경찰대응 전략이 성공적인 것으로 평가되었다.

그 결과 1980년 국가사법연구소(National Institute of Justice: NIJ)가 California주 Garden Grove, North Carolina주 Greensboro, Ohio주 Toledo에서 차별적 경찰대응에 관한 현장실험을 실시한 결과 3개 지역 모두 성공적이었다는 것을 발견했다. 즉 3개 도시에서 신고 전화를 한 시민들 중 90% 이상이 차별적 경찰대응에 만족하였고, 경찰의 순찰 부담은 20%나 감소하였다(Bracy, 1996: 153-154). 위의 차별적 경찰대응에 관한 국가사법연구소(NIJ) 실험에서 중요한 연구 결과를 살펴보면 다음과 같다(Radelet & Carter, 1998: 66).

(1) 경찰관서는 시민 만족도를 감소시킴이 없이 즉각적인 출동에 의해 다루어지는 비긴급 출동요청 건수를 상당히 줄일 수 있었다.

(2) 표준 시민조사(baseline citizen surveys) 결과 전체적으로 많은 시민들이 비긴급 출동요청에 대해서 즉각적인 대응보다는 그 이외의 다른 대안을 기꺼이 받아들였다.

(3) 신고자 4명 중 3명은 비긴급 출동요청에 대해서 1시간 정도 출동이 지연되는 것도 기꺼이 받아들였다.

(4) 이미 기대된 것처럼, 시민들은 잠재적인 위협과 관련되지 않은 출동요청에 대해서는 더욱 기꺼이 출동 지연을 받아들였다.

(5) 제공된 대안 서비스에 대한 시민 만족도는 높았다.

(6) 대안 서비스는 전통적인 순찰차 대응보다 더 적은 비용이 들었으며, 경찰관을 이용한 대안 서비스의 생산성이 훨씬 더 높아졌다.

차별적 경찰대응 전략은 운용하는 데 필요한 자원과 전문기술을 조화시키기 위한 계획이다. 차별적 경찰대응은 신고에 대응할 때 융통성을 보장하는 한편, 지역사회 요구에 더욱 잘 대응하고, 경찰운용의 능률성을 향상시켰다. 이 연구로 인해서 차별적 경찰대응은 순찰경찰관에게 지역사회 서비스와 행정업무뿐만 아니라 수사 및 범죄예방과 같은 범죄 관련 활동을 할 수 있는 시간을 더 많이 보장해 준다.

IV. 1인 순찰 대 2인 순찰 연구

1. 연구 배경

많은 순찰경찰관들에게 민감한 이슈는 "순찰차에 경찰관 한 명이 배치되어야 하는가", 아니면 "경찰관 두 명이 배치되어야 하는가"이다. 가장 일반적인 이슈는 경찰관의 안전이다. 경찰관 두 명이 타고 있는 순찰차가 위험한 상황에서 더 안전하다고 믿었다.

2인 순찰차 근무를 반대하는 주장의 근거는 비효과성이었다. 즉 두 명의 경찰관이 타고 있는 순찰차는 더 많은 비용이 들고, 많은 신고는 한 명의 경찰관만으로도 충분히 해결될 수 있다는 것이다. 따라서 필요 없는 두 번째 경찰관은 자원의 낭비라는 것이다.

많은 경찰관서들은 일반적으로 2인 순찰차를 이용한다. 다른 몇몇 경찰관서는 1인 순찰차를 이용하고, 또 다른 몇몇 경찰관서는 혼합형(combination)을 이용한다. 1인 순찰과 2인 순찰 중 어느 것이 바람직한 것인지를 결정하기 위한 공식은 없다. 그 대신 경찰행정가들은 결정을 내리기 위해서 자신들의 철학, 경험, 지역사회 성격, 경찰관 의견, 그리고 다른 타당한 요소에 의존해야 한다.

2. 연구 결과

1인 순찰과 2인 순찰 이슈에 대한 종합적인 연구가 1977년 California주 San Diego시에서 행해졌다. 성과(performance), 능률성(efficiency), 경찰관 안전 (officer safety), 경찰관 태도(officer attitude)의 4가지 측면에서 실험 결과를 비교해 보면 다음과 같다.

1) 성과

1인 순찰 및 2인 순찰은 제공되는 경찰서비스의 본질에 영향을 미치지 않았다. 그리고 1인 순찰에 의해 처리된 출동요청이 더 많은 체포건수를 가져왔지만, 전체적인 평균 체포율은 유의미한 차이는 없었다. 2인 순찰은 더 많은 교통소환(traffic citations)과 시민 민원(citizen complaint)을 야기하였다.

2) 능률성

2인 순찰이 더 신속하게 사건을 처리했다. 지원을 필요로 하는 사건의 해결에 있어서는 2인 순찰이 1인 순찰보다 더 비용 효과적이었다. 그러나 순찰의 전반적인 비용 효과성에 있어서는 1인 순찰이 더 경제적이었다. 왜냐하면 1인 순찰의 경우에 이용 가능한 시간 동안 노상에서 행해지는 순찰 비용과 출동 비용 등이 절감되기 때문이다.

3) 경찰관 안전

경찰관 안전 수준의 경우 1인 순찰과 2인 순찰이 비슷한 것으로 나타났다. 그러나 1인 순찰은 경찰관 부상을 초래하는 위급한 사건에 더 적게 연루되었다.

4) 경찰관 태도

경찰관은 1인 순찰보다 2인 순찰을 더 선호하였고 대부분의 경찰활동 측면에서 2인 순찰이 더 효과적이라고 믿는 것으로 나타났다(Wilson, 1990: 2-5).

V. 순찰경찰관 배치 연구

1. 연구 배경

순찰경찰관 배치(deployment)는 지역, 시간, 임무에 기초를 둔 순찰경찰관의 할당을 의미한다. 어떤 지역에서 이상적인 경찰력이 어느 정도인지를 결정할 수 있는 요소나 비율은 없다. 순찰경찰관 배치는 경찰행정가에게 끊임없는 관심사가 되어 왔다. 미국에서는 100제곱 마일마다 경찰관이 1명도 없는 곳(Alaska)에서부터 8,667명이나 있는 곳(New York시)까지 다양하다. 그러한 순찰경찰관 배치에는 너무나 다양한 유형이 있어서 어떤 의미 있는 결론을 이끌어 낼 수 없다.

다만, 순찰경찰관 배치의 두 가지 중요한 기준은 경찰이 이용할 수 있는 자원과 순찰경찰관 임무이다. 그 이외에 다양한 배치기준에는 경찰서장의 경찰활동 철학, 지리적 관할영역, 하루 중 근무시간, 지역사회의 특성, 신고의 형태, 경찰서비스에 대한 요구 등이 있다. 순찰 관리자는 활용 가능한 경찰인원이 정해져 있을 때 사회가 기대하는 기능을 경찰이 어떻게 가장 능률적으로 수행해 낼 수 있는지에 대해 생각해야 한다.

2. 연구 결과

경찰 배치에 대한 연구들은 수학적 모델(mathematical modeling), 순찰팀 분리(split-force patrol), 통제 순찰(directed patrol), 1인 순찰과 2인 순찰과 같은 이슈를 조사했다. 순찰경찰관 배치 실험의 결과를 살펴보면 다음과 같다(Barker, Hunter, & Rush, 1994: 309).

(1) 모든 경찰기관에게 효과적으로 적용될 수 있는 보편적인 배치전술은 없다.
(2) 경찰 배치에 대한 접근법이 각 경찰기관의 고유한 특징, 수요, 자원을 충족시키기 위해서 변경된다면 다양한 접근법이 많은 경찰기관에 의해 이용될 수 있다.
(3) 새로운 배치전략이 개발되면 반드시 목표와 목적의 관점에서 경찰기

관의 수요를 평가해야 한다.

(4) 모든 새로운 배치계획은 평가요소를 통해서 주기적으로 평가되어야 한다. 그 결과 배치계획이 조정될 수 있다.

(5) 전통적인 배치전략이 신고 대응에 효과적일지라도 시민의 욕구에 대해서는 비효과적이다. 전통적인 배치전략은 더 광범위한 문제를 해결하지 못하고 사건 해결을 방해하는 측면이 있다.

Ⅵ. 전문화 순찰 연구

1. 전문화 순찰의 개념

순찰경찰관을 보다 효과적으로 이용하기 위해 다양한 순찰형태가 시도되었다. 이러한 다양한 순찰모델의 공통된 목적은 서비스 요청에 효과적으로 대응하고, 범죄를 통제하고, 순찰시간 이외의 시간을 생산적으로 이용하는 것이다. 이러한 순찰 모델 연구는 '전문화 순찰'(specialized patrol)이라고 불린다.

몇몇 경찰관서에서 '전략 순찰'은 전문화 순찰이라는 이름으로 행해지기도 한다. 전문화 순찰에서는 특정 부서가 특정 영역에 대한 임무를 부여 받는다. 이러한 특정 부서에 의해서 흔히 사용되는 전술에는 유인(decoys), 잠복 감시(stakeouts), 피의자 감시(suspect surveillance), 일반적 지역감시(general area surveillance) 등이 있다.

2. 전문화 순찰의 장점

어떤 문제에 대한 전문화된 순찰부서의 임무는 범죄자료 분석에 기초를 두고 있다. 전문화 순찰은 사건이 발생하기를 기다리면서 임의적으로 목적 없이 순찰하기보다는 오히려 범죄수사에 대한 합리적인 계획에 따라 운영되는 사전적 체계이다. 이러한 전문화 순찰 접근법의 장점은 다음과 같다 (Thibault, Lynch, & McBride, 1998: 163).

(1) 특정 부서가 특정 문제를 맡게 되어 관리자는 정확히 누가 그 문제를 해결하는 데 책임이 있는지를 알고 있다.

(2) 특정 부서는 보통 사기가 높으며, 높은 수준의 협력활동을 보여준다.

(3) 일정 기간에 걸쳐서 전문화된 영역에서 기술 발전이 있다.

(4) 대중매체의 관심을 받을 정도로 많은 긍정적인 흥밋거리가 있다.

3. 전문화 순찰의 유형

전문화 순찰의 다양한 모델은 다음과 같다.

(1) 순찰팀 분리(split-force patrol: Wilmington, Delaware)

(2) 통제 순찰(directed patrol: Kansas City, Missouri)

(3) 낮은 가시성 순찰(low visibility patrol: New York, Boston, Nashville, Memphis, San Francisco, Miami)

(4) 높은 가시성 순찰(high visibility patrol: Alexandria, Cleveland, San Jose)

(5) 요구 관리(management of demand: Wilmington)

4. 전문화 순찰 연구의 결과

전문화 순찰실험에 대한 연구 결과는 성과의 효과성(목표달성)은 향상되지 않았으나, 능률성(인력 활용)은 일반적으로 향상된 것을 보여준다. 이러한 성공은 전문화 순찰을 더욱 효과적으로 만드는 계기가 되었다(Radelet & Carter, 1998: 69). 전문화 순찰에 대한 실험 및 평가에서 얻은 교훈은 순찰에 대한 통찰력을 제공하고, 지역사회 경찰활동에서 활용될 수 있었던 다양한 운용전략을 마련하는 데 도움을 주었다. 지역사회 경찰활동은 그 개념상 다양한 순찰모델을 이용하고 있으므로, 경찰관서는 지역사회에 알맞은 순찰방식을 개발·발전시켜야 할 것이다.

VII. 순찰경찰관 근무시간 연구

경찰관의 근무시간 중 단지 10%만이 범죄와 관련된 업무에 사용되고 있으며, 이러한 10%에는 신고에 대응하는 것, 범죄를 조사하는 것, 보고서를 작성하는 것, 체포당한 사람을 기소하고 법정에서 증언하는 것 등이 포함된다. 나머지 근무시간 90% 동안에 경찰관은 비범죄 관련 신고를 처리하고, 교통정리를 하고, 정보를 수집하고, 그 이외에 아무런 일도 하지 않는다. 더욱이 경찰이 다루는 신고의 다수가 범죄와 관련 없는 중요하지 않은 사건이라고 한다.

순찰경찰관의 재량시간 사용에 대한 체계적인 사회조사는 순찰경찰관의 근무시간(shift) 중 평균 4분의 3 이상은 임무를 부여 받지 않았다는 것을 보여주었다. 이 시간 동안 순찰경찰관은 주로 일상 순찰을 행하거나, 다른 순찰경찰관에게 배정된 출동요청을 지원하였다. 사전적이며 문제 지향적 경찰활동을 하는 데 더 잘 이용될 수 있는 순찰경찰관 시간 중 매우 큰 비율이 특정한 목적 없이 사용되었다(Famega, Frank, & Mazerlle, 2005).

제2절 경찰활동의 효율성에 관한 연구

순찰활동 이외의 다른 경찰활동에 관한 연구 또한 지역사회 경찰활동의 형성에 많은 영향을 미쳤다. 사실상 이러한 연구의 대부분은 본질적으로 지역사회 경찰활동 노력에 초점을 두고 있지 않았지만, 지역사회 경찰활동의 개념을 이해함에 있어서 중요하다.

Ⅰ. 직무강화와 직무확장

1. 연구 배경

직무강화와 직무확장 개념에 대해서 오랜 기간 동안 여러 연구가 이루어져 왔지만, 이 분야는 품질관리(Quality Management) 운동의 결과로서 다시 관심을 받게 되었다. 경찰관은 업무를 수행함에 있어서 생산성을 더욱 높이고, 더 나은 서비스를 제공하며, 삶의 질을 향상시키려고 노력하였다.

직무강화(Job Enrichment)는 경찰관의 직무 경험이 더 가치 있다는 것을 의미하며, 직무확대(Job Enlargement)는 경찰관이 더 많은 직무 책임을 지는 것을 의미한다. 직무강화와 직무확대는 경찰관 사기와 직무 만족도를 증대시키

고, 개인의 정책결정을 향상시키고, 개혁과 권한배분을 발전시키고, 모든 경
찰관들로 하여금 정책개발과 조직계획에 참여할 수 있도록 만든다.

2. 연구 결과

직무만족이 개인의 직무수행 수준을 향상시키지 못할 수 있지만, 더 낮은
퇴직률, 더 적은 장기결근 및 지각, 더 적은 불평에 영향을 미쳤다. 따라서
사기진작과 직무만족은 전체 조직의 생산성과 관련이 있었다. 또 다른 연구
는 낮은 직무만족이 여러 정신질환 및 신체질환과 상호 관련되어 있다는 것
을 보여주었다.

또한 경찰관 사기와 직무만족은 전체적인 조직 생산성과 관련 있었다. 지
역사회 경찰활동은 도전과 개혁의 기회, 창의적 문제해결에 대한 보람을 줌
으로써 업무상 자극을 줄 수 있다. 따라서 지역사회 경찰활동은 직무강화와
직무확대를 제공함으로써 더 적은 지출로도 보다 높은 삶의 질에 기여할 수
있다.

II. 업무성과 측정

1. 양적 측정과 질적 측정

경찰활동에서 항상 논란을 야기하는 문제는 "어떻게 경찰관 업무성과를
측정할 것인가"이다. 즉 경찰관의 업무활동이 경찰관서의 요구에 부합하는가
를 확인하기 위해서 어떤 요소를 활용하여 경찰관 업무성과를 평가하는지 여
부가 문제이다. 경찰관 업무성과를 측정하는 방법에는 양적 측정방법과 질적
측정방법이 있다.

체포 건수, 보고서 작성건수, 신고 처리건수, 자동차 주행거리, 티켓발부
건수 등과 같이 이전부터 실행해 오던 양적(quantitative) 측정은 경찰관 책임
의 한계와 본질을 정확히 측정하지 못한다. 그러나 양적 측정은 자료를 수집
하고, 문서화하고, 비교하기에 쉽다.

경찰관의 직무수행에 대한 질적(qualitative) 측정에는 의사소통 기술, 경찰

관이 시민을 대하는 방법, 경찰관이 다양한 상황을 다루는 방법, 의사결정의 질 등이 포함된다. 이러한 질적 요소는 경찰관의 효과성에 관하여 실질적인 것을 알려준다. 그러나 이러한 질적 정보는 수집하기 어려울 뿐만 아니라 주관적 평가로 인해서 그 정확성을 의심 받을 수 있다.

2. 측정 방법

1) 목표 설정과 경찰관 책임의 명확화

경찰관서는 양적 측정과 질적 측정 사이의 균형을 위해서 노력해야 한다. 경찰행정가는 먼저 성취하고자 하는 양적·질적 목표를 설정해야 한다. 일단 양적·질적 목표가 정해지면 이러한 목표를 성취하기 위해서 특정 경찰관의 책임을 명확하게 기술되어야 한다. 그 다음에 경찰관은 상세하게 기술된 평가기준에 따라서 평가될 것이다.

2) 전통적이지 않은 측정방법의 활용

몇몇 경우에 평가는 전통적이지 않은 방법으로 수행될 필요가 있다. 예를 들면 업무성과를 측정하기 위한 자료는 경찰관과 접촉했던 사람들로부터 수집될 수 있고, 또는 경찰관은 경찰관서의 목표달성에 기여했는지 여부를 보여 주는 자기평정표(self-assessment)를 작성하도록 요구받을 수 있다. 경찰관은 그의 업무성과를 향상시키기 위해서 더 많은 훈련이나 지시를 필요로 하는 영역을 분명하게 명시하도록 요구될 수 있다.

3) 지역사회 경찰활동과 질적 측정

각 경찰관 및 전체 경찰조직의 업무성과는 의미 있는 평가·측정을 위한 세부적이고 포괄적인 계획을 필요로 한다. 특히 지역사회 경찰활동을 통해서 측정될 수 있는 더 많은 변수(variable)를 찾을 수 있을 것이다. 이것은 경찰관으로 하여금 주도성(initiative)과 창의성(creativity)을 발휘하도록 촉진하는데, 이 요소도 평가과정에서 다루어져야 한다. 질적 측정은 지역사회 경찰활동을 평가하는 데 적합하고, 경찰활동의 중요한 척도를 제공하고, 조직의 목표, 경찰관 및 지역 주민의 만족감을 측정할 수 있다.

III. 경찰서비스에 대한 시민욕구 파악

1. 연구 배경

경찰활동이 활발해짐에 따라 시민은 경찰이 범죄를 예방하고, 범죄자를 조사하고, 체포하는 것 그 이상을 기대한다. 경찰이 시민으로부터 받는 신고 전화를 살펴볼 때 시민은 경찰이 매우 다양한 문제를 다루어 주기를 원한다. Wisconsin주 Madison, Florida주 Fort Pierce, Colorado주 Aurola와 Fort Collins, Texas주 McAllen, Michigan주 Lansing 등에서 시민조사가 실시되었다. 경찰서비스에 대한 시민욕구 파악을 통해서 경찰은 시민이 해결되기를 희망하는 문제를 확인하고, 경찰 프로그램의 장·단점에 대한 시민의 인식을 알아내려고 하였다.

2. 연구 결과

시민은 경찰이 중범죄뿐만 아니라 차량도난이나 청소년의 무단침입 같은 사소하면서도 신경 쓰이는 일에 도움을 주기를 원하였다. 따라서 경찰은 시민의 목소리에 귀를 기울일 방법을 찾고, 시민이 어떠한 활동을 요구하는지를 알아내야 한다. 경찰이 시민의 사소한 요청에도 성의 있게 반응함으로써 경찰에 대한 시민의 만족도와 신뢰도는 상당히 증가할 것이다.

IV. 통합 범인체포 프로그램

1. 통합 범인체포 프로그램의 개념

1975년 법집행지원청(LEAA)은 '통합 범인체포 프로그램'(Integrated Criminal Apprehension Program: ICAP)을 지원하기 시작하였다. 그 후 이 프로그램은 미국의 전국 도시에서 실행되었다. 원래 순찰 강조 프로그램(patrol emphasis program)에서 개발된 '통합 범인체포 프로그램'은 종합적인 순찰 관련 연구에 기초를 두고 있다. 이 프로그램의 목적은 철저한 범죄분석(Crime Analysis)을 통해서 확인된 범죄문제를 해결하는 데 순찰자원을 사용하려는 것이었다. 이것은 순찰업무의 모든 분야에 걸친 운용지원(Operation Support) 개념으로서 계획되었다.

2. 연구 방법

'통합 범인체포 프로그램'은 순찰업무량, 관리지향 순찰, 범죄수사 관리, 순찰업무 관리 등의 프로젝트에 기초를 두고 있었다. 이 프로그램의 핵심은 범죄분석이었다. 범죄경향과 용의자 수법의 특성, 인구학적·계절적·시간적 특성, 다른 관련된 변수에 기초한 '통합 범인체포 프로그램'은 순찰경찰관이 다루어야 할 문제를 확인해 주었다.

그 후 이 프로그램은 그 문제를 다루기 위해 가능한 경찰대응을 분석하고, 각 경찰대응의 자원, 예상 효과, 전략 특성 등을 기초로 최적 대안을 선택하였다. 이러한 과정을 실행하는 것은 문제해결을 위한 과학적인 접근으로서 범인체포에 관련된 최고의 경험적 지식을 이용하는 것이었다.

3. 연구 결과

(1) 통합 범인체포 프로그램의 능률성을 측정하는 것은 복잡하다. 그 이유는 이 프로그램이 필요로 하는 것은 다양한 순찰과 범인체포 전략에 대한 전문지식을 지닌 유능한 범죄분석가였기 때문이다.
(2) 통합 범인체포 프로그램은 프로그램이 아닌 '개념'이다. 그 결과 많은 사람은 이것이 실제 문제에 어떻게 적용되는지를 이해하기에 어려웠다.
(3) 통합 범인체포 프로그램은 문제 지향적 경찰활동의 발달에 직접적인 영향을 미쳤는데, 이 프로그램은 범죄분석 과정에서 문제확인과 경찰의 운용상 대응을 강조했다.
(4) 통합 범인체포 프로그램을 통해 규명된 바에 따르면 새로운 방법으로 경찰이 대응해야 할 필요성이 있는 것은 비범죄 혹은 중요하지 않은

경미한 범죄인 것으로 밝혀졌다.

제3절 범죄수사에 관한 연구

많은 연구들은 범죄수사의 가치와 범죄해결에서 수사관의 가치에 대해 의문을 제기했다. 「법집행 및 형사사법에 관한 대통령위원회」(1976)와 함께 시작된 각종 연구에 의하면, 범죄의 대부분은 순찰경찰관이 행한 체포 때문에 해결되었거나 피의자 이름을 수사관에게 제공해 주는 피해자를 통해서 해결되었다. 체포에 의해 해결된 모든 사건 중 거의 80%는 이러한 방법으로 해결되었다.

Ⅰ. RAND 범죄수사 연구

1. 연구 목적

1973년에 RAND Corporation은 미국의 주요 대도시 경찰관서의 범죄수사에 관한 전국 연구를 실시하기 위하여, 「국가 법집행 및 형사사법연구소」(National Institute of Law Enforcement and Criminal Justice)에 의해서 기금을 지원 받았다. 이 연구의 목적은 경찰수사가 어떻게 조직되고 운영되는지를 설명하고, 다양한 수사활동의 전체 효과성에 대한 기여 정도를 평가하는 것이었다. RAND 범죄수사 연구 이전에 경찰수사는 다른 경찰활동에서 강조되었던 정밀조사를 필요로 하지 않았다. 대부분의 경찰행정가들은 수사부서의 일상 활동의 효과성에 관하여 잘 알지 못하였다.

2. 연구 방법

RAND 범죄수사 연구는 비행, 도박, 마약과는 달리 스스로 의도하지 않은 피해자를 야기한 중범죄 수사에 중점을 두었다. 현재의 관행에 대한 정보는 150명 이상의 경찰관을 고용하는 시 경찰관서와 카운티 보안관서와 인구

100,000명 이상의 관할구역에 대한 전국적 연구조사에 의해서 획득되었다. 대표성 있는 샘플을 확보하기 위하여 인터뷰와 관찰은 25개 이상의 경찰관서에서 행해졌다. 수사 결과에 대한 자료는 FBI의 통일범죄보고서(Uniform Crime Report: UCR), 내부 평가자료, 종결된 사건의 샘플로부터 얻어졌다. 또한 수사업무의 할당에 관한 자료는 Kansas시 경찰국에 의해서 관리되는 컴퓨터화된 업무량 파일에서 얻어졌다. 그 후 전국적 조사와 UCR 자료들은 경찰관서의 특징과 체포 효과성 사이의 상관관계를 분석하기 위하여 결합되었다. 그 다음 특정된 사례들이 어떻게 해결되었는지를 알아내기 위하여 샘플 사례들이 분석되었다.

3. 연구 결과

연구자들은 수사관이 일반적으로 많은 노력, 영감, 과학을 통해서 사건을 해결하는 것이 아니라, 그 대신 쉬운 사건에 중점을 두어 해결했다는 것을 발견했다. 특히 해결된 사건 중 단지 3%만이 특별한 수사상의 노력을 행하는 수사관에 의해서 해결되었다(Greenwood, Chaiken & Petersilia, 1977).

증거가 사건 결과에 영향을 미치는 방법에 대한 후속 통계조사에 의하면, 몇 개의 예외가 있었지만 사건들은 피해자 및 목격자에 의해서 제공되는 특정 피의자 정보에 의해서 해결되었다. 다른 정보는 사건 해결에 거의 영향을 미치지 못하였다. RAND 범죄수사 연구의 결과가 권고하는 정책은 다음과 같다.

(1) 검사로 하여금 수사실행과 정책에 대해서 더 많은 지침을 내리게 하거나 또는 수사관을 검사실에 배치함으로써 체포 후 수사활동은 검사와 함께 직접적으로 할 것을 강력히 제안하였다. 이러한 권고의 목적은 기소될 수 있는 사건의 비율을 증가시키고자 하는 것이었다.

(2) 수사관의 과다한 업무를 줄이거나 아예 없애기 위하여 순찰경찰관은 초동수사에서 더 많은 역할을 부여받아야 했다.

(3) 추가되고 개선된 잠재적 지문(latent prints)이 조사·분석에 활용되어야 하며, 지문파일을 조직화하고 검색하기 위한 향상된 시스템이 개발되어야 했다.

(4) 경찰서가 수행하는 추행수사에서 단순히 사무적 과정을 요구하는 사건과 법적 기술이나 전문적 수사를 필요로 하는 사건 사이에 차이가 있어야 했다(Swanson, Territo, & Taylor, 1998: 11-12).

New York 경찰국 Rochester 경찰서의 수사실행 분석과 중범죄 수사의 의사결정 모델을 개발하려는 연구는 RAND 범죄수사 연구가 사건 수사를 위한 적절한 사항을 제공한다는 것을 보여주었다. 이러한 연구는 일반적으로 사건을 해결하는 데 필요한 많은 정보는 초동수사를 행하는 순찰경찰관에 의해서 제공된다고 주장한다. 따라서 순찰경찰관이 효과적인 초동수사를 할 수 있도록 순찰경찰관에게 수사에 관한 교육훈련을 실시하고, 현장에서 자신의 판단에 따라서 초동수사를 할 수 있도록 해야 한다.

II. 에크의 연구

범죄수사 과정에 대한 이해를 쉽게 하기 위해서 에크(J. Eck)(1979)는 수사관이 직면하는 사건에는 3가지 유형이 있다고 하였다.
(1) 수사상의 노력에 관계 없이 해결될 수 없는 사건(해결 불가능한 사건)
(2) 상당한 수사상의 노력을 갖고서 해결될 수 있는 적정한 수준의 증거를 갖고 있는 사건(해결 가능한 사건)
(3) 최소한의 노력으로 해결될 수 있는 강력한 증거를 갖고 있는 사건(이미 해결된 사건)

에크는 이미 해결된 사건의 범주 내에 있는 사건은 추가적인 노력이나 시간을 요구하지 않았지만, 해결 불가능한 사건은 노력의 낭비 때문에 수사되어서는 안 된다고 하였다. 또한 에크는 수사관은 해결 가능한 사건에 한해서 배정을 받아야 한다고 결론 내렸다. 그러한 사건은 해결될 가능성이 있으며 추가적인 노력을 필요로 했다.

제4절　선행연구의 함의

Ⅰ. 경찰의 정당성 위기

　　거의 20년 동안 지역사회 경찰활동은 경찰활동의 새로운 정설(orthodoxy)
이 되었다(Eck & Rosenbaum, 1994). 지역사회 경찰활동 옹호자들은 지역사회
경찰활동은 경찰 노력의 질을 향상시키기 위한 경찰활동의 새로운 철학을 대
표한다고 주장한다(Greene & Mastofski, 1988). 지역사회 경찰활동과 문제 지향
적 경찰활동 양자는 경찰활동에서 일련의 위기들의 결과로서 1970년대 말과
1980년대 초에 시작되었다. 1960년대의 경찰-지역사회 관계 문제는 경찰의
정당성(legitimacy) 위기를 야기하였기 때문에 경찰관서들이 고립되었고, 지역사
회의 중요한 구성요소인 소수민족과 멀어지게 되었다(Kelling & Moore, 1988;
Crank, 1994).

Ⅱ. 관련 연구 결과

　　몇몇 연구는 전통적 경찰관리와 경찰개혁에 관한 가설의 기반을 무너뜨
렸다. Kansas시 예방순찰 실험은 범죄를 억제하는 전통적 경찰순찰의 능력에
한계가 있다는 것을 발견했다. 범죄수사 과정에 관한 연구는 체포건수를 증
가시킴에 있어서 경찰 능력에 관하여 의문을 제기하였다. 게다가 빠른 출동
시간은 주로 체포 가능성을 증가시키지 않았다. 더 많은 경찰, 더 많은 순찰,
더 많은 수사관, 더 빠른 출동시간 등의 전통적인 개혁은 경찰활동을 향상시
키지 못하는 것처럼 보여졌다. 동시에 출동요청의 성격에 관계 없이 시민의
모든 출동요청에 대하여 즉각적으로 대응하는 전통적 경찰목표는 경찰관에
게 상당한 업무량을 부담시켰다.

Ⅲ. 경찰의 복잡한 역할 인식

　　전문가들은 경찰 역할이 다양한 업무 및 책임과 관련되어 있어서 매우 복
잡하다는 것을 인식하게 되었다. 경찰업무 중 단지 작은 부분만이 법집행과

관련되었으며, 대부분의 경찰업무는 질서유지 및 서비스 활동과 관련되어 있었다. 그 결과 전문가들은 경찰이 더욱 효과적으로 되고자 한다면 경찰은 범죄 통제에 중점을 두는 것에서부터 지역사회 삶의 질, 질서유지, 범죄 두려움과 같은 이슈에 중점을 두는 것까지 경찰활동을 확대시켜야 한다고 인식하였다.

Ⅳ. 시민의 중요성 인식

전문가들은 경찰서비스의 공동생산자(coproducer)로서 시민의 중요성을 인식하기 시작했다(Skogan & Antunes, 1979; Frank, Brandle, Worden, & Bynum, 1996). 경찰은 범죄를 신고하고, 무질서를 다루는 데 있어서 시민에게 의존한다. 체포 결정은 시민에 의해서 표현된 체포 희망 여부에 의해서 많은 영향을 받는다. 범죄자의 성공적인 기소는 피해자와 목격자의 협력에 매우 의존한다. 중요하게도 이웃 수준에서의 비공식적 사회통제(informal social control)는 범죄와 무질서를 통제함에 있어서 핵심으로 인식되었다. 즉 경찰은 그들 혼자서는 범죄를 통제할 수 없다는 인식이 점차 증가하고 있다(Walker & Katz, 2008: 315-316).

참고문헌

Barker, T., Hunter, R. D., & Rush, J. P. (1994). *Police Systems & Practices: An Introduction*, Englewood Cliffs: Prentice Hall Career & Technology.

Bracy, Dorothy H. (1996). "Assessing Alternative Responses to Calls for Service," *Quantifying Quality in Policing*, Sam Huston State University, 1996.

Carter, David L. (1995). *Community Policing and DARE: A Practitioner's Perspective*, Washington, DC: National Institute of Justice.

Crank, John P. (1994). "Watchman and Community: Myth and Institutionalization in Policing," *Law and Society Review*, 28(2).

Eck, John & Rosenbaum, Dennis. (1994). "The New Police Order: Effectiveness, Equity, and Efficiency in Community Policing," in Dennis Rosenbaum(ed.), *The Challenge of Community Policing: Testing the Promise*, Thousand Oaks, CA: Sage Publications.

Eck, J. (1979). *Managing Case Assignment: The Burglary Investigative Decision Model Replication*, Washington, DC: PERF.

Famega, C. N., Frank, J., & Mazerolle, L. (2005). "Managing Police Patrol Time: The Role of Supervisor Directives," *Justice Quarterly*, 22(4): 540-559.

Frank, James, Brandle, Steven G., Worden, Robert E., & Bynum. (1996). Timothy S., "Citizen Involvement in the Coproduction of Police Outputs," *Journal of Crime and Justice*, 14(2).

Greenwood, P., Chaiken, J., & Petersilia, J. (1977). *The Investigative Process*, Lexington, MA: Lexington Books.

Kelling, George L. & Moore, Mark H. (1988). "The Evolving Strategy of Policing," *Perspectives on Policing*, No. 4, Washington, DC: Government Printing Office.

Radelet, Louis A. & Carter, David L. (1998). *The Police and the Community* (6th ed.), New Jersey: Prentice Hall.

Skogan, Wesley G. & Antunes, George E. (1979). "Information, Apprehension, and Deterrence: Exploring the Limits of Police Productivity," *Journal of Criminal Justice*, 7.

Swanson, Charles R., Territo, Leonard, & Taylor, Robert W. (1998). *Police Administration: Structures, Processes, Behaviors*, New York: Macmillan Publishing Company.

Thibault, Edward A., Lynch, Lawrence M., & McBride, R. Bruce. (1998). *Proactive Police Management*, New Jersey: Prentice Hall.

Walker, Samuel & Katz, Charles M. (2008). *The Police in America* (6th ed.), Boston, Mass.: McGraw-Hill.

Wilson, Carlene. (1990). "Research on one-and two person patrols: distinguishing fact from fiction," *Report Series*, No. 94, National Police Research Unit.

제 3 장

지역사회 경찰활동의 개념 및 특징

제 3 장　지역사회 경찰활동의 개념 및 특징

조용한 혁명(quiet revolution)이 미국 경찰활동을 재편성하고 있고, 지역경찰
은 도보순찰로 되돌아가고 있다. 지역사회에서 가장 심각한 지역문제가 무엇
인지를 파악하기 위해서 경찰은 시민을 대상으로 의견을 묻고 있다. 많은 경
찰관서들은 출동요청에 신속하게 대응하는 것 이외에 다른 대안을 찾고 있다
(Kelling, 1988).

많은 경찰관서들은 무질서에 집중함으로써, 시민의 범죄 두려움 감소를
목표로 정하고 있고, 시민집단을 조직화하는 것은 많은 경찰관서들에서 우선
순위가 되고 있다. 경찰관서들은 범죄통제 이외에 삶의 질을 향상시킬 수 있
는 활동을 찾고 있다. "그러한 활동은 경찰의 업무인가?"라는 질문에 대해서
경찰은 점차 '예'라고 대답하는 경향이 있다.

제1절　지역사회 경찰활동의 이론적 기초

지역사회 경찰활동이 기존의 이론에 기초를 두고 있는지 여부에 대해서
는 종종 의문이 제기되었다. 트로자노위츠(Robert Trojanowicz) 박사의 아내인
수잔(Susan)이 1990년대 초에 행한 연구에 따르면, 지역사회 경찰활동은 '규
범적 후원이론'과 '비판적 사회이론'에 기초를 두고 있다(Trojanowicz &
Bucquerroux, 1998: 12-13).

I. 규범적 후원이론과 비판적 사회이론

1. 규범적 후원이론

규범적 후원이론(Normative Sponsorship Theory)은 대부분의 사람이 선한 의

지를 갖고 있으며, 합의(consensus)의 형성을 촉진시키기 위하여 다른 사람들과 협력을 한다고 주장한다. 다양한 집단이 공통의 가치·믿음·목표를 함께 공유하면 할수록, 그들이 지역을 발전시킬 목적으로 함께 상호작용할 때에 공통의 목표에 더욱 동의할 것 같다.

2. 비판적 사회이론

비판적 사회이론(Critical Social Theory)은 욕구가 충족되지 못하도록 방해하는 사회·경제적 장애와 정치적 장애를 교정하고 극복하기 위하여, 사람들이 협력하는 방법과 이유에 초점을 둔다. 비판적 사회이론의 3가지 핵심요소는 (1) 계몽, (2) 권한부여, (3) 자유이다.

1) 계몽(enlightenment)

사람은 변화를 위한 활동을 하기 전에, 그들의 환경에 대해 교육을 받아야 한다.

2) 권한부여(empowerment)

사람은 그들의 조건을 향상시키기 위하여 조치를 취할 수 있어야 한다.

3) 자유(emancipation)

사람은 자기반성과 사회적 조치를 통하여 자유를 획득하여야 한다.

II. 지역사회의 개념 및 속성

1. 지역사회의 개념

많은 사람들에게 지역사회(community)는 그들의 고향에 대한 이미지를 떠올리게 할 수 있고, 다른 사람에게는 특정한 블록, 한 이웃, 또는 모든 사람이 서로를 잘 알고 있고 사이 좋게 지내는 작은 마을(town)을 의미할 수 있다. 또한 지역사회는 같은 지방정부 아래에서 살고 있는 사람들의 집단을 의미하거나, 공통의 관심사를 갖고 있는 사회적 집단을 의미할 수 있다.

지역사회는 한 경찰관서가 관할하는 특정한 지리적 영역과 그 영역 내에 있는 개인·조직·기관을 의미한다. 경찰관이 임무를 충실하게 수행하고자 한다면, 위와 같이 정의된 지역사회를 이해하고 그것의 일부가 되어야 한다. 지역사회는 매우 작은 영역만을 포함할 수 있고, 제한된 수의 개인, 조직, 기관을 갖고 있을 수 있다(Miller, Hess, & Orthmann, 2014: 61).

경찰 관할구역과 서비스 전달이 지리적 경계에 기초할지라도, 지역사회는 지방정부에 의해서 관리되는 지리적 영역보다 더 많은 것을 의미한다. 학교, 사업체, 공적·사적 기관, 교회, 사회적 집단들은 지역사회의 핵심요소이다. 지역사회 내에 살고 일하고 있는 사람들의 개인적 가치, 관심, 문화적 원칙과 그들이 이웃 사람과 공유하고 있는 공통의 관심사가 중요하다. 통합된 지역사회는 사람들이 수용할 수 있는 행위에 대한 인식을 어느 정도 갖고 있어서, 지역사회에서의 경찰활동을 훨씬 더 용이하게 만든다.

2. 지역사회의 2가지 속성

일반적으로 지역사회(community)는 지역적인 공간만을 의미하기 쉬우나, 공동참여, 공동자치, 공동운명체라는 의미를 갖고 있으며, 일정한 지역 안에서 공동의 목표를 추구하고 있는 사람들의 공동생활체라고 볼 수 있다. 따라서 지역사회는 자연 지리적 요소인 '지역성'과 사회문화적 요소인 '공동성'이라는 2가지 기본적 속성을 갖고 있으므로, 지역사회의 개념에는 학교, 교회, 이웃, 사업체, 공무원, 가족 등도 포함될 수 있다.

3. 시골 지역사회와 도시 지역사회

지역사회는 주로 시골(rural) 또는 도시(urban)로 구분된다. 시골과 도시 는 주로 인구 규모에 의해 구분되지만, 이러한 구분은 독단적이고 중요성을 결여한 것으로 비판 받았다. 다른 구분 기준은 인구 밀도와 지역성이었다(Palmiotto, 2011: 109-110).

1) 시골 지역사회

시골 지역사회는 일반적으로 자신들이 같은 지역성 내에서 살고 있는 것으로 생각하고, 지역에서 계속해서 살고 있는 가족집단들로 구성되어 있다. 그들은 지역에 이름을 붙이고, 구성원들은 서로 방문하고, 도구를 빌려주고, 서비스를 교환하고, 사회적 활동에 참여한다. 시골 지역사회는 학교나 교회와 같은 제도를 포함하는 공동활동 센터를 갖고 있다. 구성원들은 서로를 알고 있으며, 그들의 관계는 친밀한 것으로 보인다.

2) 도시 지역사회

도시 지역사회는 작은 지역 내에 거주하는 대규모 집단들로 구성되어 있는데, 그들은 자신의 지방정부를 갖고 있고, 다양한 경제적 사업을 수행하고 있다. 도시 지역사회는 사회적 의미에서 막연하게 지역사회이다. 도시 지역사회는 시골 지역사회보다도 익명성의 특징이 있다. 도시 지역사회에서 살고 있는 사람들은 자기 집에서 2블록 정도 떨어져서 살고 있는 사람을 거의 알지 못할 수 있다. 도시 지역사회는 또한 더욱 이질적이다. 도시 사람은 지역 자체보다는 주로 이익에 근거하여 교제하고, 시골 지역사회에 비해서 일반적으로 교류가 적다.

제2절 지역사회 경찰활동의 개념 및 요소

Ⅰ. 지역사회 경찰활동의 개념

1. 다양한 개념 정의

지역사회 경찰활동은 미국 경찰활동에서 새롭고 혁신적인 모든 것을 의미한다(Bayley, 1998). 그동안 많은 경찰관서들이 지역사회 경찰활동을 발전시키고자 했으나 기껏해야 '경찰-지역사회 관계'와 별 차이가 없었다. 지역사회 경찰활동은 도전적인 개념이므로 단 하나의 정의를 갖고서 지역사회 경찰활동을 연구하거나 실행하는 사람들을 만족시킬 수 없다. 다음의 정의는 지역사회 경찰활동이 설명되어 왔던 다양한 방법을 보여준다.

(1) 지역사회 경찰활동은 조직 전략을 향상시키는 한 철학이다. 지역사회
    경찰활동은 범죄, 사회적 무질서, 범죄 두려움과 같은 공공 안전 이슈
    를 야기하는 직접적인 조건을 사전에 다루기 위하여 파트너십 및 문
    제해결 기술의 체계적인 사용을 지지한다(Community Policing Defined,
    2009: 3).

(2) 지역사회 경찰활동은 하나의 철학이고 특정한 전술이 아니다. 지역사
    회 경찰활동은 장기간 동일한 지역사회 내에 동일한 경찰관을 참여시
    킴으로써 범죄, 무질서, 범죄 두려움을 감소시키기 위하여 설계된 사
    전적이고 분권화된 접근법이다(Trojanowicz & Bucqueroux, 1990: 154).

(3) ① 지역사회 참여, ② 문제 해결, ③ 조직 변화, ④ 범죄예방의 4가지
    일반적인 원리가 지역사회 경찰활동을 정의한다(Skogan, 2004: 160).

(4) 가장 단순한 형태로서 지역사회 경찰활동은 관계를 형성하고 문제를
    해결하는 것이다(Melekian, 2001: 14).

(5) 지역사회 경찰활동은 조직 전체에 걸친 철학이며 관리상 접근법이며,
    그 목적은 ① 지역사회, 정부, 경찰 간의 파트너십, ② 범죄를 예방하
    기 위한 사전적인 문제해결, ③ 범죄, 범죄 두려움, 다른 지역사회 이
    슈의 원인을 다루기 위해 지역사회 참여를 발전시키는 것이다(Upper
    Midwest Community Policing Institute, n.d.).

(6) 지역사회 경찰활동은 경찰서비스의 전달을 극적으로 향상시키기 위하
    여 1980년대와 1990년대에 등장한 조직 전략이다. 이 전략은 경찰기
    관이 지역사회를 위한 삶의 질을 향상시키는 데 더욱 중점을 둘 뿐만
    아니라 범죄를 다루는 데 더욱 사전적이고 적응적으로 되기 위해서
    지식 관리, 팀 워크, 지역사회와의 파트너십에 더 많은 중점을 둔다(Ford,
    2007: 321).

(7) Upper Midwest Community Policing Institute(UMCPI)에 의하면 지역사
    회 경찰활동은 지역사회·정부·경찰의 파트너십과 범죄·범죄 두려움·
    다른 지역사회 이슈의 원인을 다루기 위해서 지역사회 참여(engagement)
    를 촉진시키는 조직 전체에 걸친 철학 및 관리상의 접근이다(Miller &
    Hess, 2005: 18.)

(8) 지역사회 경찰활동은 범죄 및 무질서의 문제를 확인하고, 해결방법을 찾기 위해 지역사회를 참여시키는 경찰과 지역사회 사이의 협력적 노력이다(McCarthy, no date: 1).

켈링(George L. Kelling)(1994: 3)이 지적한 바와 같이 사람들이 지역사회 경찰활동을 철학, 전략, 모델, 또는 패러다임 등 무엇으로 말하든지 간에 지역사회 경찰활동은 복합적인 아이디어이므로, 모든 사람들을 만족시킬 수 있을 정도로 단순하게 한 문장으로 정의될 수 없다. 그러나 지역사회 경찰활동에 관한 다양한 정의는 2가지 사항을 공통적으로 갖고 있다. 즉 '경찰-지역사회 파트너십'과 경찰기능에 대한 '사전적 문제해결 접근'을 지니고 있다.

지역사회 경찰활동은 사전적이고, 문제 해결방안에 기초하며, 참여적이다. 법집행기관과 법준수 경향을 갖고 있는 시민들이 (1) 범죄자 체포, (2) 범죄예방, (3) 계속 진행되는 문제해결, (4) 전반적인 삶의 질 향상과 같은 4가지 업무를 수행하기 위해 함께 노력할 때 지역사회 경찰활동이 형성된다.

2. 전통적 경찰활동과 지역사회 경찰활동의 비교

<표 3-1>은 전통적 경찰활동과 지역사회 경찰활동 간의 비교를 보여주고 있다. 전통적 경찰활동과 지역사회 경찰활동의 가장 중요한 차이점은 지역사회 경찰활동은 경찰 역할에 있어서 중요한 변화를 보여준다는 것이다. 즉 경찰은 전통적으로 범죄통제 관점에서 주요 역할을 정의했을지라도 지역사회 경찰활동은 경찰 역할을 확대함으로써 범죄 두려움, 질서유지, 갈등해결, 이웃쇠퇴, 사회적·물리적 무질서와 같은 이슈를 포함한다.

전통적 경찰활동은 서비스 요청에 사후 반응적(reactive)인 반면에, 지역사회 경찰활동은 문제를 미리 예상해서 문제해결 방법을 찾고 있으므로 사전적(proactive)이다. '사전적'이라는 용어는 문제를 예상하는 것을 의미할 뿐만 아니라, 유사한 상황이 발생할 때마다 동일한 방법으로 대응하기보다는 책임을 지고 대응방안을 선택하는 의미를 지니고 있다. 경찰은 같은 방법을 적용해서는 다른 결과를 얻을 수 없다는 것을 배운다. 따라서 다른 결과를 얻기 위해서는 다른 전술이 필요하다.

〈표 3-1〉 전통적 경찰활동과 지역사회 경찰활동의 비교

질문	전통적 경찰활동	지역사회 경찰활동
경찰은 누구인가?	법집행에 대해 주로 책임을 지고 있는 경찰기관	• 경찰이 시민이고, 시민이 곧 경찰 • 경찰은 모든 시민의 일에 24시간 관심을 제공하기 위해 급료를 받는 사람
경찰과 다른 공공기관의 관계는 어떠한가?	우선사항이 갈등을 일으킴	경찰은 삶의 질을 향상시키는 데 책임이 있는 여러 부서 중 하나
경찰의 역할은 무엇인가?	범죄진압에 중점	광범위한 문제해결에 중점
경찰능률성 측정방법은?	체포율	범죄와 무질서의 부재
최고의 우선사항은 무엇인가?	폭력과 관련 있는 범죄	지역사회를 매우 괴롭히는 모든 문제
경찰이 특별히 다루는 것은?	사건	시민의 문제와 관심사
경찰효과성을 결정하는 것은?	출동시간	시민의 협조
경찰은 서비스 요청에 대해서 무슨 견해를 취하는가?	경찰이 해야 할 업무가 없을 때만 취급	중요한 기능이며, 훌륭한 기회
경찰전문성은 무엇인가?	중요범죄에 신속하고 효과적으로 대응	지역사회와 긴밀한 관계 유지
가장 중요한 정보는?	범죄정보	범죄자 정보
경찰책임의 본질적인 성격은 무엇인가?	중앙집권성을 강조	지역사회의 욕구에 대한 책임을 강조
경찰본부의 역할은 무엇인가?	필요한 규율과 정책 제공	조직의 가치를 설명
언론관계 부서의 역할은 무엇인가?	경찰관들이 업무를 잘 수행할 수 있도록 경찰관을 안정시키는 것	지역사회와의 필수적인 의사소통 채널을 조정
기소를 무엇으로 여기는가?	중요한 목표로	많은 법집행수단 중 하나로

자료: Sparrow, 1988: 8-9.

Ⅱ. 지역사회 경찰활동의 요소

1. 지역사회 형성

지역사회 경찰활동은 경찰서비스를 분권화하고 개별화하는 것에 의존한다. 그 결과 계선 경찰관은 지역사회 형성(community building) 및 지역사회에 기초한 문제해결(community-based problem solving)에 중점을 둘 수 있도록 기회·자유·위임을 갖고 있다. 궁극적으로는 지역사회가 자신의 안전에 책임을 져야 하므로 경찰은 지역사회를 참여시키고 임파워하기 위한 방법을 끊임없이 찾아야 한다. 경찰의 역할은 지역사회로 하여금 자신들의 문제를 다룰 수 있는 능력을 형성하도록 돕는 것이다.

2. 지역사회에 기초한 문제해결

지역사회에서 반복해서 발생하는 문제를 해결하지 못한다면, 경찰은 동일한 문제와 피의자를 반복해서 다루게 될 것이다. 경찰과 지역사회의 새로운 파트너십은 범죄, 마약, 범죄 두려움 및 무질서를 포함해서, 지역사회가 직면하는 많은 문제를 해결함에 있어서 협력할 수 있는 기회를 제공한다. 경찰관이 그러한 문제를 야기하는 요인을 더 많이 이해함에 따라서 창의적 방법으로 개입할 수 있는 새로운 기회를 보게 된다.

지역사회 경찰활동의 주된 요소는 (1) 지역사회에 기초한 경찰 출장소 또는 순찰활동을 통하여 경찰을 분권화하고, (2) 문제확인에 있어서 시민과 다른 기관·집단을 포함시키기 위해서 적극적으로 노력하고, (3) 다양한 법률적·비법률적 개입방안을 활용하는 문제해결 접근법에 의존하고, (4) 경찰활동을 평가함에 있어서 체포 및 범죄감소 이외의 평가기준을 마련하는 것을 포함한다.

3. 사전적 방법과 사후적 방법의 균형

지역사회 경찰활동은 경찰관들로 하여금 그들의 업무 내에서 새로운 철학을 표현할 수 있는 방법을 찾도록 자극한다. 그 결과 개개의 범죄사건 및 긴급사건에 대해서 즉각적이며 효과적인 경찰대응을 유지할 필요성과 그 사건이 다시 발생하기 전에 그 문제를 해결하기 위하여 새로운 사전적인 방법을 찾는 것 사이에 '균형'이 유지될 수 있어야 한다.

4. 시민과 전체 경찰관의 참여

지역사회 경찰활동은 전체 경찰관서(정규 경찰관, 비정규 경찰관, 일반직 등 모든 직원을 포함)가 지역사회 경찰활동 철학에 참여할 것을 요구한다. 또한 경찰은 시민들이 범죄를 신고하고 범인 검거에 도움이 되는 정보를 제공해 줄 것을 필요로 한다. 적극적인 시민참여를 확보하지 못한다면 필연적으로 범죄해결률이 낮게 나올 것이며, 공식적인 범죄통계 또한 좋지 않게 나올 것이다. 경찰관과 시민 사이의 상호작용 부족은 그들 사이에 불신과 의심을 가져올 것이다.

5. 비범죄 상호작용의 강조

많은 경찰관서들은 경찰관과 시민 상호 간에 비범죄 상호작용(noncrime interaction)을 증진시키기 위한 노력을 하였다. 비범죄 상호작용이란 범죄와 관련이 없을 때에도 경찰과 시민 양자가 함께 만나서 대화를 나누는 것을 의미한다. 비범죄 상호작용에서는 피해를 입은 사람도 없고, 도움을 필요로 하는 사람도 없고, 어떤 특정 결과가 기대되는 것도 아니다. 다만 비범죄 상호작용은 경찰관과 시민 양자가 서로를 더 잘 알 수 있도록 해 준다. 비범죄 상호작용이 활성화될지라도 이러한 활동은 지역사회 경찰활동이 아니며 경찰-지역사회 관계(police-community relation)일 뿐이다.

6. 지역사회 관리자로서의 역할

지역사회 경찰활동의 기본적인 생각은 경찰 혼자서는 범죄의 근본적인 원인을 해결할 수 없으므로, 경찰은 지역사회 관리자(community manager)가

되어 문제를 확인·해결하는 데 적절한 개인 및 집단의 협력을 형성하고, 해결방안의 실행과정을 감독하고, 그 개입에 대한 평가를 함에 있어서 주도적 역할을 하여야 한다(Hoover, 1992).

경찰은 개입 및 평가에 반드시 직접 참여할 필요는 없다. 오히려 경찰은 이러한 활동을 감독하고, 적절한 전문기술이나 자원을 갖고 있는 개인·집단 또는 기관이 참여해야 한다. 지역사회 경찰활동의 기본적인 생각은 전통적으로 범죄와 일탈을 다루는 책임을 갖고 있었던 것은 바로 개인, 그의 가족 또는 지역사회였다는 역사적인 사실에 그 뿌리를 두고 있다.

지역사회 경찰활동은 특정적인 일련의 활동·접근보다는 경찰활동의 철학으로 인식되어야 한다. 그러나 이것이 지역사회 경찰활동이 어떤 일정한 형태가 없다는 것을 의미하는 것이 아니다(Lab & Das, 2003: xvii).

7. 현대적인 범죄예방 접근법

1) 지역사회 경찰활동과 범죄예방의 유사성

지역사회 경찰활동의 지배적인 주제는 (1) 경찰과 지역사회가 함께 활동하고, (2) 지역사회를 괴롭히는 고유한 문제의 해결책을 마련하고, (3) 문제해결 프로그램을 실행하는 것으로 구성되어 있다(Oliver, 1998: 48). 범죄예방을 연구하는 학자들은 지역사회 경찰활동과 범죄예방 사이의 강한 유사성을 지적한다. 사실상 지역사회 경찰활동은 가장 널리 알려진 현대의 '범죄예방 접근법'인 것이다.

2) 상황적 범죄예방

지역사회 경찰활동과 범죄예방 사이의 가장 명백한 관계는 상황적 범죄예방(Situational Crime Prevention) 속에 구체화되어 있다. 클라크(R. V. Clarke)(1983)는 '상황적 범죄예방'은 특정 형태의 범죄가 발생할 수 있는 기회를 야기하는 직접적·물리적 환경요소를 변경하는 것이라고 정의하였다. 그는 주로 물리적 환경에 대한 변화를 제안하였으나, 그러한 기본적인 생각은 확장되어 사회적 환경을 포함하게 되었다.

〈표 3-2〉 지역사회 경찰활동 프로그램의 사례

순찰 향상	범죄예방	무질서 감소	지역사회 관계/ 의사소통

• 경찰출장소
• 이웃 돌봐주기
• 기마 순찰
• 자전거 순찰
• 공격적 순찰
	• DARE
	• GREAT
	• 안전조사
	• 재물표시
	  (Operation ID)
	• 학교 경찰관
	• 범죄신고 보상
	  (Crimestoppers)
		• 통행금지시간 집행
		• 세입자 퇴거 프로
		  그램
		• 조례집행팀
		• 미성년자 음주 단속
			• 시민 아카데미
			• 이웃 뉴스레터
			• 배우자 아카데미
			• 경찰 운동 연맹
			• 이웃 위원회 및 미팅

자료: Gaines et al., 2003: 80.

상황적 범죄예방의 기초가 되는 것은 범죄 및 일탈의 해결책은 '행위'의 고유한 특성과 그 행위를 발생시키는 '상황'에 기초하여 다양한 형태를 갖고 있어야 한다는 것이다. 두 개의 다른 시기에, 두 개의 다른 장소에서 행해지는 같은 행위는 전적으로 다른 대응을 요구할 수 있다. 따라서 상황적 범죄예방은 문제해결 접근방법으로서 지역사회 경찰활동이 암시하는 것과 다르지 않다.

상황적 범죄예방과 지역사회 경찰활동의 양자는 많은 동일한 생각 및 기술을 공유하고 있다. 특히 SARA(Scanning, Analysis, Response, Assessment) 과정은 상황적 범죄예방과 지역사회 경찰활동의 양자를 논의하는 과정에서 나타난다. 중요한 차이점은 지역사회 경찰활동은 경찰이 그 과정의 핵심적인 부분이지만, 상황적 범죄예방은 경찰의 참여를 요구할 수도 있고 요구하지 않을 수도 있다는 점이다. 지역사회 경찰활동을 구성하고 있는 다양한 프로그램은 <표 3-2>에서 보는 것과 같다.

III. 지역사회 경찰활동 개념 정립의 어려움

1. 일선 경찰관의 이해 부족

미국과 유럽에서 지역사회 경찰활동은 경찰활동의 중요한 핵심으로 발전해 왔다. 그러나 미국에서 법집행기관에 대한 전국 조사를 보면 질문을 받은 경찰관 및 보안관 중 약 50%만이 지역사회 경찰활동의 의미에 대해 분명한 이해를 하고 있었다(Wycoff, 1995).

2. 다양한 사람에게 다양한 의미

지역사회 경찰활동이 다른 사람들에게 다른 것을 의미한다는 것은 놀랄 만한 것이 아니다. 인기 있는 지역사회 경찰활동 전략은 도보 순찰이나 자전거 순찰을 실시하고, 이웃 경찰출장소를 설치하고, 이웃의 문제를 확인하고, 무질서를 다루고, 지역사회 모임(meeting)을 조직하고, 지역사회 조사를 수행하는 것을 포함한다(Rosenbaum, 1994).

지역사회 경찰활동의 옹호자는 지역사회 경찰활동은 경찰 노력의 질을 향상시키는 것을 목적으로 하는 경찰활동의 새로운 철학이라고 주장한다(Greene & Mastrofsky, 1988). 그러나 지역사회 경찰활동의 내용은 국가마다 다르므로, 모든 사람이 공감할 수 있도록 지역사회 경찰활동의 정의를 내리는 것은 불가능할 수 있다.

3. 다양한 용어의 사용

지역사회 경찰활동이란 용어는 '지역사회 지향적 경찰활동', '문제 지향적 경찰활동'이라는 다양한 용어를 포함하고 있다. 그 결과 대부분의 학자들은 지역사회 경찰활동을 구성하고 있는 것에 대해 정의를 내리기보다는 무엇이 지역사회 경찰활동이 아닌지를 지적하거나 지역사회 경찰활동의 공통된 요소들을 논의하고 있다. 트로자노위츠(Trojanowicz)와 벅케록스(Bucqueroux)(1998: 10-12)는 지역사회 경찰활동에 대해서 다음과 같이 설명하고 있다.

(1) 지역사회 경찰활동은 하나의 전술, 기술, 프로그램이 아니다.
(2) 지역사회 경찰활동은 공공관계(Public Relations)가 아니다.
(3) 지역사회 경찰활동은 지역사회를 괴롭히는 것이 아니다.
(4) 지역사회 경찰활동은 반(反)기술적인 것이 아니다.
(5) 지역사회 경찰활동은 범죄에 대하여 경미하게 대처하는 것이 아니다.
(6) 지역사회 경찰활동은 겉보기에 화려한 것이 아니다.
(7) 지역사회 경찰활동은 온정적인 것이 아니다.

(8) 지역사회 경찰활동은 가식적인 것이 아니다.

(9) 지역사회 경찰활동은 위에서 아래로의 접근이 아니다.

(10) 지역사회 경찰활동은 사회사업(Social Work)이 아니다.

(11) 지역사회 경찰활동은 단지 결과를 추구하는 것이 아니다.

(12) 지역사회 경찰활동은 엘리트주의를 추구하지 않는다.

(13) 지역사회 경찰활동은 특정 사회적 계층을 대상으로 하는 것이 아니다.

(14) 지역사회 경찰활동은 완전한 것이 아니다.

(15) 지역사회 경찰활동은 만병통치약이 아니다.

(16) 지역사회 경찰활동은 일반적인 활동을 위한 용어가 아니다.

(17) 지역사회 경찰활동은 문제 지향적 경찰활동과 동일한 것이 아니다.

IV. 지역사회 경찰활동의 선구자

1. 허만 골드스타인

1) 기존 사후적 대응 경찰활동의 비판

골드스타인(Herman Goldstein)은 1979년 'Improving Policing: Problem-Oriented Policing'이란 논문에서 지역사회 경찰활동의 기초를 명시하고 있다. 즉 경찰은 문제 그 자체를 다루기보다는 신고에 대해 주로 사후적 대응을 하고 추상적 조치를 취함으로써 문제의 증상만을 다루고 있다. 경찰은 문제를 해결할 때까지는 전혀 성공적이지 못한 것이다. 또한 골드스타인은 경찰이 출동요청에 신속하게 대응하는 것에 너무 많은 중점을 두고 있고, 일단 도착한 후에는 하는 일이 거의 없다고 비판하였다. 그는 경찰의 사후적 대응은 실질적인 이슈인 지역사회 문제의 해결에 실패하였다고 주장했다(Gaines, Worrall, Southerland, & Angell, 2003: 76-77).

2) 지역사회 파트너십과 문제해결

지역사회 경찰활동은 범죄에 대한 한 접근법으로서 범죄의 근본적인 원인들을 분석하고, 향상된 경찰-지역사회 간의 파트너십 및 의사소통을 통해서 장기적인 문제를 해결하고자 노력한다. 지역사회 경찰활동은 경찰활동이 효과적이기 위해서는 경찰이 지역사회와 함께 활동해야 하고, 지역 주민 관련 경찰의 책임을 강조하고 있다.

3) 지역사회 경찰활동의 이익

골드스타인(1997: 6-36)은 지역사회 경찰활동의 가장 중요한 이익에 대해서 다음과 같이 설명하고 있다.

(1) 경찰기능에 대한 더욱 현실적인 인정
(2) 경찰기능 사이의 상호관계 인식
(3) 직무를 수행함에 있어서 경찰의 제한된 능력에 대한 인정과 경찰과 일반시민 사이의 협력의 중요성에 대한 인정
(4) 형사사법체계에 덜 의존하고 새로운 문제해결 방법을 더욱 강조
(5) 배치된 지역에 대해서 경찰이 확보한 지식을 훨씬 더 많이 사용
(6) 더욱 효과적인 경찰 인력의 활용
(7) 더욱 효과적인 경찰대응을 계획하기 위한 기초로서 지역사회 문제에 대한 증가된 인식

2. 윌슨과 켈링

1) 깨진 유리창 모델

많은 사람들은 지역사회 경찰활동은 Atlantic Monthly에 실린 윌슨(James Q. Wilson)과 켈링(George L. Kelling)의 1982년 'Broken Window: The Police and Neighborhood Safety'라는 논문에서 사실상 시작되었다고 생각한다. 그들의 논문은 경찰활동의 '깨진 유리창 모델'(Broken Window Model)이라고 알려졌다.

깨진 유리창의 이미지는 무질서, 이웃 쇠퇴, 범죄 사이의 관계를 상징한다. 깨진 유리창은 어느 누구도 건물의 외관에 관심을 갖고 있지 않다는 신호를 의미한다. 만약 깨진 유리창이 수선되지 않은 채 남겨진다면 그것은 이웃 주민들로 하여금 그들의 재산을 소홀히 하도록 촉진한다. 이것은 이웃 쇠퇴를 점점 가속화한다.

[그림 3-1] 깨진 유리창 모델

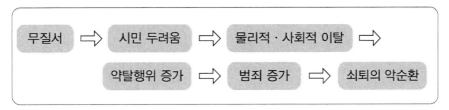

자료: Kelling & Bratton, 1998: 1217-1231.

주택은 낡게 되고, 가옥 소유자들은 이주해 나가고, 건물은 임대 건물로 전환되고, 주택은 단일가구 거주에서 다가구 거주로 변경되고, 몇몇 주택은 버려진다. 이웃의 수입이 감소함에 따라 이웃 상점들이 문을 닫고, 재산 가치는 감소한다. 지역의 범죄는 점차 증가한다(Skogan, 1990: 21-50). 깨진 유리창 모델을 구체적으로 표현하면 [그림 3-1]에서 보는 것과 같다.

윌슨과 켈링은 매우 중요한 몇 가지를 지적했다. 첫째, 지역에서 무질서는 두려움을 야기한다. 일반 시민뿐만 아니라 집 없는 사람, 매춘부, 마약중독자, 청소년 갱, 정신장애자들이 차지한 도시의 거리들은 다른 지역들보다 범죄율이 더욱 높을 것 같다.

둘째, 어떤 지역은 범죄를 촉진하는 신호(signal)를 보낸다. 주택이 낡고, 깨진 유리창이 수선되지 않은 채 방치되어 있고, 무질서한 행동이 간과되는 지역사회는 실제로 범죄를 촉발시킨다. 이 지역에서 살고 있는 정직하고 법규를 잘 준수하는 시민은 두려움 속에서 살고, 약탈적인 범죄자는 범죄를 범하도록 유혹을 받는다.

셋째, 지역사회 경찰활동은 반드시 필요한 것이다. 경찰이 이러한 지역에서 두려움을 감소시키고 범죄와 싸우고자 한다면 경찰은 지지와 지원을 받기 위해서 시민 협력에 의존해야 한다.

2) 경찰활동의 중점

윌슨과 켈링(1982: 29-38)은 범죄와의 싸움보다는 지역사회 유지, 공공의 안전 유지, 질서 유지가 경찰 순찰활동의 주된 초점이 되어야 한다고 주장했다. 또한 그들은 경찰이 이웃 생활의 질에 영향을 미치는 무질서 문제에 경찰자원을 집중시켜야 한다고 주장하였다. 특히 그들은 경찰이 범죄 두려움을 야기하고, 이웃 쇠퇴(decay)를 가져오는 문제를 다루어야 한다고 강조한다.

3) 이웃 쇠퇴의 초기단계 개입

무질서는 시민들의 마음 속에 두려움을 야기한다. 두려움으로 인해 그들은 집에 머물러 있으며 지역 내의 활동을 자제한다. 극단적인 경우에 그들은 지역을 떠난다. 법을 잘 준수하는 시민들이 떠날 때 이웃은 쇠퇴하게 된다. 무질서 요소들이 공적 영역, 거리 모퉁이, 공원을 통제하고, 쇠퇴 과정이 가속화되고, 그 결과 주거침입 절도(burglary)와 노상 강도(robbery)와 같은 중대한 약탈 범죄가 증가한다.

전통적인 경찰활동은 중범죄에 중점을 둔다. 그러나 여러 증거에 의하면 범죄와 싸우는 경찰관의 능력은 사실상 매우 제한되어 있다. 윌슨과 켈링은 경찰이 이웃쇠퇴 과정에서 초기단계인 무관심(neglect)과 무질서(disorder)의 신호가 있을 때 개입해야 한다고 주장한다(Walker & Katz, 2008: 317).

3. 로버트 트로자노위츠

1) 국가 지역사회 경찰활동 센터 설립

트로자노위츠(Robert C. Trojanowicz)는 1983년에 Michigan주 East Lansing에 '국가 지역사회 경찰활동 센터'(National Center for Community Policing)를 설립했으며, 1994년 52세로 사망할 때까지 연구소장을 하였다.

지역사회에서 (1) 거리범죄에서부터 가정 학대나 마약 관련 폭력에 이르기까지의 개인 폭력, (2) 갱 폭력, 사회의 다양한 분야의 대치(특히 경찰)를 포함하는 사회 불안, (3) 경찰의 야만성과 같은 3가지 중요한 종류의 폭력을 감소시키는 데에 지역사회 경찰활동은 중요한 역할을 수행할 수 있다(Trojanowicz & Bucquerroux, 1998: 7-12).

2) 경찰-주민 파트너십의 강조

트로자노위츠에 의하면, 지역사회 경찰활동은 주민과 경찰 사이에 새로운

〈표 3-3〉 지역사회 경찰활동의 특징

철학적 특징	전략적 특징	전술적 특징	조직상 특징
• 시민의 참여 • 광범위한 경찰기능 • 개별화된 서비스	• 경찰운용의 재방향설정 • 지리적 요소의 강조 • 예방의 강조	• 적극적인 상호작용 • 협력관계 • 문제해결	• 구조 • 관리 • 정보

파트너십을 발전시키려는 철학이자 조직 전략이다. 즉 지역사회 경찰활동의 전제는 지역 내의 전체적인 삶의 질을 향상시키려는 목적을 갖고서, 범죄, 마약, 범죄 두려움, 사회적·물리적 무질서, 지역 전체의 부패와 같은 현대 시대의 문제를 확인하고, 우선순위를 정하고, 해결하기 위해서 경찰과 지역사회 양자가 동등한 파트너로서 함께 활동해야 한다는 것이다.

제3절 지역사회 경찰활동의 특징

지역사회 경찰활동은 많은 사람들에게 다양하게 인식되고 있다. 도보 순찰 및 산악자전거 활동에서부터 빈곤한 사람을 보호해 주는 것까지 지역사회 경찰활동의 일반적인 특징을 수십 개 정도 나열하는 것은 쉬울 수도 있다. <표 3-3>에서 보여주고 있는 지역사회 경찰활동의 4가지 주된 특징을 확인하고, 그 주된 특징 내에 있는 일반적인 요소를 확인하는 것은 매우 유익할 것이다. 지역사회 경찰활동의 4가지 특징에는 (1) 철학적 특징, (2) 전략적 특징, (3) 전술적 특징, (4) 조직상 특징이 있다(Cordner, 2001: 494).

Ⅰ. 철학적 특징

지역사회 경찰활동의 주장자들은 지역사회 경찰활동이 새로운 경찰활동 철학이며, 전문화된 경찰활동 모델로부터의 패러다임 전환을 의미한다고 강조한다. 먼저 철학적 특징은 지역사회 경찰활동의 기초를 이루는 중심적인 생각과 신념을 포함한다. 철학적 특징 중 가장 중요한 3가지는 (1) 시민의 참여, (2) 광범위한 경찰기능, (3) 개별화된 서비스이다.

1. 시민의 참여

1) 시민참여의 필요성

지역사회 경찰활동에 따르면 자유 사회에서는 시민들이 경찰조직에 대하여 개방된 접근을 갖고 있어야 하고, 경찰정책 및 결정에 참여해야 한다. 지역사회는 경찰활동의 실행 방법에 영향력을 미칠 기회를 갖고 있어야 하고, 지역사회 내의 이익집단들이 경찰관과 함께 그들 자신의 견해 및 관심에 대해서 토의할 수 있어야 한다. 정부의 다른 기관과 같이 경찰관서는 시민의 요구에 대해 대응하고 책임의식을 갖고 있어야 한다.

2) 시민참여의 장치

시민참여를 이끌어 내기 위한 장치는 다양하다. 몇몇 경찰기관은 시민참여를 이끌어 내기 위해서 체계적이고 주기적으로 지역사회 조사(community survey)를 이용한다(Bureau of Justice Assistance, 1994). 다른 경찰기관은 공개 토론회(open forum), 지역 모임(town meeting), 방송 전화참여 프로그램(radio and television call-in program), 모든 주민에게 개방되어 있는 유사한 방법에 의존한다. 몇몇 경찰관은 시민자문 위원회(citizen advisory boards), 성직자 연합회(ministry alliance), 소수민족 대표자(minority group representatives), 기업 대표자(business leaders), 다른 공식적인 집단과 주기적으로 만난다.

3) 경찰관리자의 이용

시민참여 제도는 경찰간부, 순찰지구대장(district commander), 순찰경찰관에 의해서 이용된다. 그것들은 관할구역 전체에서 광범위하게 활용되거나 한 순찰구역(beat)이나 한 이웃(neighborhood)만큼 좁게 활용될 수도 있다. 경찰관서들이 지역사회에 영향을 미치는 정책 및 결정을 내릴 때에 지역사회 경찰활동은 경찰관서들이 시민참여를 적극적으로 고려할 것을 강조한다. "사람의, 사람을 위한, 사람에 의한" 정부의 일부가 되는 경찰기관에서는 어떤 다른 대안도 고려될 수 없다.

2. 광범위한 경찰기능

1) 광범위한 기능의 합법성 제공

지역사회 경찰활동은 범죄와의 싸움이나 법집행에 좁게 중점을 두기보다는 오히려 광범위한 경찰기능을 받아들인다. 역사적인 증거는 경찰기능은 원래 매우 광범위했고 다양했으며, 전문화된 경찰활동 모델 때문에 경찰기능이 축소되었다는 것을 보여준다. 경찰관들은 사실상 중대한 범죄자를 다루거나 폭력범죄를 수사하는 데 비교적 그들 시간 중 적은 부분을 사용한다. 이러한 경찰기능의 광범위성에 관한 견해는 경찰이 이미 수행하고 있는 비(非)법집행업무의 종류를 인식하고 있으며, 경찰에게 더욱 광범위한 기능의 합법성을 제공하고자 노력한다.

더 크게 본다면 경찰임무는 갈등을 해결하고, 피해자를 돕고, 사고를 예방하고, 문제를 해결하고, 체포 및 집행을 통하여 범죄를 감소시키고, 범죄 두려움을 감소시키는 것을 포함한다. 이러한 견해는 질서유지, 사회서비스, 일반적인 지원업무 등을 포함한다. 경찰임무는 또한 가장 피해를 입기 쉬운 사람(청소년, 노인, 소수민족, 빈곤한 사람, 장애자, 가정이 없는 사람 등)의 삶을 보호하고 향상시키는 데 더 큰 책임을 포함할 수 있다(Trojanowicz & Bucqueroux, 1998: xiv).

2) 질서유지 임무로의 변화의 정당성

매스트로프스키(S. Mastrofski)(1992)는 경찰임무의 관심이 중범죄로부터 질서유지로 변화하는 것은 2가지 방법에서 정당화된다고 주장한다. 첫째, 사소한 무질서를 줄이는 것은 중범죄를 감소시킬 수 있다. '깨진 유리창 가설'은 이웃 쇠퇴의 증가가 중범죄의 증가를 가져오며, 이웃 쇠퇴 및 무질서를 위한 경찰서비스 방향 설정을 통해서 지역사회가 범죄를 예방할 수 있다고 제안한다. 둘째, 질서유지는 시민들로 하여금 범죄 두려움 없이 좋은 환경을 형성하는 데 기여하도록 한다.

3. 개별화된 서비스

1) 지역사회의 의사 고려

지역사회 경찰활동은 지역의 규범·가치 및 개인의 욕구에 기초한 맞춤식 (tailored) 경찰활동을 지지한다. 지역사회 경찰활동 아래에서 경찰관은 어떤 환경에서 어떤 법률을 집행할 것인지를 결정할 때에 '지역사회의 의사'를 고려하고, 차별화 또는 맞춤식 경찰활동을 하도록 요구된다. 그러한 차별화 또는 는 맞춤식 경찰활동은 주로 경찰이 미성년 범죄자, 지역의 조례 위반, 공공 무질서 문제를 다루는 방식에 영향을 미친다.

2) 다양한 이웃 규범·가치의 반영

지역사회 경찰활동을 주장하는 사람들은 차별화된 경찰활동과 제복 경찰 활동 사이에 균형이 있어야 한다고 인식하고 있다. 심지어 지역사회 경찰활동 은 거리에서의 집행 결정뿐만 아니라 경찰간부의 정책, 프로그램, 자원에 관한 결정에 영향력을 미칠 수 있는 법률적·전문가적·조직적 고려사항에 대해서도 이웃의 규범·가치가 반영되어야 한다고 강조한다.

3) 시민 불평의 극복

지역사회 경찰활동의 특징은 시민들이 일반적으로 경찰관을 포함한 공무 원에 대해서 갖고 있는 일반적인 불평을 극복하는 데 그 목적을 두고 있다. 일반적인 불평은 공무원들이 지역사회에 큰 관심이 없고, 양질의 개별화된 서비스를 제공하는 것보다는 규정에 있는 내용 그대로 실행하는 데 더 많은 관심을 갖고 있다는 것이다. 일반적으로 다정하고, 개방적이고, 개별화된 방 식으로 시민을 다루는 경찰관은 협소하고, 무관심하고, 관료적인 방식으로 활동하는 경찰관보다 더 많은 신뢰를 받을 것이다.

Ⅱ. 전략적 특징

지역사회 경찰활동의 전략적 특징은 지역사회 경찰활동의 철학적 특징을 행동으로 전환하는 중요한 개념이다. 이러한 전략적 특징은 지역사회 경찰활동의 기초가 되는 광범위한 신념과 특별 프로그램 사이의 연결이다. 이러한 전략적 특징은 기관 정책, 우선순위, 자원 할당이 지역사회 지향적 철학과 일치해야 한다는 것을 의미한다. 지역사회 경찰활동의 3가지 전략적 특징은 (1) 경찰운용방향의 재설정, (2) 지역에의 중점, (3) 예방의 강조이다.

1. 경찰운용방향의 재설정

1) 전통적 경찰활동의 대안으로서 도보순찰·통제순찰 등

지역사회 경찰활동은 순찰차에 대해서 더 적은 의존을 하지만 대면 상호작용(face-to-face interaction)에 대해서는 더 많은 강조를 한다. 이러한 활동의 목적은 비효과적이고 고립화된 경찰활동(자동차 순찰, 낮은 순위의 출동요청에 대한 신속한 대응 등)을 더욱 효과적이고 더욱 상호작용적인 경찰활동으로 대체하는 것이다. 또한 다른 목적은 지역사회 지향적 활동에 더욱 전념할 수 있는 시간 및 자원을 확보하기 위해 전통적인 기능(예 긴급 출동요청을 다루고, 추행수사를 행하는 것 등)을 더욱 능률적으로 수행하는 방법을 찾는 것이다.

오늘날 많은 경찰관서들은 도보 순찰, 통제 순찰(directed patrol), 개별 방문(door-to-door) 활동, 전통적 자동차 순찰의 대안활동을 점점 더 이용하고 있다. 이러한 대안활동은 목표대상을 특정하는 효과, 경범죄 및 무질서에 대한 더 많은 관심, 경찰이 도처에 있다는 인식, 경찰-시민 상호작용을 위한 것이다.

2) 개별 방문

경찰-시민 상호작용을 증진시키려는 경찰노력에 관한 연구 결과는 그러한 전략은 범죄감소에 효과적일 수 있다는 것을 보여주었다. 예를 들면 Oakland와 Birmingham에서 연구원들은 경찰관들이 개별 방문활동을 통해 주민과 접촉했던 순찰구역에서 범죄 두려움과 폭력범죄 양자가 실질적으로 감소했다는 것을 발견했다(Uchida, 1992). Huston에서 지역사회 경찰활동을 연구했던 연구원들은 경찰에 의한 가정방문(home visit)이 도시의 폭력범죄와 무질서에서 감소를 야기했다는 것을 발견했다(Skogan, 1994: 167-181).

3) 차별적 경찰대응

많은 경찰관서들은 서비스 출동요청에 대해 차별적 경찰대응(differential police response)을 채택했다(McEwen, Connors Ⅲ, & Cohen, 1986). 모든 범죄나 소란에 대해서 경찰관에게 즉시 출동지령을 내리기보다는 경찰관서들은 환경에 따라서 그들의 대응을 달리하였다. 몇몇 신고는 전화상으로 접수되고, 몇몇 신고는 다른 정부기관으로 인계되고, 일부 신고에 대해서는 정규 경찰관의 대응이 잠시 지연될 수 있었다.

흥미 있는 대안은 신고자로 하여금 인근의 소규모 경찰관서(mini-station)나 상가 앞 출장소(storefront)에 직접 가도록 요청하는 것이었다. 그곳에서 경찰관, 일반직 직원, 심지어 자원봉사자가 신고서를 작성하거나 다른 직접적인 도움을 제공하기도 하였다. 이러한 차별적 경찰대응의 이용은 경찰관서로 하여금 때때로 911 신고의 압도적인 부담에 잘 대처하도록 했으며, 순찰경찰관으로 하여금 시간을 절약하도록 하여 문제해결·범죄예방과 같은 다른 활동을 할 수 있도록 하였다.

4) 경찰수사활동의 변화

전통적인 범죄수사 또한 최근에 다시 연구되고 있다(Eck, 1992: 19-34). 몇몇 경찰관서는 수사부서 규모를 축소시키고, 순찰경찰관으로 하여금 추행수사에 대해 더 많은 책임을 지도록 하여 범죄수사활동을 탈전문화(de-specialize)하였다. 많은 경찰관서들은 또한 모든 신고된 범죄에 대한 집중적인 추행수사를 중지하였고, 그 대신에 중대한 범죄와 해결 가능한 사건에 더욱 집중하도록 하였다.

또한 수사상 관심이 확대되어 자주 발생하는 중대한 범죄자를 목표로 한 '상습 범죄자 부서'(repeat offender units)가 설치되었다. 몇몇 경찰관서는 형사들로 하여금 특정 사건에 집중하는 것을 넘어서서 문제해결 및 범죄예방활동을 행하도록 하는 추가 조치를 취하였다. 이러한 관점에서 본다면 주거침입절도(burglary) 담당 형사는 특정 주거침입절도 사건을 해결하는 것만큼이나 문제해결 및 범죄예방활동을 통하여 주거침입절도 사건을 감소시키는 데 관심을 갖게 될 것이다.

2. 지리적 요소의 강조

1) 특정 지역에 대한 책임

지역사회 경찰활동 전략은 '시간'에서 '장소'로 순찰 책임의 기본단위를 변화시킴으로써 지역에 기반한 임무 및 책임을 강조한다. 즉 순찰경찰관, 감독경찰관(supervisors), 순찰팀장(shift commander)으로 하여금 광범위한 지역에 대해 8~10시간의 근무조(shift) 동안 책임지도록 하기보다는 지역사회 경찰활동은 더 작은 지역에 대해 24시간 동안 책임을 맡도록 하고 있다. 물론 어떤 경찰관도 하루 24시간, 1주일에 7일 동안 연속해서 근무하지는 않는다. 지역사회 경찰활동은 주로 다음 3가지 방법 중 어느 하나 또는 혼합형을 통해 이러한 한계를 다룬다.

(1) 지역에 배치된 지역사회 경찰활동 경찰관(CPO)은 전문가이고, 출동요청의 대부분은 전통적인 순찰부서에 배정된다.

(2) 순찰경찰관은 그가 더 큰 지역의 출동요청을 다루고, 필요한 경우에는 배치된 지역의 많은 출동요청이 다른 경찰관에 의해 다루어지더라도, 순찰경찰관은 배치된 지역에서 장기간의 문제해결에 대한 책임을 맡을 수 있다.

(3) 소규모 경찰팀은 작은 순찰구역(beat)에서 출동요청 및 문제해결 책임의 양자를 맡고 있다.

2) 배치 지역의 고정성

지리적 요소를 강조하는 이유는 임무의 고정성 때문이다. 지역사회 경찰활동은 순찰경찰관과 지역사회 간의 친밀성을 증진시키기 위해서 순찰경찰관이 오랫 동안 같은 지역에 배치되어야 한다고 권고한다. 이러한 친밀성은 경찰과 주민에게 신뢰 및 협력을 형성케 할 것이다. 또한 경찰관은 지역사회 및 주민에 대해 더 많이 알게 될 것이며, 조기 개입 및 적절한 문제확인을 촉진시킬 것이며, 오해로 인한 갈등을 피하도록 해 줄 것이다.

3. 예방의 강조

1) 사전적·예방적 경향

전문화된 경찰활동 모델이 사후적 대응을 강조하는 것과는 대조적으로, 지역사회 경찰활동 전략은 더욱 사전적이고 예방적인 경향을 강조한다.

첫째, 경찰관의 근무시간을 더 잘 이용하여야 한다. 많은 경찰관서에서 출동요청에 대응하지 않는 순찰경찰관의 시간은 단지 다음 출동요청을 기다리거나 일상순찰하는 데 소비된다. 그러나 지역사회 경찰활동 아래에서 순찰시간이라는 실질적인 자원은 통제적인 집행활동, 특정범죄 예방노력, 문제해결, 지역사회에의 참여, 시민과의 상호작용, 또는 유사한 종류의 활동에 이용된다.

둘째, 경찰관은 문제의 근본 원인을 발견하기 위해 우연히 접하는 사건들보다는 그 이상의 것을 볼 수 있어야 한다(Eck & Spelman, 1987). 문제의 근본 원인이 되는 조건을 발견해서 그 조건을 개선할 수 있는 어떤 조치를 취한다면, 경찰관은 사건 재발 및 반복된 출동요청을 예방할 수 있다.

2) 범죄예방부서의 지위 향상

경찰조직 내에서 범죄예방부서의 지위를 향상시키는 것은 지역사회 경찰활동의 중요한 전략이다. 대부분의 경찰관서는 그들 직원 중 대부분을 순찰 및 수사업무에 배치했으며, 이것은 주로 사건이 발생한 경우에 신속한 대응 및 추행수사를 위한 것이다. 순찰·신속대응·수사에 의해서 야기되는 경찰의 가시성, 경찰이 도처에 있다는 인식, 억제를 통한 범죄예방이 기대될지라도 연구 결과는 이러한 기대가 충족되지 못했다는 것을 보여 주었다(Kelling, Pate, Dieckman, & Brown, 1974). 그러나 사실상 경찰관서들은 여전히 몇몇의 경찰관만을 범죄예방 프로그램에 배정하고, 순찰경찰관들로 하여금 일상적인 승차(riding)를 넘어선 범죄예방활동에 참여하도록 권고하고 있지 않다.

3) 범죄예방에 대한 인식 강화

경찰문화에서는 범죄해결 및 범인체포가 범죄예방보다 훨씬 더 가치있다고 여겨진다. 어떤 경찰관은 은행강도를 예방하는 것보다는 은행강도를 체포했기 때문에 더 칭찬을 받을 것 같다. 그 결과 형사가 주로 순찰경찰관보다 더 높은 지위를 누리고 있다. 반면에 많은 경찰관서 내에서 범죄예방 경찰관은 공공관계 기능을 수행하거나 전문화되지 못한 경찰관으로 여겨진다. 많은 경찰관에게 있어서 범죄예방활동은 실질적인 경찰활동이 아닌 것이다. 그러나 경찰은 범죄 및 긴급상황에 대한 사후적 대응을 효과적으로 수행할 뿐만 아니라 범죄예방에도 많은 관심을 기울여야 한다.

4) 사회복지의 경향

지역사회 경찰활동에서 '예방 강조'의 마지막 요소는 사회복지 경향을 지녀야 한다는 것이다. 특히 청소년에 대해서 멘토 및 역할모델로 봉사하고 교육·여가·상담 서비스를 제공함으로써 경찰관은 범죄 및 무질서의 감소를 이끄는 시민행동에 영향을 미칠 수 있다.

III. 전술적 특징

지역사회 경찰활동의 전술적 특징은 지역사회 경찰활동의 철학·전략을 구체적인 프로그램으로 전환하는 것이다. 지역사회 경찰활동은 철학이며 프로그램이 아니라고 주장하는 사람들조차도, 지역사회 경찰활동이 어떤 새로운 행위를 유도하지 못한다면 화려한 용어에 불과하고 현실적인 것이 아니라는 것을 인정한다. 미국의 많은 학자들은 지역사회 경찰활동은 경찰역할의 핵심적인 요소를 거의 다루지는 않는 경찰 마케팅 전략에 불과하다는 견해를 갖고 있다(Greene & Mastrofsky, 1988: 239-258). 지역사회 경찰활동의 중요한 3가지 전술적 특징은 (1) 적극적인 상호작용, (2) 협력관계, (3) 문제해결이다.

1. 적극적인 상호작용

1) 적극적 상호작용의 이익

경찰활동은 경찰관 및 시민 사이에 몇몇 부정적인 접촉(예 체포, 범칙금 발부, 불심검문, 파괴적 행동의 중지명령, 피해자를 위해 더 좋은 상황을 만들지 못하는 것 등)과 관련된다. 지역사회 경찰활동은 이러한 사실을 인식하고 경찰관이 가능한 한 적극적인 상호작용에 참여함으로써 부정적인 영향을 감소시키도록 권고한다.

적극적인 상호작용은 일반적으로 경찰과 시민 양자에 대해 친밀성 및 신뢰를 형성케 하고, 경찰관에게 대부분의 시민이 자신을 존중하고 지지한다고 인식시킨다. 또한 경찰관으로 하여금 순찰구역 내의 주민 및 지역 상황에 대해 더 많이 알도록 해주고, 범죄수사 및 문제해결을 위한 특정 정보를 제공해 준다.

2) 적극적 상호작용의 기회

적극적인 상호작용을 위한 많은 기회는 출동요청을 다루는 과정에서 발생한다. 그러나 경찰관은 그 사건만을 다룰 뿐이고, 근본 원인을 확인하고, 추가 정보를 확보하고, 시민을 만족시키려는 시도를 거의 하지 못한다. 그러나 지역사회 경찰활동은 출동요청에 대하여 적극적 상호작용, 높은 품질의 서비스, 문제 확인을 위한 좋은 기회로 보아야 한다고 제안한다.

적극적 상호작용을 위한 많은 기회는 일상순찰 중에서도 확보될 수 있다. 경찰관은 솔선해서 상점주인 및 시민과도 대화를 나눌 뿐만 아니라 10대 청소년, 아파트 주민, 상점 손님, 공공장소에서 마주치는 사람, 사적인 영역에 있는 사람과도 대화를 나눌 수 있다.

2. 협력관계

1) 지역사회 참여

지역사회 참여는 이웃의 가정을 관찰하는 것으로부터 범죄자를 신고하고, 거리를 순찰하는 것까지 경찰활동의 전 범위에 걸쳐 가능하다. 지역사회는 문제확인 및 문제해결 노력, 범죄예방 프로그램, 이웃 발전 프로그램, 청소년 대상의 교육 및 여가 프로그램에도 참여할 수 있다. 주민들은 개인적으로 또는 집단을 형성하여 참여할 수 있고, 경찰관서 자원봉사자로서 참여할 수 있다. 지역사회 경찰활동 아래에서 경찰기관은 지역사회와 협력하도록 기대될

뿐만 아니라 적극적으로 지역사회 참여를 요구하도록 기대된다(Bureau of Justice Assistance, 1994).

2) 지역사회 조직화

문제해결 또는 범죄예방에 있어서 지역사회 참여를 위해서 경찰은 '지역 사회 조직화'(community organizing)를 추진하여야 한다. 조직화되지 못하고 일시 머무르는 장소에 불과한 지역사회에서 주민들은 궁핍하고, 두려워하고, 서로를 의심하는 경향이 있기 때문에 먼저 경찰은 '지역사회 의식'(sense of community)을 형성하기 위한 방안을 실시해야 한다.

3. 문제해결

1) 문제해결 접근법의 특성

지역사회 경찰활동의 지지자들은 경찰활동이 사건 지향적 경향에서 문제 지향적 경향으로 변화되어야 한다고 확신한다. 물론 사건(incident)은 여전히 다루어지고, 각 사례(case)는 여전히 수사되어야 한다. 그러나 경찰관서는 언제나 사건의 원인이 되는 문제 및 상황에 대해 관심을 갖고 있어야 한다. 이러한 문제해결 접근법은 몇 가지 중요한 특성을 지니고 있어야 한다.

(1) 문제해결 접근은 가끔 행하는 특별 프로젝트가 아니라 경찰활동의 표준화된 운용방법이 되어야 한다.

(2) 문제해결 접근은 전문가 또는 관리자뿐만 아니라 모든 직원에 의해 실행되어야 한다.

(3) 문제해결 접근은 체계적으로 수집된 정보에 기초하여 결정이 내려져 야 한다는 의미에서 경험적이어야 한다.

(4) 문제해결 접근은 가능한 한 언제나 경찰 및 다른 기관 사이의 협력을 필요로 해야 한다.

(5) 문제해결 접근은 가능한 한 언제나 지역사회 참여를 구체화해야 한다. 따라서 분석되어야 하는 것은 경찰관서의 문제뿐만 아니라 지역사회 의 문제가 되어야 하고, 지역사회는 자신들의 보호에 대한 책임을 함

께 공유해야 한다.

2) 4단계 문제해결과정

문제해결과정은 다음과 같은 4단계로 구성되어 있다.

(1) 문제의 주의 깊은 확인

(2) 문제의 주의 깊은 분석

(3) 문제에 대한 대안적 해결방안의 마련

(4) 문제에 대한 대응방안의 수행 및 평가

지역사회 인풋(input)은 문제해결 단계의 모든 단계에서 실행되어야 한다. 문제의 확인·분석·평가는 다양한 근원에서 나온 정보에 의존해야 한다. 전통적인 집행방법을 포함하여 다양한 대안적 해결방안이 고려되어야 한다. 가장 효과적인 해결방안은 다양한 대응방안을 결합하는 방안이고, 경찰관서의 권한 및 자원보다는 그 이상의 것을 이끌어 내는 방안을 포함해야 한다. 문제 지향적 접근법의 중요한 특징은 특정 지역 문제에 대한 맞춤식 해결방안을 강구하는 것이지만 체포 및 법집행이 포기되어서는 안 된다.

Ⅳ. 조직상 특징

지역사회 경찰활동을 지원하고 실행하기 쉽도록 하기 위해서 경찰관서는 조직·행정·관리·감독에 있어서 다양한 변화를 고려해야 한다. 지역사회 경찰활동의 3가지 조직상 특징은 (1) 구조, (2) 관리, (3) 정보와 관련되어 있다.

1. 구조

지역사회 경찰활동의 주장자들은 앞에서 설명된 철학적·전략적·전술적 특성의 실행을 지원하기 위해서, 경찰기관을 재구성(restructure)하는 다양한 방법을 찾는다. 조직의 구조는 구성원에 의해서 수행되는 임무 및 업무 성격과 일치해야 한다. 전통적 경찰조직 구조는 지역사회 지향적 경찰활동(COP)에서 요구되는 재량 및 창의성보다는 일상적·관료적 업무에 더욱 적절하다. 지역사회 경찰활동과 관련되어 조직을 재구성하는 방안은 다음과 같다.

1) 분권화(decentralization)

권한 및 책임은 광범위하게 위임되어 관리자, 일선감독자, 경찰관이 더 독립적으로 행동함으로써 적절하게 대응할 수 있다.

2) 계층단체의 감소(flattering)

의사소통을 향상시키고 낭비·엄격성·관료성을 줄이기 위해서 조직 내에서 계층단계 수는 감소되어야 한다.

3) 탈전문화(de-specialization)

전문화된 부서 및 그 직원의 수는 감소될 수 있으며, 일반 시민에게 경찰 서비스를 직접 전달하는 데 더 많은 자원이 이용될 수 있다.

4) 팀(team)

업무를 수행하고, 문제를 해결하고, 서비스 품질을 향상시키는 방법을 찾기 위해서 경찰관들이 팀을 구성하여 함께 활동하도록 함으로써 능률성과 효과성이 향상될 수 있다.

5) 민간화(civilianization)

비용 절감과 정규 경찰관의 더 나은 활용을 위해서 정규 경찰관이 갖고 있는 지위들 중 일부는 비정규 직원을 위해서 재분류되거나 재설계될 수 있다.

2. 관리

지역사회 경찰활동은 조직문화 및 가치에 더 많은 강조를 두고, 문서화된 규칙 및 공식적 징계에 더 적은 강조를 두는 리더십·관리·감독의 유형과 관련이 있다. 많은 공식 규칙들이 여전히 필요할지라도 관리자는 부하 직원에 대한 통제를 유지하기 위하여 더 적게 공식 규칙에 의존할 필요가 있다. 조직의 문화 및 가치에 중점을 두는 관리활동은 다음과 같은 것을 포함한다.

1) 임무

경찰기관은 그들의 임무 및 가치에 대한 간결한 사명서를 개발함으로써 결정을 하고, 직원들을 이끌고, 신임경찰관을 교육함에 있어서 일관되게 사명서를 이용해야 한다.

2) 전략적 기획

경찰기관은 임무수행 및 핵심적 가치 유지에 자원을 집중시키는 '전략적 기획'에 참여해야 한다. 그렇지 않으면 경찰조직은 진로에서 벗어나게 되고 그들의 임무와 실질적으로 중요한 것에 대하여 혼란스럽게 될 것이다.

3) 코칭

일선감독자의 임무를 임무 검토 및 규칙 집행에 제한하기보다는 일선감독자는 효과적인 코칭을 통하여 부하 직원을 더 잘 이끌어야 한다.

4) 멘토링

젊은 경찰관은 관리자, 일선감독자, 동료로부터 조언을 받을 필요가 있다. 이러한 조언을 통하여 경찰업무를 올바르게 수행하는 방법을 배우게 된다. 즉 그들은 경찰의 윤리 및 가치에 대해 배우게 되고, 좋은 경찰관이 되는 것이 무엇을 의미하는지를 배우게 된다.

5) 권한부여

지역사회 경찰활동 아래에서 경찰관은 그들의 업무에서 상상력과 창의력을 보여주는 위험감수자(risk-taker)가 될 것을 요구받는다. 경찰관이 조직의 핵심가치를 철저하게 파악하고 그 가치에 전념할 때에 권한부여(empowerment)가 성공할 수 있다.

6) 선별적 징계

징계과정에서 경찰기관은 직원의 실수를 '의도적 실수'와 '비의도적 실수'로 구별하고, '핵심 가치를 위반한 행동'과 '단지 기술적 규칙을 위반한 행동'으로 구별하여 선별적 징계를 내려야 한다.

3. 정보

지역사회 경찰활동을 수행하고 지역사회 경찰활동을 효과적으로 관리하는 것은 전통적 방식에 의해서는 이용될 수 없었던 정보의 유형을 필요로 한다. 예를 들면 쉽게 끝날 수 없는 논쟁인 '품질 대 양'의 논쟁에 있어서 지역사회 경찰활동은 품질을 강조하는 경향이 있다. 성공 여부를 측정하기 위한 전통적인 통계수치(예 체포, 범칙금 발부 건수)의 회피, 출동요청이 얼마나 빨리 다루어지고 있는가보다는 출동요청이 얼마나 잘 다루어지고 있는가에 대해서 더 많은 관심이 있다.

또한 지역사회 경찰활동의 지리적 요소의 강조는 분석단위인 이웃에 대한 상세한 정보의 필요성을 증가시킨다. 문제해결의 강조는 지역사회 수준의 문제를 확인하고 분석하는 것을 도와주는 정보체계의 필요성을 강조한다. 지역사회 경찰활동 아래에서 정보와 관련된 경찰행정의 몇몇 측면은 다음과 같다.

1) 직무수행 평정

전통적인 직무수행 평정 지표(예 범칙금 발부, 체포, 다루어진 출동요청 등) 대신에 경찰관은 지역사회 경찰활동의 질, 문제해결활동, 성취된 성과에 대해서 평가될 수 있다.

2) 프로그램 및 전략 평가

경찰 프로그램 및 전략은 능률성(예 노력, 산출, 양)을 기초로 평가되기보다는 효과성(예 결과, 품질)을 기초로 평가될 수 있다.

3) 경찰관서에 대한 평가

경찰기관의 전체적인 평가는 제한된 전통적 지표(즉, 신고된 범죄, 대응시간 등) 대신에 광범위한 다양한 지표(시민 만족, 두려움 수준, 문제해결 등을 포함)를 기초로 평가될 수 있다.

4) 광범위한 정보체계

품질 지향적인 평가를 지원하기 위해서 경찰기관의 정보체계는 법집행 및 출동요청 대응활동에 대해서 뿐만 아니라 광범위한 경찰영역에 대해서 정보를 수집하고 생산할 필요가 있다.

5) 범죄분석

문제확인, 문제분석, 두려움 감소 등을 효과적으로 수행하기 위해서 개개의 경찰관은 책임 구역과 관련하여 더욱 시기적절하고도 완전한 범죄분석 정보를 필요로 한다.

6) 지리정보체계(GIS)의 활용

오늘날 이용 가능한 정교하고 편리한 지리정보체계와 전산화된 지도 소프트웨어는 경찰관 및 시민들로 하여금 범죄다발 구역(hot spot)을 확인하고 범죄 및 관련 문제의 지리적 위치를 표시하도록 도와주는 맞춤형 지도를 확보할 수 있도록 해준다.

제4절 지역사회 경찰활동의 원칙

Ⅰ. 지역사회 경찰활동의 10대 원칙

지역사회 경찰활동의 핵심 원리를 정리하는 것은 지역사회 경찰활동을 이해하는 데 많은 도움이 될 것이다. 트로자노위츠(Trojanowicz)와 벅케록스(Bucqueroux)(1998: 8-10)는 다음과 같은 지역사회 경찰활동의 10대 원칙을 재정의하였다.

[그림 3-2] 지역사회 경찰활동의 10대 원칙

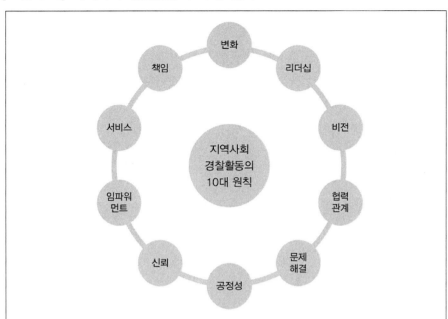

1. 변화

변화(change) 원칙은 경찰서비스의 전달 방법을 향상시킬 수 있도록 조직문화 및 개인행동을 이끄는 역할을 한다. 지역사회 경찰활동은 새로운 협력관계를 형성하고 지역사회 형성 및 지역사회에 기초한 문제해결에 모든 사람들의 참여 기회를 극대화하기 위해서 변화를 실행하도록 요구한다.

2. 리더십

리더십(leadership) 원칙은 경찰조직의 모든 수준에서 지역사회 경찰활동의 비전, 가치, 임무를 강조하고 강화하는 것을 의미한다. 지역사회 경찰활동 아래에서 경찰관서 내의 모든 사람은 주된 경찰활동으로서 지역사회 형성 및 지역사회에 기초한 문제해결의 실행을 지원하고 향상시켜야 한다. 리더십은 또한 경찰조직의 내부·외부에서 지역사회 경찰활동을 수행하기 위해서 위험을 무릅

쓰고 협력관계를 형성하는 역할모델(role model)로서 기여하는 것을 의미한다.

3. 비전

비전(vision) 원칙은 이상적인 모습에 대한 것이다. 즉 우리가 지역사회 경찰활동을 통하여 공공의 안전 및 삶의 질을 향상시키기를 원하는 것에 대한 이미지인 것이다. 경찰관과 시민의 핵심가치를 포함해야 하는 비전은 지역사회 경찰활동의 수행이라는 단기 및 장기 목표(goal)를 성취하기 위해서 영감, 동기부여, 권한을 제공해야 한다. 지역사회 경찰활동의 비전은 경찰조직의 정책·절차·실행에 영향을 미치는 새로운 철학이자 관리상의 접근법이다.

4. 협력관계

협력관계(partnership) 원칙은 협력 및 합의를 향상시키려는 수단으로서 지역사회 내의 모든 집단 사이에서 동등한 협력관계의 발전을 지지해 준다. 지역사회 경찰활동에서 협력관계를 발전시키는 것은 지역사회 형성 및 문제해결을 위한 조직상의 철학이자 전략이다.

5. 문제해결

문제해결(problem solving) 원칙은 협력적인 방법으로 특정한 지역사회 상황 및 사건과 그것들의 원인을 확인하고 정확히 대응하기 위한 분석적 전략이다. 그 결과 맞춤식(tailor-made) 대응이 고안될 수 있다. 문제해결은 범죄에 대한 전통적인 경찰대응을 넘어서고, 삶의 질에 부정적으로 영향을 미치는 많은 문제를 다루기 위해서 경찰조직 전체의 실행을 필요로 한다.

6. 형평성

경찰서비스 전달에 있어서 형평성(equity) 원칙은 인종, 성, 민족, 종교적 신념, 소득, 성적 선호도, 다른 차이점에 관계없이 모든 시민이 공평하게 경찰서비스를 받아야 한다는 것을 의미한다. 지역사회 경찰활동은 특정한 주민 (여성, 노인, 청소년)의 특별한 관심사를 인정한다. 공평한 서비스를 제공하는 것은 같은 수준의 서비스를 항상 제공해야 한다는 것을 의미하는 것이 아니라 서비스는 각각의 필요성을 반영해야 한다는 것을 의미한다.

7. 신뢰

신뢰(trust) 원칙은 경찰과 지역 주민 간의 의심을 감소시키고 경찰과 지역사회의 협력을 이끌어주는 기초를 제공한다. 이러한 신뢰는 상호이해 및 존중에 기초를 두어야 한다. 지역사회 경찰활동 조직은 성실성(integrity)을 갖고 있다는 것을 보여주기 위해서 지역사회에 대한 약속을 지켜야 한다.

8. 임파워먼트

임파워먼트(empowerment) 원칙은 권한(power) 및 주인의식(ownership)을 표현하기 위한 기회를 제공한다. 지역사회 경찰활동은 경찰관 및 지역사회에 더 큰 자율권(의사결정을 할 자유)을 제공하기 위해서 경찰조직 내에 변화를 만든다. 경찰관에게 임파워하는 것은 협력적인 지역사회 형성 및 문제해결을 위한 것이다.

9. 서비스

서비스(service) 원칙은 지역사회가 희망하는 서비스 정도 및 유형에 기초해서 개별화된 경찰서비스를 이웃에게 제공하는 것을 의미한다. 시민을 경찰의 고객으로 여김으로써 경찰은 공감적 경청(empathic listening)을 통하여 어떤 서비스가 언제 가장 필요로 되는지를 확인할 수 있다.

10. 책임

책임(accountability) 원칙은 경찰과 지역사회의 상호 책임을 의미한다. 지

[그림 3-3] 지역사회 경찰활동의 9P 원칙

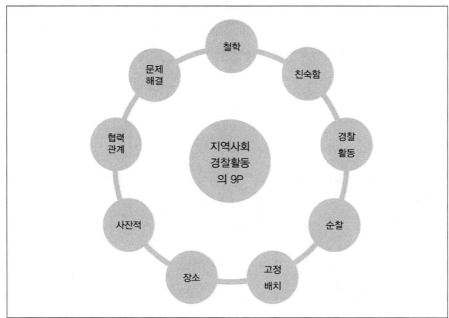

역사회는 경찰이 경찰관의 행동에 대해 책임을 져야 한다고 주장한다. 동시에 경찰은 공공의 안전 및 삶의 전체적인 질을 향상시키고 유지함에 있어서는 지역사회가 책임을 져야 한다고 주장한다.

Ⅱ. 지역사회 경찰활동의 9P 원칙

트로자노위츠와 벅케록스(1998: 113-114)는 지역사회 경찰활동의 핵심을 [그림 3-3]에서 보는 것과 같이 (1) 철학(Philosophy), (2) 친숙함(Personalized), (3) 경찰활동(Policing), (4) 순찰(Patrols), (5) 고정 배치(Permanent), (6) 장소(Place), (7) 사전적 활동(Proactive), (8) 파트너십(Partnership), (9) 문제해결(Problem Solving)의 9P로 설명하였다.

1. 철학

현대시대의 각종 도전은 경찰이 범죄, 범죄 두려움, 불법 마약, 사회적·물리적 무질서, 이웃 부패 등을 포함하는 문제를 확인하고, 우선순위를 설정하고, 문제를 해결하는 과정에서 지역사회를 파트너로 참여시켜 사전적·사후적 완전한 서비스를 제공할 것을 요구한다. 지역사회 경찰활동 철학은 위와 같은 신념 위에 그 기초를 두고 있다.

2. 친숙함

지역사회에 '지역사회 경찰활동 담당경찰관'(CPO)을 배치함으로써 지역사회 경찰활동은 경찰관과 지역주민 사이에 익명성(anonymity)을 없앤다. 즉 지역사회 경찰활동 담당경찰관과 지역 주민은 서로 간에 이름을 알고 있다.

3. 경찰활동

지역사회 경찰활동은 여전히 법집행에 중점을 두고 있다. '지역사회 경찰활동 담당경찰관'(CPO)은 다른 경찰관과 같이 시민의 요청에 대응하고 체포를 행한다. 그러나 그들은 또한 사전적 문제해결에도 중점을 두고 있다.

4. 순찰

'지역사회 경찰활동 담당경찰관'(CPO)은 그들의 지역사회에서 순찰활동을 행한다. 그러나 그 목적은 순찰구역(beat)을 걷거나 자전거·스쿠터·말과 같은 다른 교통수단에 의존함으로써 순찰차에의 고립으로부터 자유롭게 되는 것이다.

5. 고정 배치

지역사회 경찰활동은 '지역사회 경찰활동 담당경찰관'(CPO)을 특정 순찰구역에 배치한다. 고정 배치는 '지역사회 경찰활동 담당경찰관'이 여러 순찰구역에서 순환근무를 해서는 안 되며, 그들은 다른 경찰관이 부재중이거나 휴가 중인 경우에도 대체 인력(fill-in)으로 이용되어서는 안 된다는 것을 의미한다.

6. 장소

모든 관할구역은 별개의 이웃(neighborhoods)으로 분할된다. 지역사회 경찰활동은 (수사관을 포함하여) 경찰관을 분산 배치하며, 그 결과 '지역사회 경찰활동 담당경찰관'(CPO)은 자신의 이웃을 갖게 됨으로써 이익을 얻을 수 있다. 그들은 순찰구역 내에서 작은 경찰서장(mini-chief)으로 행동할 수 있고, 순찰구역의 니즈 및 자원에 따라 대응방안을 조절할 수 있다. 지역사회 경찰활동은 경찰관에게 자율권 및 행동의 자유를 허용할 뿐만 아니라 지역사회에 기초한 문제해결에 참여할 수 있도록 임파워함으로써 의사결정을 분권화한다.

7. 사전적 활동

완전한 서비스를 제공하기 위해서 지역사회 경찰활동은 범죄사건 및 긴급사건에 대한 '사후적 대응'과 그것들이 발생하거나 악화하기 전에 문제를 예방하는 데 중점을 두는 '사전적 대응'의 균형을 유지하고자 한다.

8. 파트너십

지역사회 경찰활동은 경찰과 지역주민 사이에 새로운 파트너십을 형성하도록 촉진한다. 그러한 협력관계는 상호 존중, 예의, 지원에 의존한다.

9. 문제해결

지역사회 경찰활동은 지역사회 형성(Community Building)과 문제해결(Problem Solving)에 중점을 두기 위해서 경찰의 임무를 재정의한다. 따라서 지역사회 경찰활동 성공이냐 실패냐 하는 것은 양적 결과(행해진 체포, 발부된 소환장 등 소위 건수 경찰활동)보다는 질적 결과(문제해결)에 따라서 결정된다.

제5절 지역사회 경찰활동의 3가지 세대

지역사회 경찰활동은 지난 수십 년 동안에 걸쳐 발전해 오고 있는 현대 경찰활동의 패러다임이다. 1970년대 말과 1980년대 초에 지역사회 경찰활동 이라고 불린 것과 오늘날 지역사회 경찰활동은 유사하다. 올리버(Oliver)(2000: 367-388)는 지역사회 경찰활동의 3가지 세대에 대하여 다음과 같이 설명한다.

Ⅰ. 첫 번째 세대: 혁신

혁신세대(1979~1986년)는 앞의 '제1장 경찰활동의 역사 및 발전과정'에서 설명되었던 지역사회 시대(the community era) 초기의 특징을 지니고 있다. 첫 번째 세대에 영향을 끼친 것은 윌슨(Wilson)과 켈링(Kelling)의 깨진 유리창 이론과 결합된 골드스타인(Goldstein)의 문제해결의 강조였다. 지역사회 경찰활동의 혁신세대는 미국 전역에 걸친 주요 대도시 지역에서 독자적인 실험을 행하는 특징을 갖고 있다.

Ⅱ. 두 번째 세대: 확산

1. 미국 경찰관서에의 확산

지역사회 경찰활동에 관한 각종 실험이 성공적인 지표를 보여주었기 때문에 지역사회 경찰활동의 개념과 철학은 미국 경찰관서 사이에서 확산되기 시작했다. 확산 세대(1987~1994년) 동안 지역사회 경찰활동은 새롭게 창설된 부서 또는 기존 부서의 확대를 통해서 주로 조직되었다. 그러한 프로그램의 대표적인 예는 1982년에 실시된 Maryland주 Baltimore 카운티의 '시민 지향적 경찰활동 집행'(Citizen Oriented Policing Enforcement: COPE)이었다.

2. 시민 지향적 경찰활동 집행 프로젝트

'시민 지향적 경찰활동 집행'(COPE) 프로젝트는 목표대상으로 설정된 이웃에 서비스를 제공하기 위해 신설된 COPE 부서에 45명의 경찰관을 배치했다. 이 부서는 기동 순찰을 적극적으로 실시하였고, 범죄 문제를 확인하기 위해서 가정방문 조사를 실시하였고, 도보 순찰을 실시하였고, 범죄예방활동에 대하여 시민을 지도하였다. COPE는 또한 지역의 사회적 통제 문제의 분석뿐만 아니라 시민과의 협력을 통해서 문제해결 전략의 개발을 강조하였다. 이 프로젝트의 전반적인 목적은 시민의 범죄 두려움을 감소시키는 것이었다.

범죄 두려움의 변화를 확인하기 위해서 COPE 실행 전과 실행 3년 뒤에 시민들이 조사되었다. 조사된 범죄 두려움의 내용은 (1) 실내에 머물러 있는 행동, (2) 인식된 범죄피해의 가능성, (3) 다양한 범죄 두려움의 근원이었다. 전체적으로 COPE 개입은 어느 정도 범죄 두려움을 감소시켰고, 이러한 효과는 이 프로젝트가 발전함에 따라서 더욱 명백해졌다(Cordner, 1986).

III. 세 번째 세대: 제도화

1. 「폭력범죄 통제 및 법집행법」의 제정

제도화(1995년~현재)라는 용어는 지역사회 경찰활동이 미국 전역에 걸쳐 실행되고 경찰서비스를 조직화하는 일반적인 형태가 되었다는 것을 의미한다. 1994년 9월 클린턴(Bill Clinton) 대통령은 「폭력범죄 통제 및 법집행법」(Violent Crime Control and Law Enforcement Act: Crime Bill)에 서명함으로써 지역사회 경찰활동과 관련하여 10만 명의 경찰관을 채용하고 교육하기 위해 약 90억 달러를 배정하였다. 미 법무부의 연구 및 평가부서로서 국가사법연구소(National Institute of Justice: NIJ)는 경찰활동의 변화를 연구하기 위해 광범위한 안건을 제시했다.

2. 지역사회 지향적 경찰활동 서비스국의 설치

Crime Bill의 통과로 인해 미 법무부장관은 1994년에 '지역사회 지향적 경찰활동 서비스국'(Office of Community Oriented Policing Services: COPS)을 설치했다(Roth & Ryan, 2000: 1). COPS의 4가지 목적은 다음과 같다.

- 일선 경찰관의 수를 증가시키기
- 경찰과 지역사회 간의 협력을 장려하기
- 경찰활동에서의 혁신을 향상시키기
- 범죄와 그로 인한 결과를 감소시키도록 도와주는 새로운 기술을 개발하기

COPS는 주 및 지방의 법집행기관에게 기부금을 제공하기 시작했으며, 이미 존재하던 Community Policing Consortium과 새롭게 창설된 Regional Community Policing Institutes(RCPIs)을 통해서 지역사회 경찰활동에 대한 교육은 미국 전역의 경찰기관에게 이용되었다.

3. 높은 성과수준에서 경찰 핵심기능의 수행

자오(J. Zhao)와 로브리치(N. P. Lovrish)(2003)는 지역사회 경찰활동 시대 동안 경찰활동의 3가지 핵심기능인 (1) 범죄통제, (2) 질서유지, (3) 서비스 제공과 관련되어 법집행기관의 우선사항 변화를 조사했다. 그들은 1993년, 1996년, 2000년에 실시된 200개 이상의 시 경찰관서에 대한 3회의 전국 조사자료를 이용하였다. 그들은 경찰 핵심기능의 우선순위는 대체로 변화되지 않았지만, 지역사회 경찰활동 프로그램의 체계적인 수행을 통해서 경찰관서들이 더 높은 성과에서 3가지 경찰 핵심기능을 수행하기 위해 최선의 노력을 다하고 있다는 것을 발견했다.

참고문헌

Bayley, David. (1998). *Policing in America: Assessment and Prospects*, Washington, DC: Police Foundation.

Bureau of Justice Assistance. (1994). *Neighborhood-Oriented Policing in Rural Communities: A Program Planning Guide*, Washington, D.C.: Bureau of Justice Assistance.

Bureau of Justice Assistance. (1994). *A Police Guide to Surveying Citizens and Their Environment*, Washington, D.C.: Bureau of Justice Assistance.

Clarke, R. V. (1983). "Situational crime prevention: Its theoretical basis and practical scope," in M. Tonry and N. Morris (eds.), *Crime and Justice*, Vol. 4., Chicago: University of Chicago Press.

Community Policing Defined. (2009). Washington, D.C.: U.S. Department of Justice, Office of Community Oriented Policing Services.

Cordner, G. W. (1986). "Fear of Crime and the Police-An Evaluation of a Fear-Reduction Strategy," *Journal of Police Science and Administration*, 14(3): 223-233.

Cordner, Gary W. (2001). "Community Policing: Elements and Effects," in Roger G. Dunham, Geoffrey P. Alpert (eds.), *Critical Issues in Policing: Contemporary Readings* (4th ed.), Prospect Heights, Illinois: Waveland Press, Inc.

Eck, John. E. (1992). "Criminal Investigation," in Gary W. Corder & Donna C. Hale (eds.), *What Works in Policing? Operation and Administration Examined*, Cincinnati, OH: Anderson.

Eck, John E. & Spelman, William. (1987). *Problem Solving: Problem-Oriented Policing in Newport News*, Washington, D.C.: Police Executive Research Forum.

Ford, J. Kevin. (2007). "Building Capability throughout a Change Effort: Leading the Transformation of a Police Agency to Community Policing." *American Journal of Community Psychology*, 39: 321-334.

Gaines, Larry K., Worrall, John L., Southerland, Mittie D., & Angell, John E. (2003). *Police Administration*, New York, NY: McGraw-Hill.

Goldstein, Herman. (1997). "Toward Community-Oriented Policing: Potential, Basic

Requirements and Threshold Questions," *Crime and Delinquency*, 33.

Greene, Jack R. & Mastrofsky, Stephen D. (eds), *Community Policing: Rhetoric and Reality?*, New York: Praeger, 1988.

Hoover, L. T. (1992). "Police mission: An era of debate," in L. T. Hoover (ed.), *Police Management: Issues and Perspectives*, Washington, D.C.: Police Executive Research Forum.

Kelling, George L., Pate, T., Dieckman, D., & Brown, Charles E. (1974). *The Kansas City Preventive Patrol Experiment: A Summary Report*, Washington, D.C.: Police Foundation.

Kelling, George L. (1988), "Police and Communities: The Quiet Revolution," *Perspectives on Policing*, No. 1, Washington, D.C.: National Institute of Justice.

Kelling, George L. (1994), "Defining Community Policing," *Subject to Debate*, April.

Kelling, George L. & Bratton, William. (1998). "Declining Crime Rates: Insider's Views of the New York City Story," *Journal of Criminal Law and Criminology*, 88(4).

Lab, Steven P. & Das, Dilip K. (2003). *International Perspectives on Community Policing and Crime Prevention*, Upper Saddle River, New Jersey: Pearson Education Inc.

Mastrofski, Stephen. (1988). "Community Policing as Reform: A Cautionary Tale," in Stephen Mastrofski & Jack Greene (eds.), *Community Policing: Rhetoric or Reality*, New York: Praeger.

McCarthy, John (no date). *Definition of Community Policing*, Braintree Police Department Home Page.

McEwen, J. Thomas, Connors Ⅲ, Edward F., & Cohen, Marcia Ⅰ. (1986). *Evaluation of the Differential Police Responses Field Test*, Washington, D.C.: National Institute of Justice.

Melekian, Bernard K. (2011). "The Office of Community Oriented Policing Services." *The Police Chief*, March.

Miller, Linda S. & Hess, Kären M. (2005), *Community Policing: Partnerships for Problem Solving* (4th ed.), Belmont, CA: Wadsworth/Thomson Learning.

Oliver, Willlard M. (1998). *Community Oriented Policing: A System Approach to Policing*, Upper Saddle River, New Jersey: Prentice-Hall.

Oliver, Willard M. (2000). "The Third Generation of Community Policing: Moving through Innovation, Diffusion and Institutionalization," *Police Quarterly*, 3(4): 367-388.

Palmiotto, Michael J. (2011). *Community Policing: A Police-Citizen Partnership*, NY:

Routlege.

Rosenbaum, Dennis (ed.) (1994). *The Challenge of Community Policing: Testing the Promises*, Thousand Oaks, CA: Sage.

Roth, J. A. & Ryan, J. F. (2000). "The Cops Program after 4 Years: National Evaluation," *Research in Brief*, August.

Skogan, Wesley G. (1990). *Disorder and Decline: Crime and the Spiral of Decay in American Neighborhoods*, New York: Free Press.

Skogan, Wesley G. (1994). "The Impact of Community Policing on Neighborhood Residents: A Cross-Site Analysis," in Dennis Rosenbaum (ed.), *The Challenge of Community Policing*, Thousand Oaks, CA: Sage.

Skogan, Wesley G. (2004). "Community Policing: Common Impediments to Success," Lorie Fridell & Mary Ann Wycoff (eds.), *Community Policing: Past, Present, and Future*, Washington, DC: The Annie E. Casey Foundation and Police Executive Research Forum.

Stevens, Dennis J. (2002). *Applied Community Policing in the 21st Century*, Allyn & Bacon: Boston.

Walker, Samuel & Katz, Charles M. (2008). *The Police in America* (6th ed.), Boston, Mass.: McGraw-Hill.

Trojanowicz, Robert C. & Bucquerroux, Bonnie. (1998). *Community Policing: How to Get Started* (2nd ed.), Cincinnati: Anderson Pub Co.

Trojanowicz, Robert C. & Bucquerroux, Bonnie. (1990). *Community Policing: A Contemporary Perspective*. Cincinnati: Anderson.

Uchida, C., Forst, B., & Annon, S. (1992). *Modern Policing and the Control of Illegal Drugs: Testing New Strategies in Two American Cities*, Final Report, Washington, DC: Police Foundation.

Upper Midwest Community Policing Institute. (n.d.). Community Policing Defined.

Wilson, James Q. & Kelling, George L. (1982). "Broken Window: The Police and Neighborhood Safety," *Atlantic Monthly*, 249, March.

Wycoff, Mary A. (1995). *Community Policing Strategies*, Washington, D.C.: National Institute of Justice.

Zhao, Jihong & Lovrich, N. P. (2003), "Community Policing: Did It Change the Basic Functions of Policing in the 1990s? A National Follow-Up Study," *Justice Quarterly*, 20(4): 697-724.

제 4 장

전략 지향적 경찰활동

제 4 장 　전략 지향적 경찰활동

　　전략 지향적 경찰활동은 질서유지 경찰활동, 깨진 유리창 경찰활동, 무관용 경찰활동으로 불리기도 한다. 이러한 경찰활동이 어느 정도 부정적 의미를 갖고 있을지라도 적절하게 활용된다면 전통적 경찰활동을 더욱 유익한 모델로 확대시켜 지역사회 경찰활동 철학을 확립할 수 있도록 만든다.

제1절　전략 지향적 경찰활동의 개념 및 요소

Ⅰ. 전통적인 경찰활동의 활용

　　경찰자원이 부족하고, 특정 문제의 우선순위가 낮으며, 단속이 비효과적인 것으로 여겨졌기 때문에, 경찰이 그동안 일상적으로 단속하지 않았을지라도 특정 문제에 대한 법률의 집행을 강화할 수 있다. 전략 지향적 경찰활동 (Strategy-Oriented Policing: SOP)에서 경찰은 확인된 문제영역에 대해서 경찰자원을 재분배하고, 전통적인 경찰활동을 이용한다.
　　전략 지향적 경찰활동은 향상된 순찰기술 및 함정수사를 활용하고, 범죄와의 싸움에서 지역사회 참여의 중요성을 인식하고, 이웃 돌봐주기 협회와 재물표시를 이용하고, 경찰은 범죄피해예방법에 관해서 자문을 한다(Wallace, Roberson, & Steckler, 1995: 273).

Ⅱ. 효과적인 범죄통제

　　전략 지향적 경찰활동의 목표는 범죄 요소나 사회 무질서의 원인을 제거하는 것이고, 지역사회를 개선함에 있어서 지역사회에게 그 기초를 확립할 기회를 제공해 주는 것이다. 전략 지향적 경찰활동은 경찰서의 전문적인 범죄진압능력을 향상시키는 것을 포함하고, 그 목표는 효과적인 범죄통제이다.

III. 목표대상 설정

1. 목표대상 설정의 개념

목표대상 설정(targeting)이란 용어는 경찰이 사전적 순찰을 임의적으로 수행하지 않고 특정 범죄유형과 특정 장소에 중점을 두기 위해서 종종 이용된다(National Institute of Justice, 1996). 경찰자원은 특정 지역의 고유한 문제를 해결하기 위해 목표대상에 투입되고 있다. 그 문제의 해결책을 이끌어 내고 무엇이 목표대상으로 설정되어야 하는지를 결정하기 위한 다양한 방법이 있다. 그러나 지역사회 의식(sense of community)을 촉진하기 위해서는 지역사회가 목표대상 설정에 참여해야 한다(Oliver, 2008: 52).

2. 목표대상 설정 위원회의 구성

1) 수평적 의사소통

무엇을 목표대상으로 하고, 무엇을 우선으로 하며, 전략 지향적 경찰활동이 어떻게 수행될 것인지를 결정하는 것은 단지 하향적 의사소통으로 이루어지는 것이 아니라, 논의되는 지역의 순찰경찰관, 다른 공공기관, 지역사회 리더, 그 지역에 거주하는 주민과의 수평적 의사소통을 통해서 이루어져야 한다. 앞에서 제시된 모든 사람을 목표대상 설정 위원회(targeting committee)에 포함시키는 것이 중요하다.

2) 일선 경찰관과 시민의 참여

몇몇 사람은 경찰관서 및 지역사회에서 리더십 지위에 있는 사람이 다양한 행정기능을 통해서 문제를 더 잘 분석·해결할 수 있기 때문에, 일선 경찰관과 시민을 핵심집단(focal group)의 구성원에 포함시키는 것은 무의미하다고 주장할 수 있다. 그러나 경찰관서장이 시장에게 행하기로 약속한 것은 일선 경찰관이 실제로 행하는 것과 거의 관계가 없을 수도 있다.

각 경찰기관의 일선감독자는 지역 위원회(district cabinet)를 구성하고, 위원들을 정규적으로 만나서 공통의 관심사를 분석하도록 해야 한다(Wilson & Kelling, 1989: 51). 그 위원회는 다양한 기관의 일선 공무원을 포함할 뿐만 아니라 경찰부터 지역사회 내에 거주하는 주민에 이르기까지 지역사회의 다양한 영역을 포함해야 한다.

Ⅳ. 전략 지향적 경찰활동의 3요소

전략 지향적 경찰활동은 어떤 경찰관서의 관할구역을 넘어서서 활동하는 상습범죄자와 조직범죄를 목표로 한다. 이러한 유형의 범죄와 싸우기 위해 전략 지향적 경찰활동은 여러 관할을 담당하는 특별부서(task force)를 이용한다. 이러한 전략 지향적 경찰활동을 구성하고 있는 3요소는 [그림 4-1]과 같이 (1) 통제 순찰, (2) 공격 순찰, (3) 포화 순찰이다.

[그림 4-1] 전략 지향적 경찰활동의 3요소

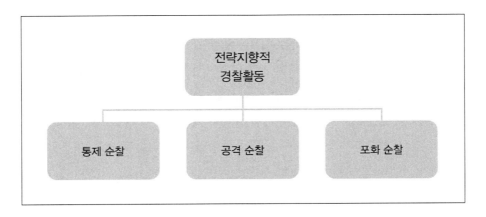

제2절 통제 순찰

Ⅰ. 통제 순찰의 개념

전략 지향적 경찰활동의 첫 번째 유형은 통제 순찰(Directed Patrol)이라고 알려진 기술이다. 통제 순찰은 쉽게 수행되고 최소한의 경찰자원을 필요로 하기 때문에 순찰기법 중에서 가장 쉽다. 통제 순찰은 범죄행위와 교통위반 행위에 대해서도 수행될 수 있다. 통제 순찰은 경찰관 재량, 범죄분석, 지역 사회의 특정 민원에 대해서도 행해질 수 있다. 통제 순찰하에서 경찰관은 출동요청이 없는 경우에는 지정된 임무와 관련해서 담당지역에서 점검활동을 하도록 요구된다.

통제 순찰에 관한 연구에 의하면 통제 순찰이 활용될 때 목표대상 지역에서 일반적으로 범죄가 감소하였다(Cordner, 1981: 242-261). 어떤 순찰 간격이든지 경찰이 계속해서 존재하도록 하는 순찰은 범죄행위를 중단시키거나 다양한 형태의 사회문제를 해결하는 데 유익한 것으로 보여진다.

Ⅱ. 통제 순찰 사례

Virginia주 Arlington 카운티에서 경찰관은 매달 범죄통제 순찰 및 교통통제 순찰을 실시하도록 요구된다. 경찰관은 그 지역을 점검했던 횟수와 근무 시간 동안에 행한 접촉 또는 체포를 기록한다. 범죄분석 결과 높은 수준의 범죄문제나 교통문제가 있거나 시민 민원이 있는 특정 순찰구역에서 교대근무 초기 시간에 추가적인 통제 순찰이 인정된다. 그러한 정보는 근무일지(log sheet)에 기록되고, 그것이 특정 시간대에만 발생하지 않고 재발하는 문제라면 다음 순찰근무조에게도 전달된다. 통제 순찰활동 중 일부는 지역 공원을 가로질러서 걷거나, 노숙자가 대소변을 보는 장소를 순찰하거나, 마약 흡입 장소로 알려진 지역을 순찰하는 것 등이다.

Ⅲ. 통제 순찰의 문제점

통제순찰 임무를 지정 받은 경찰관들 사이에서 일상적인 고충은 다양한 서비스 요청과 911 신고에 대응하거나, 순찰근무시간 동안 경찰관에게 부여된 행정업무를 처리하기 위해서 통제 순찰 임무에서 벗어나게 된다는 점이다. 통제 순찰로 인한 문제점을 해결하기 위해 활용된 방법은 순찰대 분리(split-force patrol)이다(Tien, Simon, & Larson, 1977). 이 방법은 순찰근무조를 2개 조로 분리해서 한 조는 신고에 대응하는 책임을 맡고, 다른 한 조는 긴급사건이 발생하지 않는다면 오로지 통제 순찰 책임만을 맡는다. 이 방법을 통해 통제 순찰을 수행하는 경찰관은 방해를 받지 않고 통제 순찰을 행할 수 있다. 그러나 효과적인 관리자는 통제순찰조와 신고대응조 사이의 갈등을 예방할 수 있도록 분리된 순찰조가 매일 또는 매주 교대되도록 해야 한다.

제3절 공격 순찰

Ⅰ. 공격 순찰의 개념

전략 지향적 경찰활동의 두 번째 유형은 '공격 순찰'(Aggressive Patrol) 또는 '공격적 질서유지'(Aggressive Order Maintenance)라고 알려진 것이다. 이 방법은 특정 범죄요소뿐만 아니라 특정 범죄자나 사회질서 문제에 대해서 경찰의 압박을 증가시키는 것이다.

공격적 질서유지 전략은 (1) 공공 무질서를 야기하는 사람을 체포, (2) 현장 질문(field interrogation), (3) 도로봉쇄 단속(roadblock check), (4) 혐의자 감시, (5) 공공질서 단속 법률의 적극적인 집행, (6) 일반 주민을 불쾌하게 만드는 경범죄 및 소란행위에 대해서 더 많은 관심을 갖는 것 등을 포함한다(Mastrofski, 1988: 53). 이러한 전술은 경찰에 대한 모든 법률적·사회적 통제를 준수해야 한다. 문제를 감소시키려는 시도에서 공격 순찰은 특별한 상황에 대한 접촉의 양을 증대시킨다. 공격 순찰의 다양한 형태는 다음과 같다.

(1) 현장 검문(field stops)

(2) 교통 검문(traffic stops)

(3) 사복 경찰관 활용(use of plainclothes officers)

(4) 상습 범죄자 프로그램(habitual offender programs)

(5) 함정수사(sting operations)

(6) 잠복(stakeouts) 등

II. 현장 검문

현장 검문(field stops), 현장 인터뷰(field interviews), 현장 수사(field inves-tigations)는 경찰이 질문하고 혐의자에 대한 정보를 기록하는 방법이다. 모든 범죄 혐의자들이 형법 위반의 범죄를 범하지는 않을지라도 그들의 행동은 주변 상황에 부적절할 수 있고, 그것은 '의심스럽다'는 인식을 줄 수 있다.

경찰은 그러한 개인들과의 접촉을 기록하는데, 즉 신체수색(pat-down)을 행하고, 개인 신상정보를 기록하고, 폴라로이드 사진을 촬영하고, 특별한 이웃에서 우연히 만난 개개인의 기록을 유지한다. 이것은 억제장치로서 기여할 수 있고 향후 범죄자의 신원을 확인하는 수단으로 기여할 수 있다. 이러한 현장 질문(field interrogation)은 범죄에 많은 영향을 미칠 수 있고, 어떤 특정한 시간·장소·환경에 제한되어서는 안 된다.

III. 교통 검문

1. 교통 검문의 개념

교통 검문(traffic stop)은 경찰의 주요한 임무이다. 경찰의 주된 기능은 지방의 교통법률을 집행할 뿐만 아니라 교통을 감시·통제함으로써 안전하고 원활하게 교통의 흐름을 유지하는 것이다. 교통위반행위에 대해서 소환장(citation)을 발부하는 것은 개개의 운전자에게 억제효과를 미칠 수도 있다. 그것이 일반 운전자에게 어떤 효과를 미치는지는 의문이다. 그러나 교통 검문을 행할 때 경찰관의 진심이 일반 주민에 의해서 느껴진다면 사고나 교통위반행위가 발생하기 쉬운 특정 교차로나 도로에서 교통 검문을 행하는 것은 만족스러운 효과를 가져올 수 있다.

2. 교통 검문의 기능

본질적으로 교통법률의 집행은 질서유지에 기여하고, 안전 운전습관에 대해서 일반 주민을 교육하고, 가시적인 지역사회 서비스를 제공한다(Cole, 1995: 197). 발견되지 않을 수 있었던 상당한 범죄행위가 교통검문 동안에 발견되는데 이것은 공격 순찰의 성공적 활용에 대한 증거가 된다. 교통단속에 사용되는 공격 순찰은 통제 순찰과는 다르다.

3. 교통검문의 효과

공격 순찰의 활용은 특정 장소를 감시하고, 재량권 활용 없이 위반자에게 소환장을 발부하는 특별 전담경찰을 위한 것이다. 경찰이 재량권을 갖고 있을지라도 경찰은 지나친 재량권 사용을 최소화한다. 교통단속에서 공격순찰 이용에 관한 연구는 공격 순찰을 활용한 경찰관서들이 관할구역에서 노상강도(robbery) 범죄율이 더 낮다는 것을 발견했다(Samson & Cohen, 1988: 163-191).

IV. 사복 경찰관 활용

현장 검문(field stops)과 교통 검문(traffic stops)을 혼합하는 또 다른 방법은 사복 경찰관(plainclothes officers)을 활용하는 것이다. 대부분의 관할구역은 이러한 유형의 경찰관에 대해서 다양한 명칭을 갖고 있는데, 특별 표시가 없는 차량을 운용할 때는 중범죄 차량(felony cars)이라고 불리고, 지역사회에서 도보로 순찰할 때는 전술팀 또는 비밀경찰관(undercover officers)이라고 불린다.

명칭에 관계없이 이 방법은 제복 경찰관에게는 보이지 않을 수도 있는 범죄나 질서유지 문제를 관찰하기 위해 지역사회 내부에 사복 경찰관을 투입하는 것이다. 이것은 경찰관으로 하여금 잠재적 범죄자를 추적하고, 그들의 행위를 관찰할 수 있도록 해준다. 그 결과 경찰은 범죄가 발생하지 못하도록 예방하거나 범죄가 발생할 때 범죄에 대응하는 위치에 있게 된다. 또한 그것은 이미 알려진 범죄문제 또는 사라졌지만 재발할 수 있는 질서유지 문제를 경험하고 있는 특정 지역을 다루는 방법이다.

V. 상습 범죄자 프로그램

지금까지 많은 인기를 얻었던 또 다른 방법은 상습 범죄자 프로그램(habitual offender programs)의 활용이다. 상습 범죄자는 다양한 방법으로 추적될 수 있다. 즉 어떤 요인에 의해서 앞으로 범죄를 범할 가능성이 높은 범죄자를 추적하고, 범죄유형에 따라 한 개인의 체포건수를 추적하고, 지역 검사와의 협력을 통한 예방대책에 의해서 추적할 수 있다. 상습 범죄자 프로그램의 핵심은 경찰과 지역 검사의 관계이다. 지역 검사는 상습 범죄자로 간주되는 것에 대한 합의를 도출해 낼 수 있고, 특정 위반행위에 대해서 범죄자가 받을 선고의 유형을 결정할 수 있다. 상습 범죄자 프로그램은 노상 강도, 소매상점 절도, 지역 매춘, 만취 범죄자에 대해서 활용되었다.

VI. 함정 수사

경찰은 함정수사(sting operations)를 통해서 많은 특정 범죄자를 검거하기 위해서 허위 상점(front)을 설치하기도 한다. 특히 경찰은 절도, 주거침입 절도, 강도를 범하는 범죄자를 검거하기 위해 장물을 수집하는 상점 주인으로 위장할 수도 있다. 경찰은 도난당한 차량을 해결하고, 마약범죄와 전쟁을 하고, 영장을 집행하려는 시도에서 허위 상점을 설치했다.

VII. 잠 복

잠복(stakeouts)에 대한 특정 공식은 없을지라도 경찰은 상점, 은행, 우범지역(crime-prone area)에서 잠복근무를 하면서 범죄가 발생하기를 기다리고, 범죄가 발생하면 즉각적으로 대응한다. 잠복기술을 함부로 사용하는 것은 자원 낭비인 것으로 여겨지므로, 범죄가 발생할 것이라는 제보가 있을 때 특정 범죄가 발생하는 장소에서 활용되어야 한다.

　일상적인 경찰기술인 함정수사(sting)와 잠복(stakeouts)을 설명하는 목적은 전략 지향적 경찰활동에서도 그 기술을 활용한다는 것을 보여주기 위한 것이다. 오래된 기술이 좋은 기술이며, 지역사회 경찰활동의 이름 아래 폐지되어서는 안 된다. 오히려 그러한 기술은 새롭고 혁신적인 방법으로 이용되어야 한다.

제4절　포화 순찰

Ⅰ. 포화 순찰의 개념

　전략 지향적 경찰활동에서 세 번째 유형은 포화 순찰(Saturation Patrol)이다. 이것은 가장 많은 경찰자원을 활용하고, 경찰력을 매우 가시적으로 보여주는 것이기 때문에 3가지 순찰활동 중에서도 가장 어렵다. 그러나 포화 순찰은 지역사회와 협력해서 수행된다면 긍정적인 지지를 받는다. 포화 순찰은 다양한 순찰근무조, 교통부서, 수사부서에서 온 제복 착용 경찰관을 지정된 장소에 집중 배치하여 경찰력이 가시적으로 보이도록 하는 것이다.

Ⅱ. 포화 순찰의 실행

　목표대상이 전체 이웃이든, 2~3개의 마약흡입 건물 근처의 거리이든 포화 순찰에서 경찰의 최초 행동은 경찰이 해당 지역에 존재한다는 인식을 명확하게 하는 것이다. 포화 순찰 동안에 특정 장소에 들어가고 나오는 사람을 대상으로 체포, 수사목적 검문, 교통 검문 등이 행해질 수 있다. 일반적으로 초기 3일 동안 체포 건수가 증가하게 되면 경찰은 추가 기간 동안(대략 1주~1개월) 경찰의 가시적인 존재를 유지해야 한다. 포화 순찰의 목적은 범죄자 또는 질서유지 문제를 임시적으로 제거함으로써 그 지역에서 범죄요소를 제거하는 데 기여하는 것이다.

　포화 순찰은 지역사회 내에서 다양한 방법으로 응용될 수 있다. 범죄요소에 대한 활동은 노상 마약시장에서 마약복용자와 판매자를 추방하고, 매춘을 하려는 사람이 특정 장소에 오지 못하도록 하는 측면에서 가장 명확하다. 추가적인 활용은 어린이 놀이터에서의 동성애 활동과 같은 특정 문제와 관련이 있을 수 있고, 범죄율이 매우 높은 지역사회와 같은 종합적인 문제와도 관련이 있을 수 있다. 포화 순찰은 시민이 두려워서 피하는 공격적인 구걸, 노숙자, 주취자로 인해 잘 알려진 지역에서도 활용되고, 질서유지 문제에도 활용될 수 있다.

III. 포화 순찰의 효과

1. 범죄율 감소

각종 연구에 의하면 포화 순찰이 초기 억제효과로 인해서 범죄자 및 질서유지 문제에 대해서 효과적인 것으로 증명되었다(Sherman, 1990). 포화 순찰이 New York시에서 행해졌는데, Operation Pressure Point는 마약상습지역과 싸우기 위해 240명의 추가 경찰력을 활용하였다. 그 작전은 마약거래를 감소시키고 지역사회 의식(sense of community)을 증가시켰기 때문에 성공적이었다. 포화 순찰의 또 다른 성공 사례는 New York시 지하철 시스템에서 확인되었다. 순찰경찰관의 수는 1,200명에서 3,100명으로 증가했으며, 특히 기차 및 역마다 경찰관 한 명을 배치하였고, 그 결과 범죄율은 2년 동안 감소하였다(Zimmer, 1990: 43-65).

2. 질서유지 효과

포화 순찰의 활용은 범죄와 질서유지 문제에 대해서 효과적이다. 포화 순찰이 계획 없이 행해지기보다는 지역사회와의 동의하에 수행되고 특정 문제를 목표대상으로 한다면 실질적인 억제효과를 줄 수 있다.

3. 대체 효과

포화 순찰은 대체 효과(displacement)를 야기할 수 있다. 따라서 포화 순찰은 범죄활동이 더욱 비밀스럽게 행해지도록 하거나 다른 관할구역으로 옮겨가게 할 수 있다. 모든 포화 순찰이 어떤 대체효과도 없거나 완전한 대체효과를 지니고 있는 것은 아니다. 그러나 많은 연구들은 어느 정도의 대체효과를 보여주고 있다(Scott, 2003).

제5절　전략 지향적 경찰활동의 평가

Ⅰ. 긍정적인 연구 결과

전략 지향적 경찰활동에 관한 연구는 통제 순찰, 공격 순찰, 포화 순찰에 대한 다양한 실행방법을 설명하고, 범죄율, 질서유지 문제, 범죄 두려움을 감소시키는 데에 긍정적인 결과를 보여주고 있다. 사실 New York시의 한 독립구(borough)인 Bronx의 2개 지역에서 실시된 최근 연구에 의하면 공격적 경찰활동은 범죄를 감소시켰으며 시민 민원이 감소했다.

연구자들은 시민 민원 감소의 주요 원인은 경찰서장(precinct commander)이 경찰관으로 하여금 C·P·R(Courtesy, Professionalism, Respect)이라고 알려진 프로그램을 통해서 시민을 존경하도록 요구했기 때문이라고 설명하였다(Davis, 2005: 229-249). 전략 지향적 경찰활동이 마약문제를 통제하기 위해서 활용되든 계속 증가하는 갱 문제를 다루기 위해서 활용되든 경찰행정가, 경찰관, 지역사회에 의해서 우호적으로 여겨지는 경찰활동이다.

Ⅱ. 3가지 문제점

전략 지향적 경찰활동의 여러 효과에도 불구하고 논의되어야 하는 몇 가지 문제가 있다. 전략 지향적 경찰활동의 실행과 관련하여 본질적으로 3가지 문제점이 있다. 즉 (1) 전략 지향적 경찰활동 효과의 지속기간, (2) 전략 지향적 경찰활동의 지역사회에 대한 효과, (3) 전략 지향적 경찰활동이 본질적으로 지역사회 경찰활동인가에 대한 인식이다.

1. 효과의 지속기간

첫 번째 문제는 경찰 단속이 범죄에 대해서 강한 억제효과가 있더라도 이러한 효과는 단지 임시적이라는 것이다. New York 연구에서 전략 지향적 경찰활동이 실시된 지 2년 이후에 범죄율은 증가했으며, 그 후에도 범죄율은 6년 동안 계속해서 증가했다(Sherman, 1990a). 이러한 연구는 포화 순찰이 실시된 후 일정 기간이 경과한 경우에 전략 지향적 경찰활동의 효과 감소를 보여준다. 경찰 존재(police presence)의 계속된 활용과 심지어 경찰제재(police sanction)의 증가된 활용에도 불구하고 단기간 후에 포화 순찰 효과는 감소하기 시작했다(Sherman, 1990b).

2. 지역사회에 대한 효과

경찰은 악화되는 상황에서도 한 가지 대응방안만을 너무 자주 활용한다. 즉 경찰이 실행할 수 있는 것에 대해서 매우 제한된 개념을 지니고 있고 상상력과 창의성이 부족하다(Goldstein, 1990: 132). 이것은 소수민족 지역의 주민으로부터 경찰에 대한 분노나 적대심을 유도할 수 있다. 왜냐하면 그 지역 주민은 자신들이 이러한 순찰 전술의 진정한 대상이라고 느끼기 때문이다(Siegel, 1995).

이러한 경찰활동은 근시안적이고, 현명하지 못하고, 잠재적으로 위험한 접근법이다. 이것은 전문화되고 중앙집권화된 권력에 의존하는 것이다. 게다가 이것은 지역사회의 규범적 다원주의(normative pluralism)를 인식하지 못하는 것이며, 경찰은 지역사회를 위하기보다는 지역사회에 대적하는 것으로 여겨질 것 같다(Kelling, 1985: 307). 순찰의 목표는 지역사회와 더 나은 관계를 촉진하는 것이고, 경찰과 지역사회를 서로 격리하기 위한 것이 아니므로 전략 지향적 경찰활동에서 이용되는 순찰의 목표는 주민의 반응에 의해서 부정적으로 될 수 있다.

3. 지역사회 경찰활동에의 포함 여부

마지막 문제점은 전략 지향적 경찰활동 중 많은 부분이 지역사회 경찰활동하에 실행된다는 것이다. 이 개념은 지역사회 내에서 범죄 및 질서유지 문제에 대해서 경찰 단속(police crackdown)을 실시하는 새로운 방법이 되었다. 과거의 경찰활동과 비교할 때 유일한 차이점은 지역사회가 전반적으로 이러한 방법을 지지할 수 있다는 것이다. 그러나 이것은 장기적인 문제에 대한 단기적인 해결책이며 각종 연구결과는 이것이 장기적으로는 성공하지 못했다는 것을 보여준다.

참고문헌

Cole, George F. (1995). *The American System of Criminal Justice*, Belmont, C.A.: Wadsworth Publishing Company.

Cordner, Gary W. (1981). "The Effects of Directed Patrol: A Natural Quasi-Experiment in Pontiac," in James J. Fyfe (ed.), *Contemporary Issues in Law Enforcement*, Beverly Hills: Sage Publication.

Davis, Robert C., Pedro Mateu-Gelabert, & Joel Miller. (2005). "Can Effective Policing Also Be Respectful? Two Examples in the South Bronx," *Police Quarterly*, 8(2).

Goldstein, Herman. (1990). *Problem-Oriented Policing*, New York: McGraw Hill Publishing co.

Kelling, George L. (1985). "Order Maintenance, the Quality of Urban-Life, and Police: A Line of Argument," in William A. Geller (ed.), *Police Leadership In America*, New York: American Bar Foundation.

Mastrofski, Stephen D. (1988). "Community Policing as Reform: A Cautionary Tale," in Jack R. Greene & Stephen D. Mastrofski (eds.), *Community Policing: Rhetoric or Reality*, New York: Prager.

National Institute of Justice. (1996). "Policing Drug Hot Spots," *NIJ Research Preview*, Washington, D.C.: National Institute of Justice.

Oliver, Willard M. (2008). *Community-Oriented Policing: A Systemic Approach to Policing* (4th ed.), Upper Saddle River, New Jersey: Pearson Prentice Hall.

Samson, Robert & Cohen, Jacqueline. (1988). "Deterrent Effects of the Police on Crime: A Replication and Theoretical Extension," *Law and Society Review*, 22.

Scott, Michael S. (2003). "The Benefits and Consequences of Police Crackdown," *Problem-Oriented Guides for Police Response Guides Series*, No. 1, Washington, D.C.: U.S. Department of Justice.

Sherman, Lawrence. (1990a). "Police Crackdown," *National Institute of Justice Reports*, March/April.

Sherman, Lawrence. (1990b). "Police Crackdown: Initial and Residual Deterrence," in Michael Tonry & Norval Morris (eds.), *Crime and Justice: A Review of Research*,

Vol. 12, Chicago: University of Chicago Press.

Siegel, Larry. (1995). *Criminology* (5th ed.), St. Paul: West Publishing Company.

Tien, James M., Simon, James W., & Larson, Richard C. (1977). A*n Alternative Approach in Police Patrol: The Wilmington Split-Force Experiment*, Cambridge, Mass.: Public Systems Evaluation.

Wallace, H., Roberson, C., & Steckler, C. (1995). *Fundamentals of Police Administration*, Englewood Cliffs, New Jersey: Prentice Hall, 1995.

Wilson, James Q. & Kelling, George L. (1989). "Broken Windows: Making Neighborhoods Safe," *Atlantic Monthly*, February.

Zimmer, Lynn. (1990). "Proactive Policing against Street-Level Drug Trafficking," *American Journal of Police*, 9: 43-74.

제 5 장

이웃 지향적 경찰활동

제 5 장　이웃 지향적 경찰활동

　　이웃 지향적 경찰활동은 고유한 사전적 프로그램을 통하여 범죄 및 범죄 두려움을 감소시키기 위해서 경찰과 지역구성원이 상호작용하도록 하는 경찰활동이다. 이웃 지향적 경찰활동은 함께 활동하고 의사소통 라인을 개방하고 지역사회의 범죄 및 사회적 문제에 대응하면서, 경찰과 지역사회를 통합하는 것이다. 범죄 및 범죄 두려움을 감소시키는 목표가 달성되는 것은 바로 이러한 '협력적 노력'을 통해서이다.

제1절　이웃 지향적 경찰활동의 개념

Ⅰ. 경찰과 지역 주민 간 의사소통 라인

　　'이웃 지향적 경찰활동'(Neighborhood-Oriented Policing: NOP)은 지역사회의 진정한 의미를 촉진하기 위해서 경찰과 지역 주민 간의 의사소통 라인을 열어주는 프로그램을 의미한다. 이웃 지향적 경찰활동은 지역사회 경찰활동의 핵심이며, 지역사회 경찰활동의 전체로 여겨지기도 한다(Skogan, 1994). 또한 이웃 지향적 경찰활동을 실행하는 실무가(practitioner)들은 이 프로그램을 일반적인 지역사회 경찰활동인 것으로 언급하기도 한다.

　　그러나 이웃 지향적 경찰활동이란 용어의 다양한 쓰임에도 불구하고 모든 용어는 '경찰과 지역사회의 통합'에 초점을 두고 있다. 이것이 지역사회 경찰활동의 전체적인 목표일지라도 이웃 지향적 경찰활동을 논의할 때 그 초점은 경찰과 지역사회가 함께 협력하는 다양한 형태의 프로그램에 두어야 한다.

II. 경찰과 지역사회의 생각 전환

이웃 지향적 경찰활동 아래에서 모든 경찰관은 지역사회와의 관계를 형성하는 데 어떤 형태로든 참여해야 한다. 어떤 경찰관이 경찰관서의 청소년계(juvenile section)에 배치되지 않았기 때문에 그가 청소년을 다룰 수 없다는 생각은 이웃 지향적 경찰활동의 성공을 위해서는 없어져야 한다. 마찬가지로 지역 주민은 범죄와의 싸움과 질서유지 활동은 경찰관의 업무이며 자신은 이 활동에 관심이 없다는 생각을 버려야 한다.

경찰과 지역사회의 생각을 바꾸고 그들이 서로 협력하도록 만드는 것은 성공적인 이웃 지향적 경찰활동 프로그램의 열쇠이다. 이러한 협력적 노력을 통해서 이웃 지향적 경찰활동은 질서유지 및 범죄감소 영역에서 성공할 수 있는 것이다.

III. 전체 지역사회의 참여

이웃 지향적 경찰활동의 성공은 전체 지역사회의 참여에 의존하며 지역사회의 일부분만이 이웃 지향적 경찰활동에 참여해서는 안 된다. 어떤 지역사회에서든 가정, 학교, 교회, 소매상점, 이웃 협회, 전문직(의사, 치과의사, 변호사 등), 사회적 집단(자선단체, 지역의 오래된 모임, 외국전쟁 참전용사 등) 등이 있다.

지역사회의 모든 구성원이 이웃 지향적 경찰활동 프로그램에 참여하고 경찰과 지역사회 사이의 관계를 발전시키고자 노력하는 것이 중요하다. 이웃 지향적 경찰활동이 성공적으로 실행되기 위해서는 지역사회에 의해서 시작되어야 한다. [그림 5-1]에서 보는 바와 같이 이웃 지향적 경찰활동은 (1) 지역사회 순찰 프로그램, (2) 지역사회 범죄예방 프로그램, (3) 의사소통 프로그램, (4) 지역 사회통제 프로그램으로 구성되어 있다.

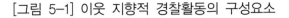

[그림 5-1] 이웃 지향적 경찰활동의 구성요소

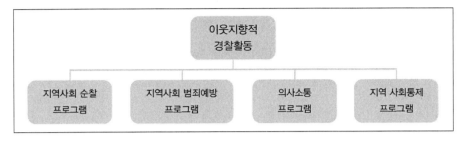

제2절   지역사회 순찰 프로그램

Ⅰ. 지역사회 순찰의 개념

지역사회 순찰(Community Patrol)은 경찰의 확실한 존재(presence)를 인식시켜서 경찰이 지역 주민들에게 더욱 접근 가능하도록 만들어 주는 순찰제도이다. 경찰이 모든 곳에 존재할 수 없더라도 지역사회 순찰은 경찰로 하여금 교통 정체지역이나 경찰을 가장 필요로 하는 지역에 있도록 해준다. 지역사회 순찰의 주된 관심사는 고가시성(high visibility)에 있다.

Ⅱ. 도보 순찰

1. 도보 순찰의 재강조

가장 잘 알려진 지역사회 순찰은 도보 순찰(foot patrol)의 이용이다. 도보 순찰은 지역사회 경찰활동을 상징할 뿐만 아니라 그 자체적으로도 오랜 역사를 지니고 있다. 순찰구역에 있는 경찰관은 초창기 감시 시스템(watch system)에서부터 형성된 미국의 상징(icon)이었다. 그러나 자동차 시대의 도래와 함께 자동차가 제공하는 능률적이고 신속한 대응시간 때문에 도보 순찰이 적게 활용되었다.

미국에서 도보 순찰은 1960년대에 거의 소멸되었고 특별 프로그램하에서 몇몇 경찰관서에 의해서 다시 활용되었다. 1980년대에 도보 순찰은 경찰의 업무수행방법의 변화를 대표하였으며 그 후에는 지역사회 경찰활동의 '빛나는 별'과 같은 요소가 되었다. 즉 범죄를 줄이기 위해서 경찰기관이 경찰과 지역 주민을 함께 참여시키고자 시도했던 가장 일반적 방법은 도보 순찰의 이용을 통해서였다.

2. 도보 순찰의 효과

현재 논의되는 도보 순찰에 대한 주요 이슈는 도보 순찰이 실제 범죄 건수를 줄이는 데 성공적인지 여부에 관한 것이다. 어떤 연구는 도보 순찰이 실시된 다양한 지역에서 범죄율의 감소를 보여주었다. 그러나 그 연구는 단지 경찰관서의 자료에만 기초했다는 것을 고려하여야 한다(Trojanowicz, 1986).

지역사회 경찰활동의 이름하에 도보 순찰을 실시했을 뿐만 아니라 그 효과를 연구했던 도시들은 도보 순찰에 대해서 긍정적인 신호를 보여주었다(Greene & Taylor, 1988). 각종 연구 결과 도보 순찰이 실행될 때 지역 주민이 더욱 안전하게 느꼈다는 명확한 증거가 나타났으며, 범죄 두려움 수준은 감소하고, 경찰에 대한 주민 만족도는 증가하였다(Kelling, 1987). 그리고 도보 순찰은 지역 주민에 의해서 잘 수용될 뿐만 아니라 순찰활동을 수행하는 경찰관에 의해서도 잘 수용되었다. 경찰관은 그들이 순찰하는 이웃을 더 잘 이해하게 되었으며 더 나은 직무 만족도와 더 높은 사기를 보여 주었다.

1980년대의 도보 순찰을 조사했던 많은 평가들에 의하면 도보 순찰의 증가는 범죄를 감소시키지 못했을지라도, 안전감(feelings of safety)을 증진시켰다. 이러한 발견으로 인해 연구자들은 경찰이 범죄 그 자체를 감소시킬 수는 없을지라도 범죄 두려움을 감소시킬 수 있을 것이라고 주장했다. 그리고 지역 주민이 덜 두려워하게 되면 지역사회를 떠나지 않을 것이고 지역 쇠퇴(neighborhood deterioration) 과정은 시작되지 않을 것이다(Wilson & Kelling, 1989: 46-53).

III. 자전거 순찰

지역사회 순찰의 또 다른 유형은 도보 순찰과 유사하지만 좀 더 기동성을 갖고 있는 자전거 순찰(bike patrol)이다. 자전거 순찰은 경찰관으로 하여금 자동차에서 벗어나도록 했으며, 어느 정도의 기동성 때문에 자전거 순찰의 활용이 점차 증가했다. Virginia주 Arlington 카운티 경찰국은 1990년대 초에 자전거 순찰 프로그램을 실행했다. 그 경찰국은 학교를 담당하지만 여름에는 업무를 갖고 있지 않은 청소년과에 근무하는 경찰관을 자전거 순찰에 활용했다. 자전거 순찰 경찰관은 일반적으로 인구집중 지역이나 자전거 도로를 순찰했다. 이러한 자전거 순찰에 대한 지역사회와 경찰의 반응은 도보 순찰의 연구에서 발견된 것과 매우 유사했다.

IV. 기마 순찰

지역사회 순찰의 또 다른 유형은 참회 화요일(Mardi Gras) 기간 동안에 New Orleans에서 행해졌던 기마 순찰(mounted patrol)이다. 기마 순찰은 경찰관으로 하여금 주민보다도 위에서 바라볼 수 있도록 해주고 주민이 경찰을 신속하게 알아볼 수 있도록 한다. 기마 순찰의 일상적 기능은 각종 행사를 위한 것이지만 기마 순찰의 기동성과 높이 때문에 군중 통제에서 이용되고, 점차 범죄 예방 및 고가시성(high visibility) 경찰활동을 위해서 이용되고 있다.

V. 경찰 출장소

1. 경찰 출장소의 설치

지역사회 순찰의 또 다른 성공적인 유형에는 경찰 출장소(police substation)로서 소규모 경찰관서(police ministations) 또는 상가 앞 출장소(storefronts)가 있다. 상가 앞 출장소는 상업 및 거주지역에 있는 아파트나 지역사회 센터 내에 설치되는데, 경찰은 일반 시민이 사건 보고서를 작성하고 범죄 및 질서유지 이슈를 신고하거나 논의하도록 하기 위해서 상가 앞 출장소를 활용한다. 연구 결과 상가 앞 출장소가 지역사회 순찰의 실용적인 유형임을 보여주는데, 경찰 출장소(substations)는 개인의 범죄 두려움을 감소시키고, 지역 내의 대인범죄와 대물범죄 발생건수에 대한 인식을 줄이고, 지역 내 사회적 무질서 정도에 대한 인식을 줄이는 것과 관련되어 있었다(Brown & Wycoff, 1987: 71-89).

2. 경찰 출장소의 사례

East Dallas Storefront는 Dallas 경찰서 중앙순찰과(central patrol division) 내의 5개 station 중 1개이다. 그것은 중앙상업지역 바로 외곽에 있는 8제곱 마일을 담당하고 있었다. 4명의 경찰관과 3명의 일반직 직원(civilian employee) 이 자전거 순찰부터 지역사회 연락(liaison), 방과 후 스포츠 프로그램, 전통적 인 법집행에 이르기까지 모든 업무를 수행한다. 이 제도는 도입된 이후 1985 년까지 지역사회 관계 및 범죄 감소에 있어서 성공적이었다.

상가 앞 출장소에 배치된 경찰관과 일반직 직원은 차량이나 사무실에 머 물지 않는다. 그들은 자전거로 순찰하면서 학교 및 교회에서 대화를 나누기 도 한다. 상가 앞 출장소는 8시간 교대 스케줄에 따라 운용되지 않는다. 그 곳은 지역 주민이 방문하기 쉽도록 오전 7시에서 저녁 7시까지 근무한다 (Siegel, 1995: 53-55).

3. 경찰 출장소의 변형

경찰 출장소(police substation)의 또 다른 변형은 미국 전역에 있는 쇼핑몰 에서 나타나기 시작했다. 지역 쇼핑몰에 있는 경찰 출장소는 시민이 경찰에 더욱 접근할 수 있는 추가적인 통로를 만들었다. 그것은 시민의 입장에선 범 죄 두려움을 감소시키도록 도왔다. 경찰 출장소가 어디에 위치해 있든지 간 에 전체적인 인식은 그 제도가 실시되었던 모든 도시에서 성공적이다(Skogan, 1994).

제3절 지역사회 범죄예방 프로그램

Ⅰ. 지역사회 범죄예방 프로그램의 개념

지역사회 범죄예방 프로그램들 중 많은 부분이 1960년대 후반에 실시되었을지라도 이 프로그램은 이웃 지향적 경찰활동의 중요한 부분이다. 많은 프로그램들은 경찰-지역사회 관계 시대에 등장했다. 지역사회 범죄예방 프로그램의 주된 목표는 범죄의 표적이 될 수 있는 기관, 집단, 개인에게 영향을 미쳐서 범죄가 발생하지 않도록 하는 것이다. 대부분의 지역사회 범죄예방 프로그램에서 경찰은 프로그램의 촉진자이지만, 지역사회는 그 프로그램이 성공적이기 위해서 적극적으로 참여해야 한다.

Ⅱ. 지역사회 범죄예방 프로그램의 Big 3

지역사회 범죄예방 프로그램 중 Big 3는 (1) 이웃 돌봐주기(Block Watch; Neighborhood Watch; Apartment Watch 등), (2) 재물표시(Operation ID), (3) 가정안전(home security)이다. 대부분의 경찰관서에 의한 Big 3의 광범위한 이용, 지역사회의 긍정적 의견, 이 프로그램들이 범죄를 감소시키고 범죄를 해결한다는 증거는 Big 3가 지역사회 범죄예방을 위해서 매우 성공적이라는 것을 보여주었다(Feins, 1983). 이와 관련된 자세한 내용은 '제8장 지역사회 범죄예방'을 참고하기 바란다.

제4절 의사소통 프로그램

Ⅰ. 의사소통 프로그램의 개념

의사소통 프로그램(communication program)의 주된 목표는 경찰과 지역사회 간에 의사소통 라인을 직접적으로 형성하는 것이므로, 지역사회 순찰 프로그램, 지역사회 범죄예방 프로그램, 지역 사회통제 프로그램 등과 다르다.

즉 '지역사회 순찰 프로그램'은 경찰로 하여금 더욱 가시적으로 되고 경찰에
의 접근 가능성을 높이고자 시도하고, '지역사회 범죄예방 프로그램'은 범죄
를 예방하고자 시도하며, '지역 사회통제 프로그램'은 지역 내에 사회통제에
대한 확실한 의식을 형성하고자 시도한다. 반면에 '의사소통 프로그램'은 경
찰이 누구이고, 무엇을 하며, 어떻게 지지할 수 있는지에 대해서 시민들과 의
사소통하는 방법이다.

Ⅱ. 경찰-시민 순찰차 동승 프로그램

의사소통 프로그램 중 대부분은 경찰-지역사회 관계 시대에 형성되었지만
지역사회 경찰활동의 접근법을 향상시키기 위해서 개선되었다. 시민이 경찰
관과 함께 하는 동승(ride-along) 프로그램은 시민과의 의사소통을 개방하는
매우 좋은 프로그램이다. 이것은 경찰이 시민에게 경찰업무는 시민의 지지를
필요로 한다는 것을 보여주는 황금 기회인 것이다.

Ⅲ. 작은 경찰학교

한때는 경찰관의 배우자를 위해서 실시되었고 최근에는 지역사회를 위해
실시되고 있는 또 다른 의사소통 프로그램은 작은 경찰학교(miniacademy)이다.
Virginia주 Fairfax 카운티 경찰국은 경찰관의 업무에 대한 이해를 위해 1980년
대에 '배우자 경찰학교'를 개설하였다. 배우자 경찰학교는 무기 및 훈련(firearms
and training), 법정 증언(courtroom testimony), 법률 수업(classes on the law), 경찰관
안전(officer safety) 등으로 구성되었고, 순찰차 동승(ride-along) 프로그램도 병행
하였다.

Ⅳ. 케이블 방송의 활용

케이블 TV의 도입과 함께 지역사회의 경찰 프로그램은 광범위한 인식을
받게 되었다. 많은 경찰 프로그램이 매주 녹화되고 매주 12회 정도 방송되었
다. 케이블 방송은 경찰관서가 현재 무엇을 하고 있는지를 설명하고, 최근의

범죄들에 대해 상세하게 설명하고, 안전 요령과 범죄예방 팁을 설명해 준다.

Ⅴ. DARE 카드의 활용

1. DARE 카드의 개념

다른 의사소통 프로그램에는 브로셔, 소식지(newsletters), 박람회·지역사회 모임·퍼레이드와 같은 지역사회 이벤트에의 참여 등이 있다. 이러한 프로그램을 활성화하기 위해서는 경찰과 지역사회의 창의성이 필요하다. DARE 프로그램의 후원을 통해 '마약인식 및 저항교육'(Drug Awareness and Resistance Education: DARE) 카드가 인쇄되어 경찰관이 거리에서 근무하는 동안에 아이들에게 배부하였다.

[그림 5-1] DARE 카드 뒷면

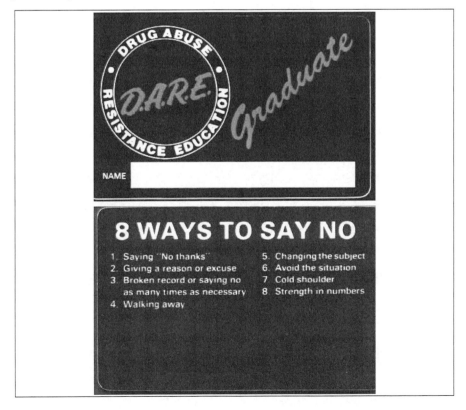

2. DARE 카드의 사례

DARE 카드는 경찰관서의 경찰관을 주인공으로 하였는데, 앞면에는 경찰관의 사진과 짧은 이력이 기재되어 있고 뒷면에는 안전 관련 팁이 들어가 있다. 또한 Washington Metropolitan 지역에서 DARE 프로그램은 Washington Redskins 풋볼 팀 선수들을 주인공으로 하는 DARE 카드를 후원하였다. 이러한 프로그램은 아이들에 의해서 매우 잘 수용되었으며, 아이들은 종종 거리에 있는 경찰관에게 접근해서 카드 1장을 부탁하며 그 결과 훌륭한 의사소통 기회를 제공하였다.

제5절 지역 사회통제 프로그램

Ⅰ. 지역 사회통제 프로그램의 개념

'지역 사회통제 프로그램'(Community Social Control Program)은 경찰 및 지역사회가 범죄행위를 야기하는 다양한 요소에 대하여 영향력을 행사할 수 있도록 변형된 '사회통제이론'(Social Control Theory)에 기초하고 있다. 허쉬(Travis Hirschi)에 의하면 범죄를 범하지 못하도록 하는 것은 (1) 애착(attachment), (2) 전념(commitment), (3) 참여(involvement), (4) 신념(belief)이다. 사회통제이론이 범죄원인 이론일지라도 지역 사회통제 프로그램을 통해서 이웃 지향적 경찰활동에서 활용될 수 있다. 지역 사회통제 프로그램은 경찰을 활용하는 것뿐만 아니라 위의 4가지 영역 중 1개라도 부족한 집단을 대상으로 사회통제를 위해서 경찰과 지역사회를 통합하는 것으로 구성된다.

이것은 '깨진 유리창 이론'(Broken Window Theory)으로 되돌아오는데, 깨진 유리창 이론은 지역사회가 건물 내의 깨진 유리창이 방치되도록 한다면 더 심각한 파괴를 야기하게 되고 결국에는 범죄가 지역사회 내로 유입되어 지역사회에 대한 사회적 통제가 상실하게 된다고 설명한다(Wilson & Kelling, 1982: 29-38). 따라서 전체 지역사회에 대하여 확실한 사회통제 의식을 유지·촉진·회복하는 것이 경찰과 지역사회의 목표인 것이다.

II. 준법시민의 역량 강화

몇몇 지역사회에서 법률 및 규칙을 준수하는 시민은 개인적 안전, 그들의 재산에 대한 보복, 민사소송, 관련되는 것 자체 등을 염려해서 건물에 스프레이를 뿌리는 청소년에게 말을 걸지 못한다. 경찰이 준법시민의 역량을 강화시킬 수 있다면 범죄 두려움 요소는 감소될 것이고 많은 준법시민들이 더욱 참여하게 될 것이다.

III. 지역사회 내 경찰관 거주 프로그램

Virginia주 Alexandria시와 같이 경찰관이 범죄로 인해 고통받는 지역사회 내에 거주하도록 하는 프로그램이 개발될 수 있다. 경찰관이 문제 있는 이웃으로 이사하고자 한다면 저렴한 가격과 낮은 이자율로 주택을 구입할 수 있도록 지원받았다. 이 프로그램은 다양한 방법으로 이웃을 지원한다. 경찰관은 그가 순찰하는 이웃에 대하여 더욱 많은 관심을 갖고 있으며, 이웃에 거주하는 대부분의 이웃 주민들은 범죄로 인해 고통받는 성실한 사람들이며, 그것은 이웃 주민들에 의한 사회통제를 촉진시킬 수 있는 안전감(feeling of security)을 제공해 준다.

IV. 대중매체와의 협력

사회적 통제를 행사하기 위해 경찰이 함께 협력할 수 있는 또 다른 집단은 대중매체(media)이다. TV이든 인쇄매체이든 대중매체는 사회통제수단을 알릴 수 있는 방법을 제공하고, 경찰-지역사회 관계를 강화시켜 준다.

V. 질서위반 집단과의 협력

지역사회는 특정 행위에 대해서 무관용의 분위기를 형성하고, 경찰은 사회적 통제를 위반하여 질서유지 이슈를 야기하는 집단과도 협력해야 한다. 지역사회가 갱들의 낙서(graffiti)가 주된 관심사라고 말한다면 경찰은 갱들과도 협력해서 이 문제를 근절할 수 있는 프로그램을 개발해야 한다. 질서유지 이슈가 공격적으로 구걸하는 노숙자들이라면 공격적인 구걸을 예방하거나 시민으로 하여금 노숙자에게 돈을 주지 못하도록 하는 프로그램이 개발되어야 한다.

VI. 조례집행팀의 설치

지역 사회통제 프로그램을 실시하는 한 방법은 조례집행팀(code enforcement team)을 설치하는 것이다. Florida주 Fort Lauderdale시는 질서유지 이슈를 다루기 위하여 경찰, 소방, 건물, 지역의 담당부서 구성원으로 구성된 조례집행팀을 신설하였다(Donsi, 1992: 24-25). 이것은 다양한 방법으로 질서유지 이슈를 공격적으로 다루는 것이 사회통제 의식을 회복할 수 있다는 좋은 예이다.

참고문헌

Brown, Lee P. & Wycoff, Mary Ann. (1987). "Policing Houston: Reducing Fear and Improving Service," *Crime and Delinquency*, Beverly Hills: Sage Publications, Inc.

Donsi, Joseph M. (1992). "Police Practices: Ft. Lauderdale's Code Enforcement Team," *FBI Law Enforcement Bulletin*, March.

Greene, Jack R. & Taylor, Ralph B. (1988). "Community-Based Policing and Foot Patrol: Issues of Theory and Evaluation," in Jack R. Greene & Stephen D. Mastrofski (eds.), *Community Policing: Rhetoric or Reality*, New York: Praeger Publishers.

Kelling, George. (1987). *Foot Patrol, Washington*, D.C.: The National Institute of Justice.

Siegel, Jeff. (1995). "The East Dallas Police Storefront," *Law and Order*, May.

Skogan, Wesley G. (1994). "The Impact of Community Policing on Neighborhood Residents," in Dennis P. Rosenbaum (ed.), *The Challenge of Community Policing: Testing the Promises*, Thousand Oaks, CA: SAGE Publications Inc., 1994.

The Police Foundation. (1981). *The Newark Foot Patrol Experiment*, Washington, DC: The Police Foundation.

Trojanowicz, Robert C. (1986). "Evaluating a Neighborhood Foot Patrol Program: The Flint Michigan Project," in Dennis P. Rosenbaum (ed.), *Community Crime Prevention: Does it Work?*, Beverly Hills: Sage Publications.

Wilson, James Q. & Kelling, George L. (1982). "Broken Windows: The Police and Neighborhood Safety," *The Atlantic Monthly*, March.

Wilson, James Q. & Kelling, George L. (1989). "Making Neighborhoods Safe," *The Atlantic Monthly*, 263(2): 46-52.

제 6 장

문제 지향적 경찰활동

지역사회 내 문제를 성공적으로 분석하는 적절한 절차를 개발하기 위해 문제분석(problem analysis)이 경찰관서에서 행해질 필요가 있다. 지역사회 내 대학과 파트너십을 구축하는 것은 경찰조직을 위해서 윈-윈 해결책인 것으로 증명될 수 있다. 문제를 야기하는 근본적인 사실을 이해함으로써 가장 현실적인 해결방안이 개발될 수 있기 때문이다(Boba, 2003: 2).

제1절 문제 지향적 경찰활동의 개념 및 기본원리

I. 사건 지향적 경찰활동의 개념 및 특성

1. 사건 지향적 경찰활동의 개념

에크(J. E. Eck)와 스펠만(W. Spelman)(1988)은 전통적인 사후 대응적 접근방법을 설명하기 위해 '사건 지향적 경찰활동'(Incident-Driven Policing: IDP)이란 용어를 만들었는데, 이들은 사후 대응적 접근방법에 대하여 다음과 같은 비평을 하였다. "사후 대응적 접근방법에서 경찰업무는 단순히 출동요청에 대응하는 것이다. 경찰관이 출동요청에 대응하지 않을 때에는 일상 예방순찰을 하도록 요구 받는다. 경찰관은 범죄 또는 무질서 문제를 해결하기 위한 예방활동을 하지 않는다."

2. 사건 지향적 경찰활동의 특성

사건 지향적 경찰활동의 구체적인 특성은 다음과 같다.

[그림 6-1] 사건 지향적 경찰활동 모형

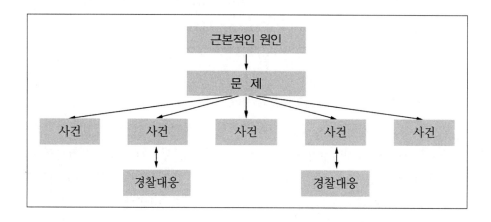

첫째, 사건 지향적 경찰활동은 사후 대응적이다. [그림 6-1]과 같이 지역 사회의 각종 문제를 사전에 예방하기보다는 문제 발생 시 신속하게 현장에 출동하여 범인을 검거하는 데 중점을 둔다.

둘째, 사건 지향적 경찰활동에서 순찰경찰관과 형사는 기본적으로 피해자, 목격자, 용의자를 통해서 제한적으로 정보를 수집한다. 정보수집의 목표는 용의자를 확인하고 체포함으로써 사건을 해결하는 것이다.

셋째, 법집행의 위협은 사건 지향적 경찰활동의 주요한 수단이다. 따라서 엄격한 처벌을 함으로써 각종 문제를 야기하지 못하게 한다.

넷째, 사건 지향적 경찰활동은 광범위한 지역에서 수집된 통계자료에 의해서 측정된다. 이러한 통계자료에는 범죄통계, 사건해결률, 범인체포율, 음주운전 비율, 기타 통계가 포함된다.

3. 사건 지향적 경찰활동의 문제점

사건 지향적 경찰활동(IDP)은 몇 가지 바람직하지 못한 결과를 가져왔다. 일반적으로 순찰경찰관이 대응하는 각종 신고는 어떤 성과를 가져오지 못하면서 근무시간 중 많은 부분을 차지했다. 그 결과 똑같은 신고를 반복해서 처리하는 순찰경찰관은 수동적으로 대응했으며 시민들도 경찰관이 유사한 많은 신고에 대응했을지라도 어떤 성과를 못 보았기 때문에 경찰에 대해 실망하게 된다(Eck & Spelman, 1988: 2).

사건 지향적 경찰활동을 통해서도 범죄가 어느 정도 해결될 수 있고, 피해자가 보호되고, 중범죄자가 체포되며, 시민의 도움을 받을 수 있다. 그러나 사건 지향적 경찰활동 모델은 시간을 낭비하고 실질적인 결과를 가져오지 못한다. 유사한 출동요청의 반복은 사건 지향적 경찰관서가 문제의 근본적 해결을 위해 거의 어떤 것도 하지 못한다는 것을 보여준다.

II. 문제 지향적 경찰활동의 등장

1. 새로운 경찰활동 모델의 필요

전문적 경찰활동의 주된 목적은 주민의 출동요청에 신속히 대응할 수 있도록 경찰관을 배치하고, 사건 발생 시 빠르게 현장에 도착하여 진압하는 것이었다. 그러나 순찰경찰관과 형사는 유사한 사건·사고에 대응하는 데 많은 시간을 소비하였음에도 불구하고 사건·사고는 줄어들지 않고 계속해서 발생하였기 때문에 새로운 경찰활동 모델이 필요로 되었다.

2. 골드스타인의 연구

몇십 년 동안 경찰활동을 발전시키기 위한 시도는 더 나은 경찰관을 모집하고, 장비를 현대화하는 것과 같은 행정적인 개선에 주로 초점을 맞추고 있었다. 문제 지향적 경찰활동(Problem-oriented Policing: POP)은 전문적 경찰활동(또는 사건 지향적 경찰활동)에 대한 불만족으로 인해 1970년대 후반에 처음으로 등장하였다.

Wisconsin-Madison 대학교의 법과대학 교수였던 골드스타인(Herman Goldstein)은 1970년대 중반에 다양한 범죄유형에 대한 경찰대응을 연구하여, 경찰대응을 향상시킬 수 있는 대안을 개발하였다. 골드스타인은 1979년에 발표한 논문인 'Improving policing: A problem-oriented approach'를 통해서 문제 지향적 경찰활동 개념의 토대를 제시하였다. '문제 지향적 경찰활동'이라는 새로운 개념이 구체화됨에 따라 윌슨(James. Q. Wilson)과 켈링(George L.

Kelling)은 1982년에 'Broken Window: The Police and Neighborhood Safety' 라는 논문을 발표하였으며, 그 후 문제 지향적 경찰활동의 개념이 더욱 명확해지게 되었다.

3. 20년 간 연구의 결과

미국에서 20년 동안의 연구결과는 경찰서비스를 전달하는 새로운 접근법을 제안하고 있는데, 그것이 바로 문제 지향적 경찰활동(POP)인 것이다. 그 동안의 연구는 다음과 같이 3가지로 요약될 수 있다.

(1) 순찰과 수사를 행함에 있어서 시간을 낭비하게 하는 각종 사건의 근본적인 원인을 해결하여 효과성을 향상시켜야 한다.
(2) 문제를 주의 깊게 연구하고 혁신적인 해결방법을 개발하여 일선 경찰관의 전문성과 창의성을 활용하여야 한다.
(3) 경찰이 시민의 니즈를 파악하고 있다는 것을 확인하기 위해서 시민과 친밀한 관계를 형성하여야 한다.

3. 문제 지향적 경찰활동 형성에의 영향

1) 골드스타인의 견해

미국 전역에서 수행된 문제 지향적 경찰활동은 골드스타인(1990: 14-15)이 정립한 개념에 따라 실행되었는데, 그는 문제 지향적 경찰활동의 형성에 중요한 영향을 미쳤던 5가지 요인을 제시하고 있다.

(1) 경찰은 관리, 내부적 절차, 문제에 대한 효과적 해결책에 대한 관심이 결여되어 있고 능률성만을 지나치게 강조하고 있다.
(2) 경찰은 시민의 출동요청에 사후적으로 대응하는 데 대부분의 근무 시간을 소비하고 있어서 지역사회 문제를 예방하고 감소시키기 위한 독창적 방안을 마련하는 데 너무 적은 시간과 노력을 투입하고 있다.
(3) 지역사회는 문제의 심각성을 감소시키는 데에 상당한 잠재능력을 갖고 있는 중요한 자원이다.

(4) 경찰기관 내에는 중요한 자원인 일선 경찰관이 있는데 그들의 시간과 능력을 효과적으로 이용하지 못하고 있다.

(5) 경찰활동을 향상시키기 위한 노력은 경찰조직의 전반적인 역학관계와 복잡성을 고려하지 못해서 실패했다. 변화를 용이하게 하고 지원하기 위하여 경찰활동과 경찰구조를 조정하여야 한다.

2) 에크와 스펠만의 견해

Newport News시에 대한 국가사법연구소(NIJ)의 연구를 검토한 결과 에크 (Eck)와 스펠만(Spelman)(1987)은 문제 지향적 경찰활동의 형성 및 실행에 기 여한 5개의 경찰연구분야를 다음과 같이 제시하였다.

(1) '효과성 연구'는 예방순찰, 출동시간, 경찰이 얼마나 효과적인가라는 문제에 대한 조사를 포함하고 있다.

(2) '지역사회 연구'는 경찰활동의 유형과, 경찰-지역사회 관계를 활성화 했던 경찰과 지역사회 사이의 의사소통의 결과였다.

(3) '지역사회 문제'는 경찰이 신고된 출동요청의 유형을 얼마나 잘 다루 는가를 발견하고자 하는 시도에서 1970년대 동안 주로 골드스타인이 연구하던 영역이었다.

(4) '경찰재량 문제'는 다양한 민원 및 문제를 다룰 때 경찰관이 부여 받 은 광범위한 재량을 어떻게 행사하는가를 분석하였다.

(5) '관리 문제'는 문제 지향적 경찰활동의 발전을 위한 자극제로서 지난 수십 년 동안 변화되어 왔다.

III. 문제 지향적 경찰활동의 개념 및 특성

1. 문제의 개념

문제 지향적 경찰활동(POP)은 경찰관서의 모든 구성원이 사전 예방적인 문제해결에 노력하도록 하는 경찰활동에 대한 하나의 접근방법이다. 문제 지 향적 경찰활동의 주요 생각은 지역사회에 대한 경찰의 책임과 지역사회의 관 심사에 중점을 둘 뿐만 아니라 문제해결 과정에서 완전한 지역사회 참여를 강조하고 있다.

문제 지향적 경찰활동에서 '문제'란 지역사회에 부정적 효과를 주는 것으로서, 지역사회 구성원에게 해를 끼치며 무질서의 원인이 되는 모든 것을 의미한다. 또한 문제는 지역사회의 큰 관심사로 여겨져서 어떤 조치가 없이는 제거될 수 없는 것을 말한다. 문제란 성격상 유사하고(위치, 피의자, 목표대상, 범죄수법 등과 같은 요소), 해로움을 야기할 수 있고, 일반 주민이 경찰이 어떤 행위를 할 것으로 기대하고 있는 2개 또는 그 이상의 사건이라고 볼 수 있다. 골드스타인은 문제 지향적 경찰활동과 관련된 '문제'는 다음과 같은 3가지 요소로 구성되어 있다고 한다.

    (1) 단일 사건보다는 일련의 유사하고, 관련되고, 계속 반복하여 발생하는 사건
    (2) 지역사회의 실질적인 관심사가 되는 것
    (3) 경찰업무와 관련된 것

2. 문제 지향적 경찰활동의 개념

문제 지향적 경찰활동은 특정한 문제를 제안하고, 그 문제를 분석하고, 대응방안을 결정하고, 대응 프로그램을 수행하고, 그 후에 그 결과를 평가한다(Oliver, 2001: 108). 본질적으로, 경찰기관은 출동요청에 대응하고, 보고서를 작성하고, 체포를 행하고, 기소를 위한 증거를 수집하는 것만으로는 충분하지 못하고, 더욱 사전적일(proactive) 필요가 있다. 경찰관은 문제가 발생하기 전에 문제 상황을 확인하고, 그 문제에 대한 잠정적인 해결방안을 제안하도록 노력해야 한다.

이러한 해결방안은 순찰 및 체포와 같은 전통적인 경찰활동과 관련이 있을 수 있고 새로운 법집행적 대응을 찾는 것일 수도 있다. 각각의 상황은 과거에 또는 다른 지역에서 볼 수 없었던 문제를 야기할 수 있다. 그러므로 그 해결책은 문제를 해결하는데 적절한 것이 되어야 한다. 근본적인 문제를 해결하는 것은 나중에 있을 수 있는 강제적인 경찰활동의 필요성을 감소시킬 수도 있다.

[그림 6-2] 문제 지향적 경찰활동 모델

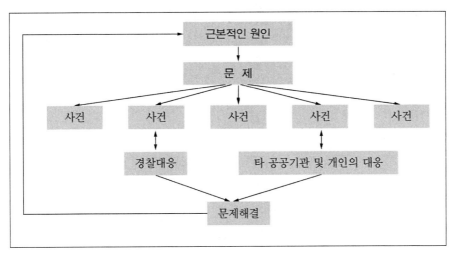

문제 지향적 경찰활동에서 경찰은 [그림 6-2]에서 보는 것과 같이 범죄와 출동 요청에 개별적으로 대응하는 것을 넘어서서 그 문제를 일으킨 근본적인 원인을 찾으려고 노력한다. 문제의 근본적인 원인을 파악하기 위해서 경찰은 다양한 정보의 근원들로부터 정보를 수집한다. 문제의 해결방안을 개발하고 실행하려면 경찰은 도움을 받을 수 있는 다른 공공기관과 민간기관 혹은 개인의 목록을 작성해 두어야 한다.

문제 지향적 경찰활동은 계속적·반복적으로 발생하는 지역사회 문제를 해결하는 데 목적을 둔 경찰관서 전체에 걸친 전략으로서, 문제 지향적 경찰활동을 추구하는 경찰은 사건·사고를 발생시키는 내재적인 환경을 규명·분석하고 대응해야 한다. 문제 지향적 경찰활동의 목표는 전통적 경찰활동을 통해서는 해결할 수 없는 특정한 문제를 해결하는 데 경찰과 지역사회가 함께 노력하도록 하고, 특정한 문제 및 상황에 대한 적절한 대응방안을 개발함으로써 문제해결에 대한 특별한 관심을 이끌어 내는 것이다.

3. 문제 지향적 경찰활동의 특성

골드스타인은 문제 지향적 경찰활동의 특성으로서 다음과 같이 8가지를 제시하고 있다.

(1) 경찰활동은 단지 범죄뿐만 아니라 폭넓은 문제를 다룬다.

(2) 문제들은 상호 연관되어 있고, 이런 문제들의 우선순위는 전통적인 방법으로 매겨지는 것이 아니라 반드시 재평가되어야 한다.

(3) 각각의 문제는 동일한 대응방안이 아니라 각각의 문제를 위한 적합한 대응방안을 요구한다.

(4) 형법의 사용은 유일한 수단이 아니라 문제에 대응하는 한 가지 수단일 뿐이다.

(5) 경찰은 이미 발생한 사건에 대해 사후적으로 대응할 때보다는 문제를 예방하기 위해서 활동할 때 더 많은 것을 성취할 수 있다.

(6) 문제에 대한 효과적인 대응방안을 마련하는 것은 단순히 전통적인 관행을 따르는 것보다 사전적인 분석을 요구한다.

(7) 경찰이 그동안 보여주었고 사람이 믿고 있는 능력에 대한 이미지에도 불구하고 경찰의 능력은 극히 제한되어 있다.

(8) 경찰의 역할은 지역사회가 지역사회의 기준을 유지할 수 있도록 장려하는 것이기 때문에 종합적인 책임을 질 수 있는 기관이라기보다는 촉진자의 역할에 더 가깝다.

문제 지향적 경찰활동은 완전히 새로운 것이 아니다. 다만 문제해결기술을 일상적으로 활용한다는 측면에서 문제 지향적 경찰활동은 새로운 것이다. 그것은 2가지 전제에 기초를 두고 있다. 첫째, 문제해결은 일상적 경찰업무의 일부로서 경찰관서 전체에 걸쳐 경찰관에 의해서 활용될 수 있다. 그러나 과거의 문제해결 노력은 특별한 프로젝트나 부서에만 제한되어 왔다. 둘째, 일상적 문제해결 노력은 문제를 감소시키거나 해결하는 데 효과적일 수 있다.

대부분의 지역사회 경찰활동의 주장자들은 지역사회 경찰활동을 설명할 때에 특정 문제를 분석하고, 범죄 및 일탈의 근본 원인을 분석하기 위해 지역사회 구성원과 함께 노력하는 것을 요구하는 새로운 경찰활동의 접근법이라고 설명하였다. 그러나 문제 지향적 경찰활동과 지역사회 경찰활동의 기본적인 생각은 같지만 양자가 똑같은 것은 아니다. 양자의 중요한 차이점은 문제 지향적 경찰활동은 필연적으로 시민이나 다른 기관에 의존하는 것은 아니라는 점이다.

IV. 문제해결의 기본원리

1. 국가사법연구소의 기본원리

국가사법연구소(NIJ)는 문제해결 체계가 다음의 5가지 원리를 따라야 한다고 요구하였다.

(1) 모든 계급 및 부서의 경찰관은 일상업무의 일부로서 문제해결 체계를 이용할 수 있어야 한다.
(2) 문제해결 체계는 전통적인 경찰자료뿐만 아니라 광범위한 정보를 활용할 수 있어야 한다.
(3) 문제해결 체계는 형사사법과정을 통해서 뿐만 아니라 광범위한 문제해결방안을 고려해야 한다.
(4) 문제해결 체계는 추가적인 자원이나 특별부서를 요구해서는 안 된다.
(5) 어떤 대규모 경찰관서도 문제해결 체계를 활용할 수 있어야 한다.

2. 에크와 스펠만의 원리

1) 문제해결의 5가지 방법

에크(Eck)와 스펠만(Spelman)(1987: 6)에 의하면 문제를 해결하는 방법에는 다음과 같은 5가지가 있다.

(1) 문제는 완전히 제거함으로써 해결될 수 있다.
(2) 문제는 파생되는 사건의 수를 줄임으로써 해결될 수 있다.
(3) 문제는 사건의 심각성을 감소시킴으로써 해결될 수 있다.
(4) 문제는 사건을 더 잘 해결하기 위한 방법을 고안함으로써 해결될 수 있다.
(5) 문제는 경찰의 고려대상으로부터 문제를 제거함으로써 해결될 수 있다.

2) 문제해결과정 발전을 위한 5가지 원리

에크와 스펠만은 문제해결과정의 발전을 위한 5가지 원리를 제시하였다.
(1) 문제의 확인·연구·해결에서 모든 구성원, 즉 모든 계급과 부서, 정규

경찰관과 비정규 경찰관을 포함해야 한다.

(2) 문제의 원인과 결과를 이해하기 위해서 경찰 내부기록과 경찰관의 지식에서부터 정부기관, 개인, 민간기관에 이르기까지 다양한 자료를 이용해야 한다.

(3) 경찰기관이 문제에 대해 다양하고 효과적이고 오래 지속되는 해결책을 찾기 위해, 공공기관 및 민간기관의 구성원과 함께 노력하는 것을 장려해야 한다.

(4) 문제해결은 특별 부서를 만들거나 추가 자원을 요구하지 않고서도 경찰 의사결정에서 빠뜨릴 수 없는 중요한 부분이 될 수 있어야 한다.

(5) 다른 법집행기관에서도 적용될 수 있어야 한다.

제2절 문제해결 모델

Ⅰ. SARA 문제해결 모델

1. SARA 문제해결 모델의 개념

1983년 신임경찰서장의 지휘 아래에서 Newport News 경찰서는 경찰활동에 대한 문제 지향적 접근법을 개발하였다. 그 목표는 경찰활동의 전통적이고 사건 지향적인 측면을 재평가하고, Newport News 경찰서가 그 임무를 바라보는 방법을 근본적으로 변화시키는 것이었다.

문제 지향적 경찰활동에 있어서 Virginia주 Newport News 실험은 경찰관이 일상 경찰활동에 대해서 문제해결 기술을 적용할 수 있고, 그러한 것을 통해서 경찰관, 시민, 다른 기관 사이의 협력을 증진시킬 수 있다는 것을 보여주었다. 그 결과에서 나온 자기분석(self-analysis)은 SARA 모델이라고 불리는 4단계 문제해결 방법을 개발하였고, 일상적 경찰운용의 필수적인 부분이 되었다. 조사·분석·대응·평가의 SARA 모델은 [그림 6-3]과 같이 반복적·순환적으로 행해진다.

[그림 6-3] SARA 모델

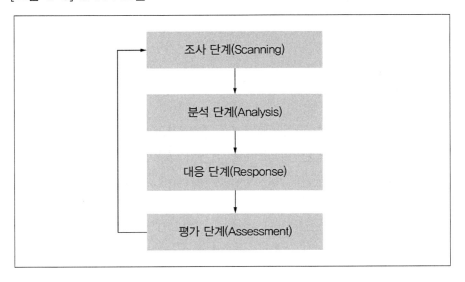

2. 조사 단계

1) 조사의 개념

조사(scanning) 단계는 노상 강도, 주거침입 절도, 차량 절도 등과 같은 광범위한 법률적 개념에 의존하는 대신에 경찰관이 '문제'(problem)라고 인식되어 관심사항이 되는 사건을 분류하고, 더 정확하고 유용한 용어를 사용하여 문제를 파악하는 것을 의미한다.

2) 조사의 방법

문제를 확인할 때에는 계속 반복하여 발생하는 문제를 선택하고, 그것과 관련된 문제를 확인하는 것이 중요하다. 그러한 문제는 특정 장소에서 경찰이 반복된 출동을 하도록 만드는 것일 수도 있다. 문제는 지역사회의 실질적인 관심사가 되는 것이어야 하므로 문제를 확인하는 주체는 지역사회가 되어야 한다. 일선 경찰관은 지역 주민과 가장 밀접하게 활동하고, 지역사회의 문제를 정확하게 인식하고 있으므로 일선 경찰관의 역할이 강조되어야 한다. 다만 모든 문제를 동시에 해결하는 것은 불가능하므로 지역사회, 경찰관리자, 일선 경찰관은 일정한 기준에 의거하여 지역 문제의 우선순위를 결정하여야 한다.

3. 분석 단계

1) 분석의 개념

분석(analysis) 단계는 지역사회의 실질적인 문제가 확인된 이후에 그 문제의 원인을 분석하는 것이다. 문제의 단순한 증상보다는 문제의 실질적인 원인을 파악하여야 한다. 지역 주민과의 대화, 관할구역 경찰관에 대한 조사, 문제에 대한 연구 등을 통하여 문제의 원인이 확인된다면 문제에 대한 체계적인 분석이 가능할 것이다. 위와 같은 절차가 수행되지 않는다면 문제 지향적 경찰활동은 실패할 것이고 문제의 원인보다는 단지 결과만이 알려질 것이다. 자료의 수집과 분석은 문제확인과 대응전략 개발을 위한 기초를 제공한다.

2) 분석의 방법

조사된 문제를 효과적으로 다루려는 경찰관은 범죄자 기록과 과거의 범죄보고서와 같은 전통적인 경찰자료뿐만 아니라 다양한 공적·사적 근원으로부터 정보를 수집·분석해야 한다. 경찰관은 범죄자, 피해자, 사회적·물리적 환경, 그 문제에 대한 과거의 대응방안을 조사하도록 지시하는 <표 6-1>의 문제분석 가이드를 참고하여야 한다. 핵심 정보의 일부는 경찰자료, 일선 경찰관, 피해자, 더 큰 규모의 지역사회, 문제의 원인에 대한 직접 조사, 지역사회 내의 다른 기관 등으로부터 나올 수 있다(Goldstein, 1990: 85-88).

분석단계의 목표는 문제의 범위·성격·원인을 이해하는 것이다. 마치 살인사건을 수사하는 것과 같이 경찰은 모든 증거와 사실을 수집·분석하여야 한다. 경찰과 지역사회가 지역 내의 문제를 확인·분석하는 데 함께 참여해야 한다. 동시에 그 문제에 대한 경찰의 대응도 확인되고 비판되어야 한다.

3) 문제분석 3각형

문제를 분석하기 위해서 이용될 수 있는 한 도구는 '문제분석 3각형'

[그림 6-4] 문제분석 3각형

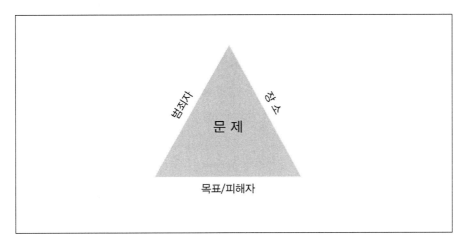

자료: Department of Justice & Bureau of Justice Assistance, 1993: 3.

(problem-analysis triangle)이다. 이것은 [그림 6-4]와 같이 경찰관으로 하여금 문제를 시각화하고 3요소 사이의 관계를 이해하도록 돕는다.

또한 문제분석 3각형은 어떤 요소가 더 많은 정보를 필요로 하는지를 제안 하고 범죄통제 및 예방을 돕는다. 반복해서 발생하는 문제의 패턴(pattern)에서 3 요소를 볼 수 있다면, 이러한 3요소 중 하나를 제거하는 것은 앞으로 발생할 문 제를 예방할 수 있다(Eck, 1992).

4) 문제분석 가이드

문제해결과정 중 가장 중요한 것은 분석단계이다. 경찰관이 각종 문제 를 분석하는 것을 돕기 위해서 '문제분석 가이드'(problem analysis guide)가 개발되었다. 문제분석 가이드는 문제를 구성하고 있는 내용을 (1) 행위자, (2) 사건, (3) 대응의 3가지 요소로 나누고 있다. 문제분석 가이드는 <표 6-1>에서 보는 것과 같이 경찰관이 어떤 문제를 연구할 때 고려해야 하는 문제점의 점검표이다. 범죄분석 가이드는 범죄분석 모델을 보여주며, 그것 은 Virginia주 Newport News 경찰서의 문제 지향적 경찰활동에서 효과가 있었다.

〈표 6-1〉 문제분석 가이드

행위자(Actors)	사건(Incidents)	대응(Response)
〈피해자〉 • 생활방식 • 취해지 안전수단 • 피해 경력	〈사건의 순서〉 • 행동보다 앞서 오는 사건 • 사건 그 자체 • 범죄행동 뒤에 오는 사건	〈지역사회〉 • 문제에 의해 영향을 받은 이웃 도시 전체 • 도시 외부의 사람
〈범죄자〉 • 신원확인과 신체적 특징 설명 • 생활방식 • 교육 • 고용 경력 • 범죄 경력	〈신체적 접촉〉 • 시간 • 위치 • 접근통제 및 감시	〈기관〉 • 형사사법기관 • 다른 공공기관 • 대중 매체 • 상공인
〈제3자〉 • 개인자료 • 피해와의 관계	〈사회적 상황〉 • 목격자의 가능성과 그의 있음직한 행동 • 이웃에 대한 주민의 분명한 태도	〈심각성〉 • 시민의 인식 • 다른 사람에 대한 인식
	〈사건들의 직접적인 결과〉 • 피해자에 대한 손해 • 범죄자의 목표달성 • 법률적 문제점	

4. 대응 단계

분석단계에 의해 얻어진 지식은 해결방안을 개발·실행하기 위해 사용된다. 대응(response) 단계에서 경찰관은 시민, 사업가, 다른 경찰부서, 다른 공적·사적 조직, 행동 프로그램을 개발하도록 도와줄 수 있는 사람들에게 도움을 요청해야 한다. 경찰기관이 다른 지역단체 및 시 기관들과 함께 만든 해결책은 전통적인 경찰대응 이상으로 효과적일 수 있다. 문제의 해결방안은 문제에 대한 직접적인 대응방안이 되어야 하며, 단지 문제의 미봉책에 그쳐서는 안 된다. 일단 해결방안이 선택되면 경찰은 적절한 방법으로 대응하고 가능한 한 원래 계획에서 많은 변화를 주지 않도록 해야 한다.

5. 평가 단계

평가(assessment) 단계에서 경찰관은 대응 단계로 인해서 원래의 문제가 해결되었거나 경감되었는지를 평가한다. 기존의 대응을 변경하고, 더 많은 자료를 수집하고, 심지어 그 문제를 재정의하기 위해서 평가 결과를 활용하기도 한다. 추가적인 대응을 위해서 무엇이 필요한지를 결정할 뿐만 아니라, 대응의 성공 또는 실패를 결정하기 위하여 대응 프로그램이 평가되어야 한다. 평가단계에서도 경찰과 지역사회가 협력하여야 한다. 대응 프로그램의 평가는 실행 전·후의 분석, 조사, 경찰자료 분석을 통하여 행해질 수 있는데, 공정한 방법으로 평가되어야 한다.

문제 지향적 접근방법의 결과로 도심지역의 강도는 39%가 감소되었고, 아파트 밀집지역의 주거침입은 35%가 감소되었으며, 제조공장 외곽의 주차 차량 절도는 53%가 감소되었다(Robert & Kuykendall, 1993: 116). SARA 문제해결 모델을 좀 더 자세하게 표로 정리하면 <표 6-2>에서 보는 것과 같다.

〈표 6-2〉 SARA 문제해결 모델

조사단계의 요약	1단계 • 잠재적 문제의 리스트 2단계 • 문제의 확인 3단계 • 문제들의 우선순위화 4단계 • 특정문제의 설명 • 문제가 발생하는 장소 목록 • 가장 큰 어려움을 야기하고 있는 곳은?
분석을 위한 검토 및 준비	가설 • 당신이 이미 알고 있는 것으로부터 생각한다면 그 문제를 야기하고 있는 것은 무엇인가? • 일반적인 목표 진술 • 자료는 어떻게 수집되고 보고되는가? • 자료수집은 언제 시작할 것인가?

분석단계의 요약	**1단계** • 어떤 조건이나 사건들이 그 문제보다 먼저 발생하는가? • 어떤 조건이나 사건들이 그 문제와 함께 발생하는가? • 그 문제의 결과는 무엇인가? • 어떤 해로움이 그 문제로부터 발생하는가? **2단계** • 그 문제는 얼마나 자주 발생하는가? • 이것은 얼마나 오랫동안 문제가 되고 있는가? • 그 문제가 발생할 때 지속기간은 어느 정도인가?
	자료가 수집되었으므로, 당신은 분석을 계속해야 합니까, 또는 조사로 되돌아가거나 문제를 재정의해야 합니까?
분석단계의 요약	**3단계** • 임시적 목표를 정의한다. • 문제해결에서 지원이 될 수 있는 자원을 확인한다. • 그 문제를 다루기 위해서 무슨 절차, 정책, 규칙이 형성되었는가?
대응단계의 요약	**1단계** • 가능한 개입방안을 브레인스토밍한다. **2단계** • 실행 가능성을 고려하고 대안 중에서 선택한다. • 계속이 실행되기 전에 무엇이 행해질 필요가 있는가? • 누가 예비조치에 대해서 책임이 있는가? **3단계** • 계획을 수립하고, 누가 각각의 부분에 대해서 책임이 있는가를 정한다. • 이 계획은 목표의 전체 또는 부분을 성취할 것인가? • 이 계획이 성취할 특정목표를 진술한다. • 자료가 수집될 수 있는 방법은 무엇인가? **4단계** • 현실적으로, 그 계획을 실행할 때 가장 있음직한 문제는 무엇인가? • 그 계획이 올바르게 실행되지 않을 때 따라야 할 가능한 절차는 무엇인가?
	계획 실행
평가단계의 요약	**1단계** • 그 계획은 실행되었는가? • 대응단계에서 명시했던 목표는 무엇이었는가? • 그 목표는 달성되었는가?

• 당신은 그 목표가 달성되었는지 여부를 어떻게 아는가?

2단계
• 그 계획이 제거된다면 무엇이 발생할 것 같은가?
• 그 계획이 그대로 남아 있다면 무엇이 발생할 것 같은가?
• 그 계획의 효과성을 증가시키기 위한 새로운 전략을 확인한다.
• 앞으로 그 계획은 어떻게 모니터될 수 있는가?

3단계
• 실행 후 기획
• 계획 수정
• 사후 평가

자료: Police Executive Research Forum, SARA Problem Solving Model.

II. 문제해결의 6단계

경찰과 지역사회 사이의 협력은 문제 지향적 경찰활동에서 매우 중요하다. 문제가 해결될 수 있도록 친밀한 관계를 형성하고, 서로를 신뢰하고 상호 관심사를 발견하는 것은 시간이 걸릴 수 있다. 그러나 우리가 각종 문제해결 사례에서 배우는 것은 문제에 대한 장기적 해결방안으로서 '협력'이 필요하다는 것이다. 맥퍼슨(N. McPherson)(1995: 1-2)은 문제해결을 위한 6단계를 [그림 6-5]에서 보는 것과 같이 제시하고 있다.

[그림 6-5] 문제해결 6단계 모델

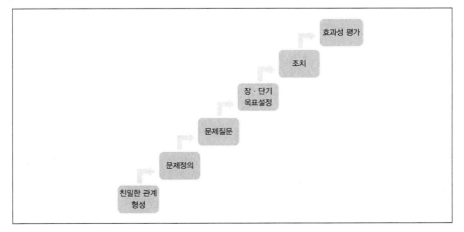

1. 친밀한 관계를 형성하라

친밀한 관계는 신뢰와 이해를 요구한다. 신뢰와 이해는 열린 마음, 편견이 없는 마음으로 상대방의 견해를 잘 들어줄 때 형성된다. 경찰은 지역 주민과 만날 수 있는 모임을 만들어서 지역 주민의 입장에서 문제를 듣고, 이해하려고 한다는 것을 설명해야 한다. 일단 지역 주민으로부터 각종 문제가 제시되면 지역 주민에게 그 문제를 해결하는 데 참여하도록 부탁해야 한다. 지역 주민이 기꺼이 동참하지 않는다면 지역사회의 관점에 대하여 더 잘 이해하려고 노력하는 경찰의 의지를 다시 한번 설명하여야 한다. 또한 경찰은 지역 주민을 돕기 위해서 할 수 있는 것은 무엇이든지 할 것이라는 것을 분명히 하여야 한다.

2. 문제를 정의하라

1) 관심의 영역과 영향력의 영역

코비(Stephen Covey)(2004)에 의하면 모든 문제는 2가지 영역 중 하나에 해당한다. 즉 관심(concern)의 영역은 우리가 걱정하거나 관심 있는 모든 것을 포함한다. 우리는 관심의 영역에 있는 문제에 대하여는 거의 통제할 수 없다. 반면에 영향력(influence)의 영역은 어떤 방법으로 우리가 통제하거나 영향을 미칠 수 있는 모든 것을 포함한다.

2) 영향력 영역에 속한 문제의 강조

지역 주민에게 관심 영역 또는 영향력 영역을 설명하고, 각종 문제가 관심 영역 또는 영향력 영역 중 어느 영역에 속해 있는지 여부를 확인하면서, 지역 주민과 함께 문제를 검토하여야 한다. 영향력 영역에 속하는 문제를 강조하고 우선순위를 매기기 위하여 지역 주민에게 질문할 필요가 있다. 최우선순위로 확인된 문제는 문제해결 노력을 하기 위한 출발점이 된다. 다른 기관이나 집단이 영향을 미칠 수 있는지 여부를 결정하기 위하여 관심 영역의 문제도 토의할 필요가 있다.

3. 문제에 대하여 질문하라

1) 문제에 의해서 영향을 받는 사람

문제를 분석하는 것은 "누가 그 문제에 의해서 영향을 받는가?"라는 질문과 함께 시작한다. 영향을 받는 모든 사람의 목록을 만들기 위하여 브레인스토밍 회의를 열어야 한다. 그 목록으로부터 누가 문제해결 노력에 포함되어야 하는지를 지역 주민이 결정하도록 하여야 한다.

2) 문제에 대하여 알고 싶은 사항

다음 질문은 "우리가 이 문제에 대하여 무엇을 알기를 원하는가?"이다. 지역 주민이 알고 싶어 하는 모든 사항을 나열하라.

3) 정보를 얻을 수 있는 근원

문제에 대하여 알고 싶은 목록과 관련하여 "우리는 어디에서 그러한 정보를 얻을 수 있는가?"를 질문하라. 일단 경찰이 그 정보의 근원을 확인할 수 있다면 지역 주민이 그 질문에 대한 답에 스스로 도달하도록 할 수 있다.

4) 정보수집 책임의 배분

정보를 수집하는 책임은 많은 사람에게 배분되어야 한다. 많은 사람이 그 과정에서 책임을 맡고 있다면 그들 간의 상호관계는 훨씬 더 향상될 것이다. 특히 다음 모임의 날짜와 시간을 정한다면 지역 주민은 경찰이 문제 해결과정에 전념하고 있다고 생각할 것이다.

5) 문제의 재정의

대부분의 질문에 대한 답을 얻었다면 수집된 정보에 기초하여 그 문제를 재정의하라. 그 문제가 너무 광범위하게 정의되면 관심·영향력의 관점에서 다시 조사하도록 하라. 그 문제가 제대로 정의되면 그 문제는 집단의 영향력 내에 들어온 것이며 목표를 설정할 때가 된 것이다.

4. 단기적·장기적 목표를 설정하라

지역 주민에게 먼저 단기적 목표를 설정하도록 하여야 하고, 그 후에 장기적 목표를 설정할 필요가 있다. 그 문제의 어떤 조건 또는 근본 원인이 분석될 필요가 있는지, 그리고 그 문제를 제거하는 것이 필요한지를 결정하여야 한다.

5. 조치를 취하라

목표를 달성하기 위한 대안을 마련하는 데 시간이 많이 걸릴 것이다. 옳은 질문이 행해지고 지역 주민이 그 질문을 제대로 이해한다면 문제에 대한 대응방안은 분명하게 된다. 필요한 조치를 취하고 정규적으로 보고서를 제출하여야 한다. 계속된 의사소통은 경찰과 지역 주민 간의 협력을 유지하는 데 매우 중요하다.

6. 효과성을 평가하라

문제가 해결된다면 지역 주민은 그 상황을 관찰할 단계에 있기를 원하고 또 다른 문제를 다루기 시작한다. 앞으로 무엇을 할 것인지를 결정하는 것은 경찰관이 아니라 지역 주민이다. 경찰관의 임무는 문제를 해결하고 계속된 의사소통을 함으로써 지역 주민과 함께 노력하고 있다는 것을 확실히 보여주는 것이다.

제3절 문제 지향적 경찰활동의 활성화 방안

Ⅰ. 일선 경찰관의 참여 확보

1. 사전적 범죄예방의 중요성 인식

대부분의 일선 경찰관은 문제 지향적 경찰활동을 수행할 시간적 여유를 갖고 있지 않다고 하는데, 이것은 반복된 사건·사고에 대한 계속적인 대응의 결과라고 생각된다. 일선 경찰관은 사건·사고의 사후적 대응보다는 사전적 예방활동을 적극적으로 수행하여야 한다.

2. 문제해결 노력의 일상화

지구대·파출소 소속 경찰관은 순찰 중에도 지역사회 문제를 확인하고 근본 원인의 해결방안을 모색하고, 동료 경찰관과도 수시로 논의할 수 있도록 해야 한다.

3. 문제해결 실적·능력의 근무성적평정에의 반영

경찰관리자는 일선 경찰관의 문제해결 실적·능력을 평정하여 근무성적평정에 반영하여야 한다. 미국 경찰기관 중 약 34%만이 문제해결에의 참여 및 성과에 기초해서 경찰관을 평가한다(Bureau of Justice Statistics, 2004).

4. 수사경찰관과 순찰경찰관의 협력

수사경찰관은 어떤 사건을 수사하는 과정에서 중요한 예방대책을 생각해 낼 수 있고, 순찰경찰관은 순찰 도중에 범죄수사에 필요한 정보를 획득할 수 있으므로, 이들이 상호 협력한다면 문제 지향적 경찰활동은 성공적으로 수행될 수 있을 것이다.

5. 문제해결팀의 구성

지역사회 문제해결을 위해서는 순찰경찰관, 수사경찰관, 지역 주민, 전문가로 구성된 문제해결팀을 구성하여야 한다. 문제해결팀에서 순찰경찰관과 수사경찰관은 핵심기능을 수행하여야 하며, 경찰업무를 수행하면서 습득한 전문적 지식·경험을 활용하여 문제해결을 위해서 지역 주민과 적극 협력하여야 한다.

Ⅱ. 지역 주민의 참여 확보

1. 경찰-주민 협력단체의 활성화

지역사회 차원에서 해결해야 할 문제가 확인되면 그 문제를 해결하기 위하여 경찰관과 지역 주민으로 구성되는 '경찰-주민 협력단체'를 구성하여야 한다. 경찰은 지역 주민이 지역사회의 문제해결에서 중심이라는 점을 명심하고, 지역 주민으로 하여금 지역 문제를 스스로 해결할 수 있도록 적극적으로 지원해야 한다.

2. 지역 주민의 의견수렴

문제 지향적 경찰활동이 성공적이기 위해서는 관련 정보 및 자료를 충분히 확보하여야 하는데, 그러한 정보 및 자료 중 핵심 내용은 주민으로부터 획득될 수 있으므로 경찰은 주민의 의견을 최대한 수렴할 수 있어야 한다. 경찰관이 먼저 주민들에게 다가가 적극적인 관심을 보인다면 많은 주민들도 문제 지향적 경찰활동에 동참하게 될 것이다.

Ⅲ. 관리방식의 변화

1. 참여적 관리방식의 활용

경찰관리자는 일선 경찰관 및 지역 주민을 의사결정 과정에 참여시키는 참여적 관리방식을 활용하고 SARA 모델의 모든 단계에도 일선 경찰관 및 지역 주민의 협력을 받을 필요가 있다.

2. 경찰관서에 대한 평가방법의 전환

경찰관리자는 범죄발생률, 범인검거율, 범칙금 발부건수 등을 갖고서 경찰관서 및 경찰관을 평가하기보다는 지역 주민의 치안만족도, 지역사회 문제

의 해결률, 지역 주민의 지역경찰 평가 등을 중요한 평가지표로 고려하여야
한다.

3. 지구대장·파출소장에게 상당한 재량권의 부여

주도적으로 지역사회 문제·원인을 정확하게 분석하고, 지역사회의 협력
을 이끌어 내고 지역사회 문제를 해결하기 위해서 지역경찰관리자인 지구대
장 및 파출소장은 상당한 재량권을 부여받아야 한다.

4. 경찰교육기관의 POP 교육 실시

경찰교육기관은 '문제 지향적 경찰활동(POP)의 이해'라는 교과목을 개설
하여 POP의 개념 및 필요성, SARA 모델의 실행방법 등을 교육하여야 한다.
문제 지향적 경찰활동을 교육함에 있어서 가능한 한 실제 사례 중심의 교육
을 실시하여, 교육 받는 경찰관들이 실무에서도 쉽게 적용할 수 있도록 하여
야 한다.

참고문헌

Boba, Rache. (2003). "What Is Problem Analysis?," *Problem Analysis in Policing: An Executive Summary 1*.

Bureau of Justice Statistics. (2004). *Law Enforcement Management and Administrative Statistics, 2000*, Washington, DC: Government Printing Office.

Covey, Stephen. (2004). *The 7 Habits of Highly Effective People*, New York, NY: Free Press.

Eck, John E. & Spelman, William. (1987). *Problem Solving: Problem-oriented Policing in Newport News*, Washington, D.C.: Police Executive Research Forum.

Eck, John E. & Spelman, W. (1988). *Problem Policing: Problem-oriented Policing in Newport News*, Washington, D.C.: National Institute of Justice.

Eck, John. (1992). *A Dissertation Prospectus for the Study of Characteristics of Drug Dealing Places*, College Park: University of Maryland, November.

Goldstein, Herman. (1990). *Problem-oriented Policing: A Systemic Approach to Policing*, Upper Saddle River, New Jersey: Prentice-Hall.

Mcpherson, Nancy. (1995). *Solution-Driven Partnership: Just Six Steps Away, Community Policing Exchange*, Washington, D.C.: Community Policing Consortium.

Oliver, Willard M. (2001). *Community-Oriented Policing: A Systemic Approach to Policing*, Upper Saddle River, New Jersey: Prentice Hall.

Robert, Roy R. & Kuykendall, Jack. (1993). *Police & Society*, Belmont, California: Wadsworth.

제 7 장

지역사회 경찰활동과
새로운 경향

　　지역사회 지향적 경찰활동(COP) 및 문제 지향적 경찰활동(POP)과 관련하여 경찰 지도자들은 정보 주도 경찰활동(ILP)의 도입을 주장하고 있다. 정보 주도 경찰활동 전략은 전문화된 부서 및 순찰경찰관 양자를 배치하기 위한 기초로서, 실시간 범죄분석 및 정보분석의 활용을 강조하고 있다. 경찰관서의 자원은 분석된 지 24시간도 안 된 자료에 기초해서 관할구역 내에 있는 심각한 위협 및 문제를 대상으로 배치될 수 있다.

제1절　정보 주도 경찰활동

Ⅰ. 정보 주도 경찰활동의 기원

1. 영국에서의 기원

　　정보 주도 경찰활동(intelligence-led policing: ILP)은 위험 평가(risk assessment)와 위험 관리(risk management)에 중점을 둔다. 이 접근법은 언제, 어디에서 범죄가 발생할 것 같은지를 예측하기 위하여 집단, 개인, 장소와 관련된 위기 또는 패턴을 확인하는 것과 관련된다(Cox, Mccamey, & Scaramella, 2004: 31).

　　정보 주도 경찰활동이 2001년 911 테러 공격 이후에 미국에서 더 발전되었을지라도 이 접근법은 1990년대 이전에 영국에서 시작하였다. 그 당시에 감사 위원회(Audit Commission)는 경찰서비스가 신고된 범죄(reported crime)보다는 범죄자(offender)에 중점을 두어야 한다고 권고하였다. 그 후 영국 정부는 경찰관서로 하여금 정보 주도 경찰활동을 촉진시키는 국가정보 모델(National

Intelligence Model: NIM)을 채택하도록 요구하는 법률을 통과시켰다.

2. 미국에서의 발전

테러리즘(terrorism) 및 국토안보(homeland security)에 대한 경찰의 관심은 정보 주도 경찰활동(ILP)의 개발을 가져 왔다. 정보 주도 경찰활동은 (1) 향상된 정보운용, (2) 지역사회 지향적 경찰활동, (3) 문제 지향적 경찰활동에 기초를 둔 협력적인 활동이다(Peterson, 2005). New York시와 국방부에 대한 911 공격과 테러리스트들에 의해 시도된 공격은 어떤 장소든 공격 받을 수 있다는 것을 보여준다.

특정 도시에 대한 공격 가능성이 낮을지라도 모든 관할구역은 그 가능성에 대해서 준비하여야 한다. 위협 평가(threat assessment)는 경찰관서가 잠재적 테러리스트와 의심스러운 활동을 확인하는 것을 의미한다. 경찰관서는 정보 주도 경찰활동을 통해서 정보 능력을 향상시키고 있다(Carter, 1980). 미국에서 정보 주도 경찰활동이 발생하도록 만든 4가지 중요한 요인은 다음과 같다 (Bureau of Justice Assistance, 2010).

(1) 2001년 9월 11일 이후에 유사한 공격이 다시 발생하지 않도록 예방하기 위하여 중요한 것을 해야 한다는 주·지방 경찰기관에 대한 강한 요구가 있었다.

(2) 경찰 지도자와 법무부의 Global Intelligence Working Group으로부터 지역사회를 보호하기 위하여 정보 주도 경찰활동을 실행하는 것이 필요하다는 일관된 메시지가 있었다.

(3) 2001년 9월 11일 이후에 경찰기관은 정보 주도 접근법을 활용함으로써 테러리즘뿐만 아니라 범죄와 싸우는 데에도 성공적이라는 것을 보았다.

(4) 정보 주도 경찰활동의 적용은 도시 지역에서 폭력범죄의 감소를 위한 효과적인 접근법이라고 믿어졌다.

이러한 정보 주도 경찰활동이 등장하게 된 배경은 다음과 같다. 첫째, 표준 경찰활동 모델의 비효과성과 문제 지향적 경찰활동의 실행상 어려움으로 인해 경찰관서는 그 대안을 찾게 되었다. 둘째, 추가 자원 및 직원을 활용할 기회가 제한되어 있으며, 경찰관서는 재정적 압박에 직면하고 있었다. 셋째, 정보 복구 및 정보 분석에서 더욱 복잡한 기술은 범죄에 대한 체계적 접근을 가져왔다(Ratcliffe & Guidetti, 2008: 111).

II. 정보 주도 경찰활동의 개념 및 특성

1. 정보의 개념

정보(intelligence)는 단순한 자료(data) 이상이다. 정보는 첩보(information)와도 관련이 있다. 자료는 사건에 대한 확인할 수 있는 객관적인 사실인 반면에, 자료를 이해 가능한 형태로 변형시킨 첩보는 맥락과 분석을 추가한 것이다(Clarke, 2006: 3-17). 자료와 첩보는 해석 및 평가되고, 범죄예방 및 감소 전략을 알려주는 수단으로서 사용될 때 비로소 '정보'가 된다. 정보는 경찰로 하여금 가장 큰 위해를 야기할 수 있는 사람 및 사건에 중점을 둔다.

Ratcliffe(2008)는 경찰이 정보를 활용할 때 다음과 같이 행하도록 조언한다. 첫째, 많은 중대한 범죄자들을 목표대상으로 한다. 둘째, 대부분의 범죄를 선별한다. 셋째, 정보원 및 감시의 활용을 증가시킨다. 넷째, 정보가 의사결정에 활용될 수 있도록 경찰관서가 정보를 확보하고 있어야 한다.

2. 정보 주도 경찰활동의 개념

정보 주도 경찰활동에 관한 많은 연구 문헌에도 불구하고 정보 주도 경찰활동에 대한 일관된 정의가 부족하다. 정보 주도 경찰활동은 새로운 경찰활동 패러다임이라는 견해(Schaibel & Sheffield, 2012), 한 형태의 개혁이라는 견해(Bullock, 2013), 경영 모델 및 관리상의 철학이라는 견해(Ratcliffe, 2011) 등이 있다. 정보 주도 경찰활동은 지역사회 경찰활동, 문제해결, 파트너십 위에 형성되고 모든 범죄 접근법을 받아들이는 광범위한 개념이다(Tilley, 2003).

또한 정보 주도 경찰활동에 대해서 "범죄와 범죄를 야기하는 조건과 관련된 첩보를 수집·분석하고, 위협에 대한 '전술적 대응'을 개발하거나 현재의 위협과 관련된 '전략적 기획'을 개발하는 데 있어서 법집행기관을 지원하기 위한 실행 가능한 정보 산출물을 생산하는 것"이라고 정의되기도 하고(Carter & Carter, 2009), "임무와 운용의 방향을 정보능력 및 분석능력과 일치시키는 조직 기능의 종합적인 조정"이라고 설명되기도 한다(Ratcliffe, 2008).

학자들이 일반적으로 동의하는 정보 주도 경찰활동의 특징이 있는데 그것은 (1) 기관 간 협력 및 파트너십을 통한 정보 공유, (2) 중대한 범죄자를 목표대상으로 하는 것, (3) 기관 의사결정가를 돕기 위한 분석 결과의 활용 증대 등이다(Capellan & Lewandowski, 2018: 17).

3. 정보 주도 경찰활동의 특성

1) 일종의 경찰활동 모델

정보 주도 경찰활동은 지속적이고 심각해지고 있는 문제 또는 위험의 확인·분석·관리에 중점을 두면서 범죄통제에 대한 전략적, 미래 지향적, 목표대상 지향적인 접근법이다(Brown, 2012: 144). 통제 순찰 및 포화 순찰과는 달리 정보 주도 경찰활동은 전술이 아니고, 범죄감소 전략도 아니며, 오히려 경찰활동 모델이다.

2) 정보조직화 과정

정보 주도 경찰활동은 경찰기관으로 하여금 범죄문제를 더 잘 이해하고 통제하도록 하기 위해서 설계되고, 집행전술 또는 예방전략을 결정하는 데 이용 가능한 자원을 활용하는 정보조직화 과정(information-organizing process) 이다(Ratcliffe & Guidetti, 2008: 111). 정보 주도 경찰활동의 기본적 아이디어는 간단하다. 즉 경찰활동은 첩보·정보를 기초로 해서 행해져야 한다는 것이다 (Fuentes, 2006).

순찰임무는 범죄 및 다른 문제에 관한 첩보에 기초해야 한다. 특별부서 (task force)는 범죄, 마약, 갱 활동에 관한 정보에 기초해서 배치되어야 한다. 가장 중요하게도, 이러한 배치는 가능한 한 최신의 첩보·정보에 기초해야 한다. 정보수집 및 분석이 효과적이라면 정보 주도 경찰활동은 경찰활동을 더욱 효과적으로 만들 수 있는 능력을 갖고 있다(Cordner & Scarborough, 2010: 439).

3) 경찰 정보수집능력의 향상

정보 주도 경찰활동은 본질적으로 경찰 정보수집능력을 향상시키는 것이다. 대부분의 주요한 경찰관서는 이미 마약거래, 조직범죄 등에 관한 정보수집능력을 지니고 있다. 정보 주도 경찰활동은 경찰관서가 가능한 테러리스트 및 목표대상에 관한 정보수집을 시작할 뿐만 아니라 정보수집 및 활용기술을 향상시켜야 한다고 주장한다(Gaines & Worrall, 2012: 417).

III. 정보 주도 경찰활동의 모델

1. 4단계 정보과정

정보과정은 다음과 같은 중요한 4가지 질문에 중점을 두어야 한다.
(1) 누가 위협을 가하는가?
(2) 가능한 행위자들 사이의 관계는 무엇인가?
(3) 위협의 수법은 무엇인가?
(4) 범죄자를 잡고, 사건을 예방하기 위해서 필요로 되는 것은 무엇인가?

이러한 질문들은 범죄수사와 정보과정의 가이드라인이 된다. 그것은 혐의자와 그들의 범죄나 잠재적 범죄를 확인하는 과정이다. 정보는 첩보 및 자료의 단순한 축적이 아니다. 본질적으로 정보과정은 다음과 같은 4단계로 구성된다.

1) 1단계: 다양한 근원들로부터 첩보 수집

첩보는 한 가지 근원이 아니라 다양한 근원들로부터 수집되어야 한다.

2) 2단계: 첩보의 조직화·분석

정보를 축적하기 위한 노력에서 첩보는 이용 가능한 형태로 조직화되고 분석되어야 한다.

3) 3단계: 정보·첩보의 배포

정보·첩보를 개발하는 것만으로는 충분하지 못하고 그것들을 활용할 수 있는 사람에게 제공되어야 한다.

4) 4단계: 정보·첩보의 활용

몇몇 경우에 경찰기관은 정보·첩보를 제공 받지만 그것을 활용하는 데 실패할 수 있다. 결국 정보는 전략적·전술적 운용에 통합되어야 한다. 이것은 정보가 수집되는 최우선 이유인 것이다.

2. 6단계 정보 사이클

1) 정보 사이클의 개념 및 목적

2003년에 발표되고 2005년 약간 개정된 National Criminal Intelligence Sharing Plan(NCISP)은 지역 경찰활동의 주요 변화를 위한 28개 특정 권고사항을 포함하고 있었다(NCISH, 2003, 2005). 그러나 그 계획의 주요 개념은 정보의 전략적 통합(strategical integration)인 정보 주도 경찰활동을 강조하였다. 과거의 서비스 요청에 반응하고 대응하기보다는 오히려 NCISP는 사실의 발견, 첩보, 패턴, 정보, 양질의 범죄분석으로부터 나온 예견적 분석(predictive analysis)에 대하여 훨씬 더 많은 강조를 두었다.

분석을 통해서 목표로 된 주요 범죄·문제·개인에 집중함으로써 범죄 문제를 경감하는 데 많은 관심이 있었다. 모든 개인들의 자유를 보호하기 위하여 정보 근원의 신뢰성(reliability)과 타당성(validity)을 검증하는 것을 목적으로 정보과정(intelligence process)이 개발되었다.

그 목적은 법집행과 국가안보 정보의 양자를 통합하는 보편적 과정을 개발하고, 개인의 자유를 확보하고, 법집행기관으로 하여금 범죄 및 테러리즘을 예방·억제하도록 하기 위한 적극적인 메커니즘을 제공하는 것이었다. FBI는 철저하고 체계적인 과정에서 논리적인 결론을 이끌어 내고 다양한 정보를 결합하기 위해서 '6단계 정보 사이클'을 제시하였다.

2) 6단계 정보 사이클

정보 사이클(Intelligence Cycle)은 정책결정가의 사용을 위해서 정제되지 않은 데이터를 세련된 정보로 개발하는 과정이다. 6단계 정보 사이클은 (1) 요구사항, (2) 기획 및 방향, (3) 수집, (4) 가공 및 개발, (5) 분석 및 생산, (6) 전파이다. 6단계는 유연하게 활용될 수 있으면 순환적 성격을 갖고 있다. 한 단계에서 확인된 정보는 다음 단계로 이동하기 전에 그 이전 단계로 돌아갈 것을 요구한다.

IV. 정보 주도 경찰활동의 사례

1. Operation Nine Connect

정보 주도 경찰활동에 관한 최근 사례는 Operation Nine Connect이다. 뉴저지 주경찰(New Jersey State Police)은 악명 높았던 Bloods 갱의 한 하부집단을 목표로 2008년에 갱 해체(crackdown)를 실시했다. 또한 갱 해체에 참여한 경찰관들은 8,000시간 이상의 전자감시, 2,300시간 이상의 물리적 감시, 1,200시간 이상의 도청 녹음, 대략 300시간의 비밀 정보원 개발·유지활동 등을 행하였다.

그 결과 초기에 60명의 조직원을 체포하고, 그 후에는 적어도 30명을 체포하였다. 정보 주도 경찰활동의 전면적인 채택은 (1) 효과적인 정보수집 시스템, (2) 정보분석을 위한 고도의 능력, (3) 자원배치 및 운용전술을 이끌어내기 위해서 일일 단위로 정보를 생산할 수 있는 명령 및 관리 시스템을 필요로 한다. 이것은 정보 주도 경찰활동이 범죄분석 및 문제분석과 정보분석의 완전한 통합을 필요로 한다는 것을 의미한다(Ratcliffe, 2007).

2. 정보 주도 경찰활동과 지역사회 및 국토안보 경찰활동

정보 주도 경찰활동은 지역사회 경찰활동 및 국토안보 경찰활동과 모순되지 않으며 상호 보충적이다. 차펠(Chappell)과 깁슨(Gibson)(2009)에 의하면 정보기반 경찰활동은 문제해결 경찰활동 및 지역사회 경찰활동과 같은 이전의 경찰활동 전략에 기초한 경찰활동 철학이다. 정보기반 경찰활동은 테러를 포함한 모든 유형의 범죄를 해결하기 위해서 첩보·정보의 수집·분석을 촉진한다. 반면에 국토안보 경찰활동(Homeland Security Policing)은 테러의 예방 및 대응에 중점을 둔 경찰활동 전략이다. 지역사회 경찰활동은 효과적인 수행을 위해서 경찰관서가 지역사회와 협력관계를 형성하도록 요구한다. 이것은 경찰로 하여금 문제를 더 잘 확인·대응하고 잠재적인 테러리스트 활동에 관한 정보를 효과적으로 수집할 수 있도록 한다.

제2절 예견적 경찰활동

Ⅰ. 예견적 경찰활동의 개념 및 분류

1. 예견적 경찰활동의 개념

1) 통계적 예측을 통한 사전적 접근법

현재 미국 법집행의 시대정신(zeitgeist)은 예견적 경찰활동(Predictive Policing)이다. 미국 경찰서장들은 예견적 경찰활동에 대한 통찰력을 갖추기 위한 교육 과정을 요구하고, 시장 후보자들은 예견적 경찰활동이 도시를 구할 것이라고 약속하고, 소프트웨어 회사들은 모든 광고 브로셔에 유사한 문구를 넣고 있다(Ratcliffe, 2014: 4). 정보 주도 경찰활동(ILP)과 유사한 예견적 경찰활동(Predictive Policing)은 더 적은 자원을 갖고 범죄예방 목표를 달성하기 위해서 정보 및 분석도구를 사용하는 범죄 및 무질서에 대한 사전적 접근법이다(Uchida, 2010). 예견적 경찰활동은 정보 주도 경찰활동(ILP)을 향상시킬 뿐만 아니라 문제 지향적 경찰활동(POP), 지역사회 지향적 경찰활동(COP), 증거기반 경찰활동(EBP)의 원리를 반영하고 있다(Pearsall, 2010: 16-19).

예견적 경찰활동은 통계적 예측(statistical prediction)을 통해서 경찰 개입을 위한 가능한 목표 대상을 확인하고, 범죄를 예방하거나 이미 발생한 범죄를 해결하기 위하여 분석 기술(analytical techniques), 특히 양적 기술을 적용한다

(Perry et al., 2013: xiii). 그러나 예견적 경찰활동이 법과학, 심리적 프로파일링, 대응적 수사 지원을 결합한다는 것을 고려한다면 예견적 경찰활동에 대한 이러한 정의는 너무 광범위하다.

장소 맥락에서 예견적 경찰활동은 범죄경향을 갖고 있는 지역 또는 범죄 다발 구역에 대하여 시·공간적 예측을 하기 위해서 과거의 데이터를 사용하는 것이다. 그것은 목표대상 장소 및 시간에 경찰관을 배치하는 것은 범죄활동을 억제하거나 탐지할 것이라는 기대를 갖게 하고, 경찰자원 분배 결정의 기초가 될 것이다. 예견적 경찰활동의 혁신적 측면은 경찰로 하여금 경험적으로 획득된 정보를 통해서 범죄를 예측하도록 허용한다는 것이다.

2) 예견적 분석

예견적 분석은 언제, 어디에서 향후 범죄가 매우 발생할 것 같은지, 누가 범죄자가 되고, 누가 잠재적 피해자가 될 것인지에 관하여 경찰이 예측하도록 도와 준다. 그러한 예측의 이면에 있는 기본적인 논리는 합리적 선택이론, 억제이론, 일상적 활동이론, 깨진 유리창 이론과 같은 범죄학 이론에 기초하여 범죄자 행위 및 범죄 패턴을 예측할 수 있다는 것이다. 그러나 예견적 분석은 경찰기관에게 범죄현상 자체를 설명해 주지는 않으며, 그것은 범죄와의 싸움 및 범죄예방에서 임시적 접근에 불과하고 다른 정책 전략과 함께 실행되어야 한다.

범죄 예측(crime forecasting)으로도 알려져 있는 예견적 경찰활동은 과거 범죄를 해결하고 미래 범죄를 선제적으로 예방함에 있어서 경찰을 도와주는 일련의 고급 기술이다. 그러한 기술의 활용을 통해서 경찰기관은 더 잘 배치된 자원을 갖고서 더욱 능률적으로 범죄를 통제할 수 있다. 현재의 예견적 경찰활동은 예견적 범죄지도 및 감시 카메라에서부터 컴퓨터 소프트웨어 및 인공 지능에 이르는 다양한 기술을 통합하고 있다.

2. 예견적 경찰활동의 분류

연구자들은 관련된 자료의 양 및 복잡성에 따라서 예견적 경찰활동 방법을 3가지로 분류하였다.

1) 범죄의 예견방법

이 방법은 증가된 범죄위험을 갖고 있는 장소 및 시간을 예측하기 위하여 사용된다.

2) 범죄자 정체성의 예견방법

이 기술은 특정한 과거 범죄를 갖고서 잠재적인 범죄자들과 일치하는 프로파일을 만들기 위해서 사용된다.

3) 범죄 피해자의 예견방법

범죄자, 범죄 장소, 높은 위험 시간에 중점을 두는 방법과 유사하게 이 접근법은 범죄 피해자가 될 것 같은 집단 또는 개인을 확인하기 위해서 사용된다.

3. 예견적 경찰활동의 요건

예견적 경찰활동은 경찰에게 2가지 옵션(전술적인 단기 대응과 전략적인 장기 대응)을 제공한다. 전술적인 단기 대응은 제한된 시간에 효과를 발휘하기에 어려울 것이다. 경찰이 예견적 경찰활동 전략을 이용할 수 있기 전에 경찰조직이 갖추어야 할 분석적·조직적 능력은 다음과 같다(Haberman & Ratcliffe, 2012: 162).

(1) 충분한 빈도를 갖고 범죄를 모니터하기에 충분할 정도의 적절한 감시 메커니즘(surveillance mechanism)

(2) 연쇄적인 사건을 신속하게 인식할 수 있고 관련 없는 범죄를 구분해 낼 수 있는 분석적 체계(analytical regime)

(3) 적절한 전술적 대응의 필요성을 확인할 수 있고 조정할 수 있는 의사결정 구조(decision-making framework)

(4) 변화하는 조건에 적응하고 새로운 전술을 실행하기 위한 운용상의 유연성(operational flexibility)

Ⅱ. 예견적 경찰활동의 특성

1. 신속한 대응과 사전적 정보기반활동

벡(Charlie Beck)과 맥큐(Colleen McCue)(2009)에 따르면 새로운 기술, 새로운 비즈니스 과정, 새로운 알고리즘과 함께 예견적 경찰활동은 통제 순찰, 정보기반 순찰, 사실기반 사전배치를 통한 신속한 대응, 사전적 정보기반 전술·전략·정책에 기초를 두고 있다.

2. 고급 분석기술의 활용

예견적 경찰활동의 중요한 요소 중 하나는 고급통계 및 인공지능을 통해서 자료·첩보를 평가·조사하는 고급분석기술을 활용하는 것이다. 즉 예견적 경찰활동은 앞으로의 범죄를 예상하고 대응하기 위해 데이터 수집, 범죄지도, 지리공간(geospatial) 예측과 같은 많은 기술 및 기법을 활용한다. 고급 분석기법은 폭력범죄를 예방하는 것부터 인력배치, 대응기획, 정책결정에 이르기까지 다양한 능력을 통해서 이용되었다.

3. 예견적 경찰활동 관련 소프트웨어

현재 많은 미국 경찰관서들은 다양한 예견적 경찰활동 기술을 활용하거나 실험하고 있다. 가장 널리 적용되고 있는 기술은 CompStat, PredPol, HunchLab, Strategic Subject List(SSL), Beware, Domain Awareness System(DAS), Palantir이다. 이러한 예견적 경찰활동 분석 시스템의 실현은 데이터 수집 및 통합 소프트웨어, 안면·차량 확인 및 추적 툴, 물리적 환경 및 디지털 세계에서 개인 행동을 계산하는 감시기술에 매우 의존한다.

PredPol과 같은 상업용 소프트웨어는 (1) 시간, (2) 장소, (3) 범죄유형이라는 3가지 지표 데이터에 중점을 두고 있지만, 네덜란드 경찰에 의해서 적용되고 있는 CAS는 중요한 200개 지표까지 사용할 수 있다. 특히 CAS는 $125m^2$를 위해서 다음 2주 동안 가장 발생 가능한 범죄에 대한 예측을 4시간

마다 제공한다(Liagre, 2017: 4).

III. 예견적 경찰활동의 실행방법

1. 예견적 경찰활동의 실행과정

예견적 경찰활동 과정은 (1) 데이터 수집, (2) 분석, (3) 경찰 운용, (4) 범죄 대응의 과정으로 구성되어 있는데(Perry et al., 2013), 이 과정은 문제 지향적 경찰활동 센터(Center for Problem-Oriented Policing)의 SARA(Scanning, Analysis, Response, and Assessment) 모델에 기초를 두고 있다.

앞의 두 단계는 예측하기 위해서 범죄, 사건, 범죄자 데이터를 수집하고 분석하는 것이다. 지역사회의 다양한 근원으로부터 나온 데이터는 데이터 융합(data fusion)을 요구한다. 이러한 데이터를 결합시키는 노력은 쉽지 않다. 뒤의 두 단계는 예측에 기초한 대응에 중점을 둔다. 경찰관은 예측을 사용하고 증거 기반 접근법(evidence-based approach)으로 대응한다.

몇몇 범죄자들은 변화된 환경에서 제거될 수 있지만, 여전히 활동하고 있는 범죄자들은 그들의 행동을 변경하거나 다른 장소를 이용할 수 있다. 그 결과 환경은 변경되고, 최초의 데이터는 쓸모가 없어지고, 새로운 데이터가 분석을 위해 수집될 필요가 있다.

2. 예견적 경찰활동의 분석기술

범죄위험을 예측하는 분석기술은 다음과 같은 4가지 등급으로 분류될 수 있다.

1) 고전적 통계 기술(classical statistical techniques)

이 등급은 회귀, 데이터 마이닝, 타임 시리즈 분석, 계절변동 조정(seasonality adjustments)과 같은 표준 통계 과정을 포함한다.

2) 단순한 방법(simple methods)

단순한 방법은 복잡한 계산 또는 많은 양의 데이터를 요구하지 않는다. 대부분의 발견적 해결방법(heuristic methods)은 단순한 방법이며, 대량의 데이터 분석보다는 체크리스트에 더 의존한다.

3) 복잡한 응용(complex applications)

이 응용방법은 새롭고 혁신적인 방법이나 복잡한 계산 도구 이외에 상당한 양의 데이터를 요구한다. 더 새로운 데이터 마이닝 방법과 인접 반복(near-repeat) 방법2)은 이러한 등급에 포함된다.

4) 맞춤형 방법(tailored methods)

현재의 기술은 예견적 경찰활동을 지원하기 위하여 조정된다. 예를 들면 고전적 통계 방법은 열 지도(heat maps)를 만들기 위해서 사용될 수 있는데, 그것은 어떤 주어진 장소에서 범죄활동의 심각성을 보여주는 색으로 구분된다.

IV. 예견적 경찰활동의 효과

예견적 경찰활동을 활용하여 경찰은 전년도에 수집된 정보에 기초해서 특정 저녁에 가장 발생할 것 같은 사건의 시간·위치·유형을 예견할 수 있었다. 대비 차원에서 경찰관들은 그 범죄를 예방 및 대응하기 위해서 예측된 장소에 배치되었다. 결과적으로 무작위 총기발사가 47% 감소하였고, 압류된 무기 건수에서도 의미 있는 증가가 있었다(Pearsall, 2010: 16-19). 예견적 경찰활동이 밝은 전망을 갖고 있을지라도 많은 의문을 야기한다. 주된 비판은 예견적 경찰활동은 정보 주도 경찰활동과 유사하므로 새로운 것(novelty)이 아니라는 것이다. 여전히 다른 사람들은 그 모델의 결과가 모호하고 불분명하다고 주장한다(Swanson, Territo, & Taylor, 2012: 70).

---

2) near-repeat method는 미래 범죄는 시간 및 장소에서 현재 범죄와 매우 가깝게 발생할 것이라는 가정에서 운용된다. 즉 최근에 더 높은 수준의 범죄를 보여주는 장소는 앞으로 더 높은 범죄를 보여 줄 것이다.

제3절 증거기반 경찰활동

Ⅰ. 증거기반 경찰활동의 개념 및 모델

1. 증거기반 경찰활동의 개념

셔먼(Sherman)(1998: 3-4)에 따르면 증거기반 경찰활동(Evidence-Based Policing: EBP)은 경찰활동 지침을 실행하고 경찰기관·경찰부서·경찰관을 평가하기 위해서 경찰활동 성과에 관한 최고의 연구결과를 활용하는 것이다. 증거기반 경찰활동은 경찰 정책, 경찰 실행, 경찰 의사결정에 관한 최고의 증거를 개발하고, 검토하고, 활용하기 위하여 경찰관 및 직원이 연구기관과 함께 활동하는 접근법이다. 또한 그것은 경찰활동의 기초로서 가설에 대한 체계적인 검사를 계속함으로써 비체계적인 경험을 체계화하려는 노력이다.

경찰관, 일선감독자, 지휘관이 법률, 적절한 절차, 방어적 보호에 관한 지식을 갖추고 있을 뿐만 아니라 순찰 또는 수사를 하는 동안에 좋은 의사결정을 내리기 위해서 무슨 전술 및 전략이 가장 효과적인지에 대한 많은 지식을 갖고 있어야 한다. 과거에 경찰 훈련은 주로 절차, 법률, 물리적 기술, 장비 사용에 집중되어 있었지만 경찰관은 범죄통제 및 범죄예방에서 "무엇이 효과 있는가?"에 대한 연구 결과를 제대로 배우지 못하였다.

2. 다른 경찰활동과의 차이점

증거기반 경찰활동은 특정사건 경찰활동, 지역사회 경찰활동, 문제 지향적 경찰활동과는 분명히 다르지만 이러한 경찰활동에 도움을 주고 있다.

1) 특정사건 경찰활동

특정사건 경찰활동(incident-specific policing) 또는 911 대응에 있어서 어떤 경찰관이 서비스 요청을 다루는 데 너무 많은 시간을 보낸다면 게으르다는 비판을 받을 수 있고, 감독 경찰관에 의해서 더 빨리 근무하도록 요구될 수 있다. 특정사건 경찰활동에서는 어느 누구도 향후 문제를 예방하기 위해서 최초의 대응이 얼마나 효과적이었는지를 확인하거나 반복 신고 비율을 분석하지 않는다.

그러나 증거기반 경찰활동은 평균 업무처리 시간 내에 끝내야 한다는 비합리적 요구를 하기보다는 각 서비스 요청에 투입된 시간을 정당화하기 위해서 경찰관의 '평균 성과'를 사용할 수 있다. 또한 증거기반 경찰활동은 각 서비스 요청의 처리 방법을 배우는 것을 강조할 수 있다.

2) 지역사회 경찰활동

지역사회 경찰활동은 범죄를 예방함에 있어서 효과적이라는 명확한 증거를 갖고 있지 않다. 지역사회 경찰활동은 만족스런 성과(outcome)보다는 오히려 일련의 산출(output)인 경찰활동을 행하는 방법에 관한 것이다. 지역사회와 함께 활동하고 지역 주민의 말을 경청하고 존중하는 것은 지역사회 경찰활동 패러다임의 매우 중요한 요소이다. 그러나 지역사회 경찰활동은 많은 경찰관들이 무시하기에 쉽다. 따라서 증거기반 경찰활동에서 개발된 '책임 시스템'(accountability system)을 추가하는 것은 경찰이 지역사회와 함께 활동할 때 경찰관을 훨씬 더 적극적으로 만들 수 있다.

3) 문제 지향적 경찰활동

문제 지향적 경찰활동은 증거기반 경찰활동의 근원이 된다. 문제 지향적 경찰활동에서는 SARA 모델뿐만 아니라 문제대응에 대한 '평가'(assessment)가 강조된다. 그러나 문제에 대응하기 위한 전략을 선택하거나 전략의 실행 및 결과를 분석함에 있어서 과학적 증거(scientific evidence)의 사용에 대한 명백한 설명은 없다.

문제 지향적 경찰활동 보고서는 통제된 테스트 또는 성과 연구에서 나온 '증거'를 거의 생산하지 못한다. 같은 문제를 다루기 위한 다양한 방법에 대한 비교는 거의 행해지지 않는다. 문제 지향적 경찰활동은 많은 경찰관서들로 하여금 그들의 목적에 관하여 생각하는 방법을 혁신화하도록 하고, 각 사건에 대한 좁은 집중에서 패턴·체계에 관한 더 넓은 집중으로 변화시켰다. 그러나 증거기반 경찰활동에서 도출된 관리책임에 관한 '평가'가 없다면 문제 지향적 경찰활동은 경찰활동의 가장자리에 남아 있을 것이다.

[그림 7-1] 증거기반 경찰활동의 피드백 고리

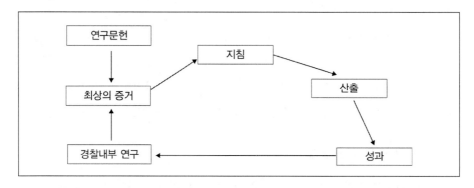

3. 증거기반 경찰활동의 모델

1) 기본적 연구와 지속적 성과 연구

증거기반 경찰활동은 매우 다른 2가지 유형의 연구에 관한 것이다. 즉 통제된 조건 아래에서 적절하게 실행될 때 무엇이 가장 효과 있는지에 관한 '기본적 연구'(basic research)와 기본적 연구를 경찰활동에 적용함으로써 각 부서가 실제로 성취하고 있는 결과에 관한 '지속적 성과 연구'(ongoing outcomes research)가 있다.

2) 연구문헌과 경찰내부 연구

위의 2가지 연구의 결합은 경찰활동이 어떻게 최고로 효과적일 수 있는지를 제안해 주는 연구문헌(literature)과 경찰내부 연구(in-house research)에서 시작하는 피드백 고리를 제공한다([그림 7-1]).

3) 지침 제정

최상의 증거(best evidence) 검토를 통해서 법률, 윤리, 지역사회 문화를 고려하는 지침(guideline)이 제정될 수 있다. 이러한 지침은 경찰이 따라야 할 산출(output) 또는 실행사항(practice)을 명시할 것이다.

4) 성과 평가

산출에 있어서 성공의 정도는 '리스크가 조정된 성과'(risk-adjusted outcome)

또는 합리적 기간 동안의 조사 결과에 의해서 평가될 수 있다. 이러한 성과는 다양한 방법에 의해서 정의될 것이다. 즉 거주자 1,000명당 범죄건수, 피해자 100명당 반복 피해 건수, 범죄자 100명당 반복 범죄 건수 등에 의해서 정의될 것이다.

5) 학술저널 출판 또는 기관 데이터 베이스 보관

"몇몇 부서들이 다른 부서들보다 더 좋은 성과를 내고 있다"는 관찰 결과는 성공 요인을 심층적으로 파악하기 위해서 사용될 수 있다. 그것은 지침을 개선하고 경찰기관의 성공 수준을 향상시키기 위해서 새로운 경찰내부 연구를 통해 확인될 수 있다. 그러한 연구는 학술 저널에 출판될 수도 있고 또는 적어도 성공률 및 실패율에 관한 자료로서 경찰기관 데이터베이스 내에 보관될 수 있다(Sherman, 1998: 4-5).

증거기반 경찰활동 모델은 [그림 7-2]와 같이 '(1) 연구문헌을 평가하기'부터 '(6) 결과를 서류화하기'까지 6단계로 설명될 수 있다.

[그림 7-2] 증거기반 경찰활동의 모델

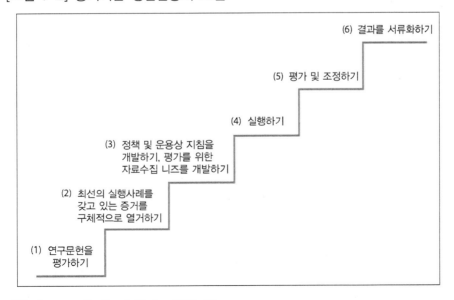

자료: Swanson, Territo, & Taylor, 2012: 65.

Ⅱ. 증거기반 경찰활동의 3대 원리

1. 목표대상 설정, 분석, 추적

증거기반 경찰활동에 있어서 많은 연구들은 (1) 목표대상 설정(targeting), (2) 분석(testing), (3) 추적(tracking)의 개념에 집중되어 있다(Sherman, 1998). 이러한 증거기반 경찰활동의 3대 원리는 경찰 의사결정을 위한 정보를 제공한다. 또한 그 원리는 제도적 지식 및 암묵적 지식과 함께 경찰 실무가의 경험들을 결합시킨다.

1) 목표대상 설정

증거기반 경찰활동을 실행함에 있어서 경찰기관은 먼저 문제를 감소시키기 위해서 목표대상에 대한 '증거'를 활용해야 한다. '목표대상 설정'은 전형적으로 데이터 분석과 주요 관계자(지역사회 구성원 및 경찰관)의 피드백을 통하여 이루어진다.

2) 분석

일단 목표대상의 우선순위가 설정되면 경찰기관은 문제를 감소시키기 위한 가장 능률적이고 효과적인 접근법을 선택하기 위한 경찰활동 방법들을 '분석'해야 한다.

3) 추적

경찰기관이 연구결과를 활용하여 경찰 실행의 목표대상을 설정하고 분석했다면 일정 시간 후의 효과를 측정하기 위하여 내부적인 '추적' 메커니즘을 만들어야 한다.

2. 증거기반 경찰활동 3대 원리의 적용

증거기반 경찰활동의 3대 원리는 효과적인 전략을 확인 및 실행하고 많은 이슈와 관련된 비용을 줄이기 위하여 경찰기관의 지도자들에 의해서 사용될 수 있다. 증거기반 경찰활동의 3대 원리는 범죄 및 무질서를 줄이고, 경찰-지역사회 관계를 발전시키고, 경찰관 성과를 향상시키고, 경찰관 안전 및 복지를 증대시키고, 조직상의 능률성을 향상시키고, 새로운 기술 및 장비를 테스트하기 위하여 사용되어야 한다.

III. 증거기반 경찰활동의 특성

1. 비용-효과적인 방법으로 문제를 감소시킴

과학적 연구에 기초한 전략은 비용-효과적인 방법으로 문제를 감소시킬 수 있다. 증거기반 경찰활동을 활용하는 법집행기관은 전략적·전술적 의사결정을 위하여 연구를 활용한다. 유익한 것으로 여겨지는 전략은 채택되고, 최소 효과 또는 역효과를 갖고 있는 것으로 여겨지는 전략은 회피되어야 한다. 게다가 잘 설계된 평가(evaluation)는 효과성을 향상시키기 위한 전략적·전술적 수정사항을 알려주고 적절한 실행을 방해하는 조직 환경을 제시하는 증거를 생산할 수 있다.

2. 경찰 의사결정을 발전시킴

최근에 연구자들은 지식기반(knowledge base)을 형성하는 데 중점을 두었는데, 지식기반이 형사사법 전략의 효과성과 일치하기 때문이다. 궁극적인 목표는 실무가들에게 경험상 증거를 제공해서 그들이 관련 정책 및 프로그램에 대하여 정보에 근거한 의사결정을 내리도록 돕는 것이다. 증거기반 경찰활동은 현재 전 세계에 있는 경찰기관에 의해서 채택되고 있다.

가장 단순한 형태의 증거기반 경찰활동은 연구 검토를 통해서 '효과가 있는 것'(what works)을 확인하고 촉진함으로써, 경찰 의사결정을 발전시키고 경찰활동을 이끌기 위해서 사용되는 방법이다(Engel, 2020: 45). 특히 증거기반 경찰활동은 현대의 정책 및 실행에 대한 평가를 통해서 경찰기관 내에 과학을 적용하도록 촉진한다. 경찰기관으로 하여금 증거기반 경찰활동을 사용하도록 장려하는 것은 경찰 간부에게 기회 및 도전을 제공할 것이다.

3. 과학적 방법을 활용함

지역사회 경찰활동과 같이 어떻게 경찰활동을 실행하는지에 중점을 두기보다는 또는 문제 지향적 경찰활동과 같이 일반적 문제해결 접근법을 이용하기보다는 증거기반 경찰활동은 범죄 감소에 있어서 가장 효과적인 방법을 확인하고, 실행하고, 평가하고, 수정하는 과학적인 방법을 활용하는 패러다임이다.

4. 범죄분석을 강조함

증거기반 경찰활동은 일상 경찰활동에서 범죄분석(crime analysis)의 역할을 강조한다. 어떤 상황적 요소들이 범죄 기회를 야기하는지 뿐만 아니라 범죄가 지리적·시간적으로 어떻게 집중되어 있는지를 이해함으로써, 경찰은 특정한 범죄 및 무질서 문제를 다루는 데 더욱 효과적으로 될 수 있다. 경찰은 범죄통제, 지역사회 관계, 내부 관리에 있어서 경찰 노력을 향상시키기 위해 "무엇이 효과 있는지"에 관한 지식을 이용할 뿐만 아니라 범죄를 예방하고 감소시키는 능력을 향상시키기 위하여 경찰기관 내에 있는 지식을 개발·분석할 필요가 있다.

5. 강력한 리더십의 요구

증거기반 경찰활동을 위해서 필수적인 (1) 목표대상 설정, (2) 분석, (3) 추적을 실행하는 것은 과감한 리더십을 필요로 한다. 많은 강점에도 불구하고 증거기반 경찰활동은 경찰 지도자가 감당해야 하는 도전을 포함한다. 특히 목표대상 설정, 분석, 추적 활동은 경찰 지도자로 하여금 경찰활동이 비효과적일 수 있다는 결과를, 또는 경찰 임무 및 가치를 감소시킬 수 있는 결과를 받아들일 것을 요구한다.

사실상 경찰활동 분야의 많은 전략은 나중에 범죄 및 무질서를 감소시키지 못하고, 경찰-지역사회 관계를 손상시키고, 귀중한 경찰자원을 낭비하는 것으로 밝혀진다. 혁신적인 경찰기관을 이끄는 것은 (1) 인내, (2) 시도해서 실패하는 것을 두려워하지 않음, (3) 실패로부터 빨리 배우는 능력, (4) 다른 혁신정책과 함께 발전하려는 욕구를 요구한다.

경찰기관 내에서 목표대상 설정, 분석, 추적을 위해 필요한 적절한 시간을 갖는 것은 경찰 지도자를 위한 계속적인 도전이다. 실시간으로 결과를 요구하는 정치적·사회적 문화 내에서 활동하고 있을 때 경찰 지도자는 증거기반 경찰활동의 3대 원리를 충실하게 적용하기보다는 정치적 압력에 양보할 수 있다. 그러므로 경찰 지도자는 경찰활동 분야에서 새로운 훈련 및 실행을 '목표대상'으로 설정하고 '분석'하고 '추적'하기 위해서 필요로 되는 조직 환경을 조성해야 한다.

Ⅳ. 증거기반 경찰활동의 사례

1. 특정대상 경찰활동

특정대상 경찰활동(Targeted Policing)은 실행 중인 증거기반 경찰활동의 예이다. 이것은 특정 장소, 특정 범죄, 특정 범죄자, 특정 시간을 의미한다. 특정대상 경찰활동은 경찰관으로 하여금 범죄 유형이 아니라 개개의 사건에 중점을 두도록 한다(Avdija, 2008: 110-128). 개개의 프로젝트들은 범죄를 감소함에 있어서 목표대상(target)에 기초한 개입을 지지하고 있다.

상당한 양의 연구 증거는 범죄는 소수의 위험한 장소·인물에게 집중되어 있으며, 한 주의 특정 시간·요일에 범해지는 경향이 있다는 것을 제안한다. 경찰이 이러한 위험한 장소·인물·시간을 목표대상으로 설정한다면 경찰은 관할구역 내에서 범죄를 감소시키는 데 효과적일 것이다.

일련의 엄격한 프로그램 평가는 특정대상 경찰활동 전략(문제 지향 경찰활동, 범죄다발 구역 경찰활동 등)의 범죄감소 효과를 보여준다. 이러한 종류의 특정대상 경찰활동 프로그램은 지나치게 공격적이고 무차별적인 집행으로부터 지역 주민을 보호하고, 지역 주민과의 파트너십을 발전시키고, 지역사회 내 범죄를 감소시킬 수 있다(Braga, 2019).

2. 상습 범죄자 프로젝트

Washington, D.C.의 상습 범죄자 프로젝트(Repeat Offender Project: ROP)는

1982년에 상습 범죄자(repeat offender) 체포율을 증가시킬 목적으로 수행된 프로그램이다. 소수의 개인들이 많은 범죄를 범한다는 '증거'에 기초해서 상습 범죄자 체포는 범죄율에 영향을 줄 것이라고 기대되었다. 이러한 상습 범죄자는 경찰관에 의해서 사전에 확인되고 목표화되었다.

2년간의 연구 결과는 상습 범죄자의 체포 가능성은 다른 집단과 비교하여 상당히 증가하였고, 체포된 상습 범죄자들은 더 중대하고 만성적인 범죄경력을 갖고 있으며, 목표대상 지역의 범죄율은 상당히 감소했다는 것을 보고하였다(Martin & Sherman, 1986). 그러나 다른 연구 결과는 이러한 접근법을 지지하지 않았다. 특히 상습 범죄자를 목표로 한 Redlands Second Response Program은 가정폭력 피해의 감소효과를 보여주지 못했다(Davis, Weisburd, & Hamilton, 2007).

제4절   무관용 경찰활동

I. 무관용 경찰활동의 개념

무관용 경찰활동(Zero-Tolerance Policing: ZTP)은 '깨진 유리창 이론'(Broken Window Theory)에 기초하고 있다. 무관용 경찰활동은 경찰이 주로 무질서(disorder), 경범죄(minor crime), 범죄 징후(appearance)에 중점을 둘 것을 요구한다(Cordner, 1998). 무관용 경찰활동은 형법 및 민법을 공격적으로 집행하고, 지역사회 질서를 회복하기 위해서 행해지는 각종 개입행위 등을 특징으로 한다. 또한 무관용 경찰활동은 경범죄(minor crime)는 허용되지 않는다는 신호를 보내기 위해서 경찰관이 경범죄를 공격적으로 목표대상으로 삼는 전략이다(Roberg, Novak, & Cordner, 2009: 103).

[그림 7-3]과 같이 무질서 행위에 대한 공격적 단속을 통해서, 지역 주민은 지역사회에 더 많은 관심을 기울이는 경향이 있고, 그것은 질서를 증진시키고, 범죄 두려움의 감소를 가져오며, 결국에는 잠재적 범죄자에게 법규 위반은 묵인되지 않는다는 신호를 보낼 것이다.

[그림 7-3] 무관용 경찰활동의 사회적 영향

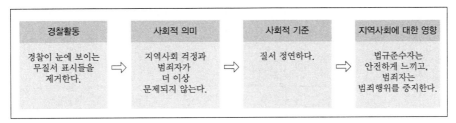

경찰활동	사회적 의미	사회적 기준	지역사회에 대한 영향
경찰이 눈에 보이는 무질서 표시들을 제거한다.	지역사회 걱정과 범죄자가 더 이상 문제되지 않는다.	질서 정연하다.	법규준수자는 안전하게 느끼고, 범죄자는 범죄행위를 중지한다.

자료: Roberts, 1992: 811.

<표 7-1>은 무관용 경찰활동을 전통적 경찰활동, 지역사회 경찰활동, 문제 지향적 경찰활동과 비교 설명하고 있다.

〈표 7-1〉 다양한 경찰활동의 비교

경찰활동 특성	전통적 경찰활동	지역사회 경찰활동	문제 지향적 경찰활동	무관용 경찰활용
경찰활동의 중점	법집행	범죄예방을 통한 지역사회 형성	법, 질서, 두려움 문제	질서문제
개입의 형태	사후대응적, 형법에 기초	사전적, 형법, 민법, 행정법에 기초	복합적, 형법, 행정 법에 기초	사전적, 형법, 민법, 행정법에 기초
경찰활동의 범위	협소함, 범죄에 중점	광범위함, 범죄, 질서, 두려움, 삶의 질에 중점	협소한 것부터 광범위한 것까지, 문제에 중점	협소함, 그러나 주로 경찰행정가에게 책임이 있음
일선의 재량 수준	높음 책임이 없음	높음 지역사회 및 지휘관들에게 책임이 있음	높음 주로 경찰행정가들에게 책임이 있음	낮음 주로 경찰행정가에게 책임이 있음
경찰문화의 중점	내부, 지역사회를 거부	외부, 협력 형성	문제에 따라 복합적임, 문제분석에 중점	내부, 목표대상 문제를 공격하는 데 중점
의사결정의 중심	경찰 지향적, 다른 사람의 참여를 최소화	지역사회-경찰 공동생산, 연합 책임 및 평가	다양함, 경찰은 지역사회와 함께 문제를 확인	경찰 지향적, 일부는 다른 기관과 연계

의사소통	하향적, 경찰에서 지역사회로	경찰과 지역사회 사이에서 수평적	경찰과 지역사회 사이에서 수평적	하향적, 경찰에서 지역사회로
지역사회 참여의 범위	낮음, 수동적	높음, 적극적	문제에 따라 복합적	낮음, 수동적
다른 기관과의 연계	낮음, 간헐적	중요한 과정에서는 참여적, 통합적	문제에 따라 참여적, 통합적	적당함, 간헐적
조직의 유형 및 명령의 중점	중앙집권화된 명령 및 통제	지역사회 연계로 인해 분권화	지방명령체계로 인해 분권화, 중앙행정부에 책임	중앙집권화 또는 분권화, 그러나 내부에 중점
조직변화/ 발전의 함의	거의 없음, 환경을 회피하는 정적인 조직	많음, 환경과 환경상 상호작용에 중점을 두는 역동적 조직	다양함, 문제해결에 중점을 두지만, 조직의 정보 및 문화를 활용함	거의 없음, 많은 전통적 문제들에 중점을 둔 개입
성공의 측정	체포 및 범죄율, 특히 Part I 범죄	다양함, 범죄, 서비스 요청, 두려움 감소, 공공장소의 이용, 지역사회 연결과 접촉, 더 안전한 이웃	다양함, 해결되거나, 최소화 되거나, 대체된 문제	체포, 현장검문, 목표대상 활동의 특정지역 감소

자료: Green, 2000: 311.

II. 무관용 경찰활동의 실행

1. 범죄공격 모델의 강조

지역사회 경찰활동과 문제 지향적 경찰활동은 경찰이 범죄예방에 중점을 두어야 한다는 개념에 기초하고 있으나 무관용 경찰활동은 범죄공격 모델 (Crime Attack Model)에 중점을 두고 있다. 무관용 경찰활동은 경찰의 억제 역할에 그 뿌리를 두고 있으며, 몇몇 측면에서 경찰로 하여금 미국의 많은 경찰관서에서 적극적으로 지지 받고 있는 더욱 전통적인 모습으로 돌아가도록 한다(Green, 2000: 318).

2. 경찰의 주된 범죄통제 책임

지역사회 경찰활동은 지역사회는 범죄통제의 중요한 공동생산자라는 생각에 기초를 두고 있는 반면에, 무관용 경찰활동은 지역사회는 범죄통제전략에 대한 지지를 제공할 수 없으며 경찰이 범죄통제의 주된 책임을 맡아야 한다는 생각에 기초를 두고 있다.

3. 특정한 행위유형의 강조

무관용 경찰활동은 문제를 주의 깊게 확인하지 않으며, 문제의 원인을 철저하게 분석하지도 않는다는 점에서 문제 지향적 경찰활동과 다르다. 오히려 무관용 경찰활동은 특정한 행위유형에 중점을 둔다. 공공장소에서 소변 보는 것과 같은 경미한 범죄·무질서, 지하철 무임승차, 매춘, 어슬렁거리기, 공격적인 구걸, 낙서, 교통신호등에 멈춘 차의 창문을 닦는 청소년들이 주된 대상이 된다(Kelling & Coles, 1996).

4. 특정장소 개입의 강조

무관용 경찰활동은 특정장소 개입에 중점을 둔다. 범죄다발 구역(hot spot)을 연구한 선행연구들은 적은 비율의 장소들만이 불균형적으로 높은 범죄 및 무질서를 야기한다는 것을 발견했다. 따라서 많은 경찰관서들은 범죄지도(crime map)를 작성하기 시작했으며, 범죄지도는 경찰관서들로 하여금 범죄다발 구역에 대해서 무관용 경찰활동을 실시할 수 있도록 하였다.

5. 범죄와의 싸움 강조

무관용 경찰활동은 경찰의 다른 혁신활동과 차별화된다. 왜냐하면 무관용 경찰활동은 문화적·조직적으로 '기본'으로 돌아가는 전략을 나타내기 때문이다. 무관용 경찰활동은 범죄와의 싸움을 강조함으로써 많은 경찰관서들이 중앙집권화되고, 내부적으로 중점을 두고(경찰행정가로부터 계선 경찰관에게 내려가는 정보), 더 군사적인 조직이 되도록 하였다. 따라서 무관용 경찰활동은 지역사회 경찰활동 및 문제 지향적 경찰활동과 같이 경찰문화가 근본적으로 변화될 것을 요구하지 않는다.

III. 무관용 경찰활동의 사례

무관용 경찰활동이 실행되고 독립적인 평가를 받았던 2개 도시에서 행해진 경찰관서의 무관용 경찰활동 사례를 소개하면 다음과 같다. 삶의 질(quality-of-life) 경찰활동이 경찰관 사이에서 많은 지지를 받았을지라도 그 효과성에 대해서는 거의 관심을 받지 못했다.

1. New York시의 무관용 경찰활동

1) 무관용 경찰활동의 실행

무관용 경찰활동의 가장 유명한 실행은 New York시에서 행해졌다. '깨진 유리창 이론'을 기초로 브래턴(William Bratton) 경찰국장과 줄리아니(Rudolph Giuliani) 시장은 1993년에 무관용 경찰활동 전략을 실시하였다. 이 시기 전에 New York시의 특징은 사회적 무질서(무면허 행상인, 노숙자, 거리 마약복용), 물리적 무질서(낙서), 범죄였다. 그 도시를 통제하는 것은 불가능하다는 전체적인 인식이 있었다(Bratton, 1996: 781-785).

이러한 문제를 다루기 위해서 New York시 경찰국은 공격적인 구걸, 파괴, 공공 음주, 공공 방뇨, 매춘과 같은 질서유지 위반행위를 집중적으로 단속하는 무관용 전략을 실시하였다(Kahn, 1997: 349-395). 그 전략은 무질서 및 경범죄에 경찰자원을 집중 투입함으로써 경찰관서는 질서를 회복하고, 결국 범죄를 감소시킬 것이라는 개념에 기초를 두고 있었다.

2) 무관용 경찰활동의 효과

범죄자료 분석은 경찰관서의 철학 변화가 경찰관의 행위에 중요한 영향을 주었다고 제안한다. New York시에서 경범죄 체포 건수는 1993~1996년까지

133,446건에서 205,277건까지 극적으로 증가하였다(Harcourt, 1998: 291-389). 많은 연구자들은 1990년대 중반부터 1990년대 말까지 New York시의 중범죄 감소는 새로운 경찰활동 전략 때문인 것으로 여겼다. 1993년 이후 전체적인 범죄율은 27% 감소, 살인은 40% 감소(30년 동안 가장 낮은 수치), 강도는 30% 감소, 주거침입은 25% 감소했다. 이러한 범죄감소는 국가 전체 평균의 2배였다. 이러한 결과는 많은 전문가들로 하여금 질서유지 경찰활동은 다른 경찰 전략보다 더욱 효과적이라고 결론 내리도록 하였다.

3) 무관용 경찰활동의 효과에 관한 논쟁

무관용 경찰활동의 이러한 성과가 인정받을 가치가 있는지에 대해서 많은 논란이 있다. 그 정책을 실시했던 브래턴 경찰국장과 범죄학자인 켈링(George Kelling)은 무관용 경찰활동이 직접적으로 영향을 미쳤다고 주장하였다(Bratton, 1998). 반면에, 전 New York 시장인 딘킨스(David Dinkins)와 전 경찰국장인 브라운(Lee P. Brown)은 1980년대에 그들이 시작했던 지역사회 경찰활동 프로그램이 범죄감소를 야기한 것이라고 주장했다.

많은 범죄학자들은 또한 중범죄가 다른 도시에서도 감소하고 있으며 New York시의 범죄감소는 일반적 범죄감소 경향의 일부분이었다는 것을 지적했다. 예를 들면 경찰국이 스캔들과 비능률로 특징지어졌던 Washington D.C.에서도 중범죄가 감소했다. 1991년 Rodney King 사건의 여파로 인해 경찰관들이 더 적은 체포를 했던 Los Angeles에서도 중범죄가 감소했다(Walker, 1998: 273-279).

로젠펠드(Richard Rosenfeld)와 동료들은 이러한 가설을 테스트했다. 그들은 New York시의 살인범죄 경향을 미국 대도시들 중 95개와 비교하고, 폭력범죄와 관련 있는 요인을 통제함으로써, New York시의 공격적인 질서유지 경찰활동 전략이 살인범죄 감소와 관련이 있었는지 여부를 조사하였다. 로젠필드 등(2005: 414-477)의 분석은 New York시의 살인범죄 경향의 경우에 무관용 경찰활동 실시 이전의 전국 평균과의 차이는 통계적으로 의미가 없으며, 무관용 경찰활동 실시 이후의 살인범죄 감소 또한 그 기간 동안 다른 대도시들과 차이가 없다는 것을 보여주었다.

2. 회복 작전

1) 회복작전의 내용

무관용 경찰활동의 효과에 대한 더 체계적인 조사는 Arizona주 Chandler 시에서 실시되었다(Katz, Webb, & Schaefer, 2001: 825-876). 1995년에 그 도시의 중심 영역은 물리적·사회적 무질서의 증가를 경험했다. 그 지역의 집들은 깨지고 없어진 창문, 경첩에서 떨어진 문, 물건의 파편 및 쓰레기로 넘쳐났다. 그 지역은 또한 높은 범죄율, 거리의 마약판매, 매춘으로 유명했다.

그 도시는 단속책임을 기획·개발부서에서 경찰관서로 이전시킴으로써 대응했다. 기획·개발부서는 시 조례 위반행위를 단속함으로써 물리적 무질서를 감소시키고자 하였다. 경찰관서 또한 질서유지 법률을 공격적으로 집행하기 위해서 특별부서를 설치했다. 2개의 부서는 협력해서 활동했으며, 그들의 자원들을 각각 1제곱 마일인 4개 영역에 집중시켰다. 이 프로젝트는 회복작전(Operation Restoration)으로 알려졌으며 깨진 유리창 가설에 기초를 두었다.

2) 회복작전의 효과

회복작전은 공공도덕 범죄(예: 매춘), 사회적 무질서, 물리적 무질서에 의미 있는 영향을 미쳤다. 유사한 경향이 실시된 영역의 인근 지역에서도 발견되었는데, 그 프로젝트가 주변 지역에도 영향을 미친다는 것을 의미했다. 이러한 발견은 무질서 및 경범죄를 감소시키는 것이 중범죄에는 실질적 영향을 미치지 않을지라도 이 접근법은 물리적·사회적 무질서에는 해당될 수 있다는 것을 보여준다. 그러나 그것은 연구자들로 하여금 무관용 경찰활동의 이론적 기초에 대해서 의문을 제기하도록 만들었다.

IV. 무관용 경찰활동의 문제점

무관용 경찰활동이 신속하게 미국 전역에 걸쳐서 인기 있는 경찰활동 전략이 되었을지라도 중요한 의문이 많이 남아 있다. 비평가들은 그 전략이 범죄를 감소시키는 데 효과적이라는 것에 대한 명확한 증거가 없다고 주장했다. 다른 비평가들은 그 전략이 지역사회에 끼칠 수 있는 부정적인 영향을 제기하였다.

1. 경찰과 시민 사이의 갈등

무관용 경찰활동은 경찰관으로 하여금 지나치게 공격적으로 되도록 자극한 것에 대해서 많은 비판을 받았다. 비판자들은 무관용 경찰활동을 '괴롭힘 경찰활동'(harassment policing)으로 언급할 정도였다(Panzarella, 1998: 13-15). New York시에서 무관용 경찰활동을 수용한 이후로 시민 민원이 급격하게 증가하였다. 1994~1996년까지 New York시는 8,316건의 경찰권 남용(abuse) 관련 민원 제기를 받았는데, 이전 3년 동안에 비해서 39%나 증가했다(Harcourt, 1998: 291-389).

2. 장기적인 범죄 증가

셔먼(Sherman)(1998)은 무관용 경찰활동이 범죄감소에서 단기간의 효과를 보여주는 반면에, 장기적으로는 중범죄의 증가를 야기할 수 있다고 지적한다. 그는 체포기록은 한 개인의 현재 및 장래의 고용에 중대한 영향을 미칠 수 있다고 주장한다. 게다가 그는 경범죄에 대한 체포는 한 개인으로 하여금 더욱 분노를 느끼고 반항적으로 만들어서 더 많은 중범죄를 범하도록 유도할 수 있다고 주장한다.

3. 빈곤한 소수민족 지역사회에의 영향

무관용 경찰활동은 어슬렁거리기, 구걸하기, 공공장소 음주와 같은 경범죄(minor offense)에 중점을 두기 때문에 주로 빈곤한 소수민족 지역을 목표대상으로 삼게 된다. 전체인구 비율과 비교해 볼 때 소수민족 출신자들이 경범죄로 인해 지나치게 많이 체포되었다. 이러한 경향은 경찰의 입장에서 많은 재량을 부여하는 혐의 체포(arrest for suspicion)의 경우에 매우 현저했다.

참고문헌

Avdija, A. S. (2008). "Evidence-Based Policing: A Comparative Analysis of Eight Experimental Studies Focused in the Area of Targeted Policing," *International Journal of Criminal Justice Sciences*, 3.

Braga, Anthony, A. (2019). "Targeted Policing for Crime Reduction," in Marvin D. Krohn, Nicole Hendrix, Gina Penly Hall, & Alan J. Lizotte (eds.), *Handbook on Crime and Deviance*, Springer.

Bratton, William. (1996). "Remark: New Strategies for Combating Crime in New York City," *Fordham Urban Journal*, 23.

Bratton, William. (1998). *Turnaround: How America's Top Cop Reversed the Crime Epidemic*, New York: Random House.

Brown, Lee P. (2012). *Policing in the 21st Century: Community Policing*, Bloomington, IN: Responder Media.

Bureau of Justice Assistance. (2010). *Reducing Crime through Intelligence-Led Policing*. Washington, DC: U.S. Department of Justice.

Capellan, J. A. & Lewandowski, C. (2018). "Can threat assessment help police prevent mass public shootings? Testing an intelligence-led police tool," *Policing: An International Journal of Police Strategy and Management*. 42(1): 16-30.

Carter, D. (1980). *Law Enforcement Intelligence: A Guide for State, Local, and Tribal Law Enforcement Agencies*, Washington, D.C.: Office of Community Oriented Policing Services.

Chappell, A. T. & Gibson, S. A. (2009). "Community Policing and Homeland Security Policing: Friend or Foe," *Criminal Justice Policy Review*, 20.

Clarke, C. (2006). "Proactive Policing: Standing on the Shoulders of Community-Based Policing," *Police Practice and Research*, 7.

Cordner, Gary. (1998). "Problem-Oriented Policing vs. Zero Tolerance," in Tara O'Connor Shelly & Anne Grant (eds.), *Problem Oriented Policing*, Washington, D.C.: Police Executive Research Forum.

Cordner, Gary W. & Scarborough, Kathryn E. (2010). *Police Administration* (7th ed.),

(New Providence, NJ: Matthew Bender & Company, Inc.

Cox, S. M., Mccamey, W. P., & Scaramella, G. L. (2004). *Introduction to Policing* (2nd ed.), Thousand Oaks, California: Sage Publications, Inc.

Davis, R. C., Weisburd, D., & Hamilton, E. (2007). *Preventive Repeat Incidents of Family Violence: A Randomized Field Test of a Second Responder Program in Redlands, California*, Washington, D.C.: Police Foundation.

Fuentes, J. (2006). *New Jersey State Police Practical Guide to Intelligence-Led Policing*, New York: Manhattan Institute.

Gaines, Larry K. & Worrall, John L. (2012). *Police Administration* (3rd ed.), NY: Delmar Cengage Learning.

Green, Jack. (2000). "Community Policing in America: Changing the Nature, Structure, and Function of the Police," in Julie Horney (ed.), *Policies, Processes, and Decisions of the Criminal Justice System*, Washington, D.C.: National Institute of Justice

Haberman, C. P. & Ratcliffe, J. H. (2012). "The Predictive Policing Challenges of Near Repeat Armed Street Robberies," *Policing*, 6(2): 151-166.

Harcourt, Bernard. (1998). "Reflecting on the Subject: A Critique of the Social Influence Conception of Deterrence, the Broken Windows Theory, and Order Maintenance Policing New York Style," *Michigan Law Review*, 97.

Kappeler, V. E. & Gaines, L. (2008). *Community Policing: A Contemporary Perspective* (5th ed.), Newark, NJ: LexisNexis Matthew Bender.

Katz, Charles M., Webb, Vincent J., and Schaefer, David R. (2001). "An Assessment of the Impact of Quality-of-Life Policing on Crime and Disorder," *Justice Quarterly*, 18(4).

Kahn, Dan. (1997). "Social Influence, Social Meaning, and Deterrence," *Virginia Law Review*, 83.

Kelling, George & Coles, Catherine. (1996). *Fixing Broken Windows*, New York: The Free Press.

Liagre, Febe. (2017). *Recommendations paper: Predictive Policing*, Brussels, EUCPN.

Martin, S. E. and Sherman, L. W. (1986). *Catching career criminals: The Washington, DC repeat offender project*, Washington, DC: National Institute of Justice.

Pearsall, Beth. (2010). "Predictive Policing: The Future of Law Enforcement?," *NIJ Journal*, 266.

Perry, W. L., McInnis, B., Price, C. C., Smith, S. C., & Hollywood, J. S. (2013). *Predictive Policing: The Role of Crime Forecasting in Law Enforcement Operations*,

Rand Corporation.

Peterson, M. (2005). *Intelligence-Led Policing: The New Intelligence Architecture*, Washington, D.C.: Bureau of Justice Assistance.

Ratcliffe, J. H. (2007). *Integrated Intelligence and Crime Analysis: Enhanced Information Management for Law Enforcement Leaders*, Washington, D.C.: Police Foundation.

Ratcliffe, Jerry H. (2008). *Intelligence-led Policing*, Portland, OR: Willan Publishing.

Ratcliffe, Jerry H. & Guidetti, Robert. (2008). "State Police Investigative Structure and the Adoption of Intelligence-led Policing," *Policing: An International Journal of Police Strategies and Management*, 31.

Ratcliffe, J. H. (2011). "Intelligence-led policing: anticipating risk and influencing action," in R. Wright, B. Morehouse, M. B. Peterson, & J. Palmieri. (eds.), *Criminal Intelligence for the 21st Century*, IALEIA, 206-220.

Ratcliffe, J. (2014). "What Is the Future... of Predictive Policing?," *Translational Criminology*, spring.

Rosenfeld, Richard, Fornango, Robert, & Baumer, Eric. (2005). "Did Cease Fire, COMPSTAT, and EXILE Reduce Homicide," *Criminology and Public Policy*, 3(3).

Roberg, R., Novak, K., & Cordner, G. (2009). *Police & Society* (4th ed.), New York: Oxford University Press.

Schaible, L. M. & Sheffield, J. (2012). "Intelligence-led policing and change in state law enforcement agencies," *Policing: An Internaional Journal of Police Strategies and Management*, 35(4): 761-784.

Sherman, Lawrence W. (1998). "Evidence-Based Policing," *Ideas in American Policing*, Washington, D.C.: U.S. Department of Justice, Police Foundation, July.

Swanson, Charles R., Territo, Leonard, and Taylor, Robert W. (2012). *Police Administration: Structures, Processes, and Behavior*, Upper Saddle River, New Jersey: Pearson.

Tilley, N. (2003). *Problem-oriented policing, intelligence-led policing, and the national intelligence model(Crime Science Short Report Series)*, London: Jill Dando Institute of Crime Science.

Uchida, Craig D. (2010). *A National Discussion on Predictive Policing: Defining our Terms and Mapping Successful Implementation Strategies*, Washington, D.C.: National Institute of Justice.

Walker, Samuel. (1998). *Sense and Nonsense about Crime* (4th ed.), Belment, CA: Wadsworth.

제 8 장

지역사회 범죄예방

제 8 장   지역사회 범죄예방

　형사사법 시스템의 주요 목표는 '범죄예방'이다. 경찰은 지역사회 내 범죄예방 프로그램에서 중요한 역할을 수행하고 있다. 범죄예방의 특정 목표는 범죄를 범할 기회와 욕구를 감소시키는 것이다. 지역사회 범죄예방은 '제5장 이웃 지향적 경찰활동'의 한 구성요소이지만, 지역사회에서 실행되고 있는 지역사회 경찰활동의 구체적인 전략이기도 하다.

제1절   지역사회 범죄예방의 개념 및 효과

Ⅰ. 지역사회 범죄예방의 개념

1. 범죄예방의 개념

　범죄예방(Crime Prevention)은 범죄기회를 감소시키기 위한 사전적 노력을 의미한다. 범죄예방은 다른 범죄감소 방법과는 달리 직접적인 범죄통제방법이다. 직접적인 범죄통제란 범죄 그 자체의 환경상 기회를 줄이기 위한 것인데, 구체적으로는 직업훈련, 보충교육, 경찰감시, 경찰체포, 법원조치, 구금, 보호관찰 및 가석방 등을 포함한다(Jeffery, 1971: 20). 범죄예방은 사회에서 삶의 질에 긍정적으로 영향을 미치고 범죄가 자주 발생할 수 없는 환경을 개발하도록 돕기 위하여 범죄 위협을 감소시키고 안전감을 향상시킨다(Crime Prevention Coalition of America, 1990: 64).

　사회는 여러 종류의 범죄예방활동을 실행해 왔다(McQuade, 1971: 5-19). 범죄예방활동의 변화 과정은 '범죄자' 지향적 범죄통제로부터 '지역사회' 지향적 범죄통제로 변화하였다. 환경설계, 경보장치, 물리적 수단만을 이용함으로써 범죄를 예방하려는 시도는 바람직하지 않다. 그렇게 하는 것은 지금까지 행해진 범죄원인에 대한 심리학적·사회학적 연구 결과를 간과하는 것이다. 오늘날 자물쇠를 점검·교체하는 단순한 활동에서부터 지역 주민 스스로 우범지역을 순찰함으로써 '경찰의 눈과 귀'가 되는 조직화된 활동에 이르기까지 범죄예방 활동에서 지역사회 참여는 폭넓게 전개되고 있다.

2. 지역사회 범죄예방의 개념

사회학자들은 범죄예방에서 지역사회 참여(Community Involvement)가 유일한 접근법이라고 주장한다. 지역사회 범죄예방(Community Crime Prevention)은 범죄문제의 뿌리를 다루고자 하지만, 다른 범죄예방 프로그램은 단지 그 증상만을 치료하고자 한다. 예를 들면 범죄예방에서 환경설계의 이용은 효과적일 수 있지만, 특정 범죄의 동기를 예방하는 데 효과가 없다. 즉 환경설계는 권한 없는 침입에 대해서는 효과적이지만, 개인을 침입자로 만드는 심리적 요인을 연구하지 않고 침입하려는 개인의 욕구를 방지하지도 못한다.

지역사회 경찰활동의 궁극적인 목표는 '지역사회 범죄예방'이다. 지역사회 범죄예방은 이웃 돌봐주기, 재물 표시, 주택안전 강화 등으로 지역사회에게 범죄예방 책임을 부여하고, 이웃 간의 상호작용을 강화하여 지역사회의 비공식적 통제능력을 향상시키고, 경찰과 협력하여 친밀한 경찰-지역사회 관계를 수립하게 한다(Skolnick & Bayley, 1988).

지역사회 범죄예방은 범죄와 두려움 수준에 직접적으로 영향을 미치고 물리적 설계(physical design)보다 더 광범위한 형태를 지니고 있다(Lab, 1997: 47). 지역사회 범죄예방은 '상황적 범죄예방활동'을 통해서 범죄를 감소시키고, 결국에는 지역사회 전체의 범죄예방능력인 비공식적 사회통제를 강화하는 것이다(O'Block, 1991: 361).

II. 지역사회 범죄예방의 등장

1. 지역사회 범죄예방 프로그램의 도입

지역사회 범죄예방활동은 형사사법기관이 범죄를 줄이고 사회질서를 회복·유지하려는 시도가 실패하고 있다는 인식이 확산되면서 나타났다(Silberman, 1978). 지역사회 범죄예방 프로그램은 1970년대 중반 반(反)범죄활동에의 시민참여 수단으로 도입되었다. 이러한 프로그램은 다양한 형태를 갖고 있었으며, 주로 지역경찰과 지역사회 조직에 의해서 운용되고, 시민으로 하여금 범죄를 예방하고, 탐지하고, 신고하도록 설계되었다(Greenberg, Rohe, & Williams, 1982). 지역사회 범죄예방활동은 법집행의 성공은 지역 주민의 참여와 협력에 의존하고, 몇몇 범죄예방활동은 지역 주민에 의해서 더 잘 실행된다는 것을 강조했다(DuBow & Emmons, 1981: 167-182).

2. 미국 연방정부의 지원

미국에서 3개의 국가위원회가 지역사회 범죄를 줄이기 위해서 시민이 개인, 가정, 지역의 각종 범죄통제활동에 적극적으로 참여할 것을 강조하였다(Lavrakas & Bennett, 1988: 221-234). 1968년 「총괄적 범죄통제 및 안전 거리법」(Omnibus Crime Control and Safe Streets Act)에서 의회는 "범죄가 효과적으로 통제되고자 한다면 범죄는 주 및 지방정부에 의해 다루어져야 하는 지방 문제가 되어야 한다."는 견해를 채택하였다.

1970년대 지역사회 범죄예방 프로그램에 자금을 지원하기로 한 연방정부의 결정은 지역사회 조직과 지방기관이 주민의 자발성을 이용하여 범죄예방 노력을 창출할 수 있다는 것을 가정한 것이었다(Lavrakas, 1992: 59-102). 법집행원조청(LEAA)이 시민의 반(反)범죄 프로젝트에 자금을 지원하기 시작한 지 몇 년 후에 1976년 범죄통제법(Crime Control Act)은 Office of Community Anti-Crime Program(CACP)을 설치하였다. CACP는 범죄예방에의 지역사회 참여를 장려하기 위한 기부금을 지역사회 및 시민집단이 신청할 수 있도록 하는 권한을 부여 받았다(U. S. Department of Justice, 1977: 14).

III. 지역사회 범죄예방의 효과

1. 단기적 효과

지역사회 범죄예방의 단기적인 효과로는, 첫째 범죄예방활동에 주민 참여가 증가하면서 주민의 책임의식과 주민에 의한 범죄통제가 증가한다. 둘째, 주민이 지역의 범죄상황에 대하여 정확히 파악함으로써 범죄에 대한 태도의 변화를 가져온다. 셋째, 구체적 전략을 통하여 지역사회 안전이 확보되고 경찰과 지역사회가 더욱 협력하게 된다.

2. 장기적 효과

지역사회 범죄예방의 장기적인 효과로는, 첫째 절도나 특정 범죄의 감소를 가져와서 지역사회의 전체 범죄가 감소하게 된다. 둘째, 지역 주민의 범죄 두려움이 감소하게 된다. 셋째, 점차 주거지역이 안정되고 경제활동이 활성화됨으로써 경제수준이 향상되고, 지역 주민의 통합이 증대되고, 비공식적 사회통제활동이 강화된다.

IV. 지역사회 범죄예방의 한계

지역사회 범죄예방으로 인한 이익이 매우 크다고 할지라도 지역사회 범죄예방은 다음과 같은 문제점이 있다.

1. 범죄예방 조직 형성·유지의 어려움

이웃은 범죄예방 조직을 형성하기에 어려우며, 일단 형성된 범죄예방 조직은 오래 지속되지 못한다. 많은 이웃 프로그램들은 범죄문제가 심각할 때 쉽게 형성되지만 이에 대한 높은 관심사는 오랜 기간 동안 유지되지 못한다.

2. 억제기능 유지의 한계

많은 범죄예방 프로그램들의 적절한 역할은 범죄와 의심스런 활동을 감시하고 경찰에게 알려주는 것이다. 범죄예방 프로그램에서 억제기능(deterrence function)은 계속해서 유지되기에 어렵다.

3. 파트너십 확보의 어려움

경찰과 주민이 범죄예방 프로그램에서 항상 협력하는 것은 아니며, 심지어 그러한 프로그램에 반대할 수도 있다. 어떤 범죄를 방지하고자 시도하는 주민들이 제대로 교육을 받지 못한 경우에는 범죄예방활동 중에 다른 범죄를 범할 수도 있다.

4. 경찰 노력의 감소 경향

의식적이든 아니든 성공적인 범죄예방 프로그램을 갖고 있는 이웃에서 경찰은 제공하는 노력의 수준을 점차 감소시킨다.

5. 주민 노력에 대한 인식 부족

주민이 다른 주민의 범죄예방 노력에 대하여 고마워하지 않을 수도 있다. 주민들은 자신들의 사생활에 대한 침입과 범죄예방 조직의 거만함에 당황해할 수 있다. 그러나 대부분의 범죄예방 프로그램에서 주민참여로 인한 이익이 그로 인한 문제점보다 더 크다. (O'Block, 1991: 383-384).

제2절 지역사회 범죄예방의 기초이론

지역사회 범죄예방활동을 정확히 이해하기 위해서는 (1) 사회해체이론, (2) 사회적 지지이론, (3) 기회감소이론을 이해할 필요가 있다. 이 3가지 이론

[그림 8-1] 지역사회 범죄예방이론

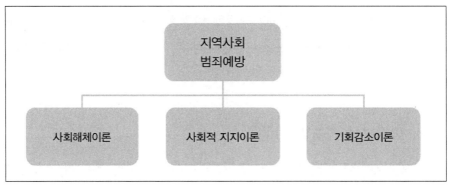

은 지역사회 범죄예방활동에서 갈등적이기보다는 상호 보충적이다. 또한 물리적 환경개선뿐만 아니라 지역 주민이 함께 참여하여 지역사회 유대와 비공식적 사회통제를 강화하고, 지역사회 내의 범죄기회를 차단하려는 전략이 중요하다.

Ⅰ. 사회해체이론

1. 사회해체의 개념

사회해체이론은 1920년대와 1930년대 시카고 학파로부터 나왔다. 쇼(Clifford Shaw)와 맥케이(Henry McKay)는 지역사회 수준에서 범죄율 차이를 야기하는 지역사회 변수를 확인하였다. 이들은 범죄율이 높은 지역사회는 계층 및 인종의 이질화, 높은 수준의 임시 거주율, 많은 청소년이라는 특징이 있다는 것을 지적하면서, 범죄의 주된 원인은 사회해체(Social Disorganization), 즉 사회적 행위를 규제하는 지역기관들의 약화된 능력 때문이라고 주장하였다. 본질적으로 가족, 학교, 교회 같은 지역사회를 함께 연결해 주고, 적절한 사회적 행동을 정의해 주는 활동은 해체된 사회에서 제대로 기능하지 못한다.

2. 비공식적 사회통제의 강화

사회해체가 문제이고 사회통제의 전통적 요인이 더이상 적절하게 기능하지 못한다면 비공식적 사회통제를 강화하고 지역사회 의미를 회복하기 위한 대안을 발견할 필요가 있다. 그 목적은 지역을 '조직화'하는 것이고, 그 결과 사회적 행동을 통제하는 다양한 행동을 비롯하여 사회적 상호작용이 촉진되어야 한다(Rosenbaum, 1988: 327).

그린버그(Greenberg) 등(1985: 4)은 사회적 통제(Social Control)에 대해서 가정, 조직, 이웃, 사회와 같은 집단의 구성원이 집단의 규칙·규범을 준수하도록 하기 위해 보상이나 처벌을 이용하는 것이라고 정의하였다. '공식적 사회통제'는 문서화된 규칙 및 법률로부터 나오고 경찰 및 법원에 의해서 집행되지만 '비공식적 사회통제'는 지방의 관습 및 규범으로부터 나오고, 감시, 질책, 거절, 경고, 일치성을 확보하기 위한 압력을 통해서 일반 주민에 의해서 실행된다.

Ⅱ. 사회적 지지이론

1. 사회적 지지의 개념

사회해체이론은 규범 위반에 대한 처벌을 통한 통제와 규범 순응성에 중점을 둔다. 그러나 범죄에 대한 지역사회의 집단적 대응은 반사회적 행동의 예방에 대한 적극적이고 지지적인 접근법으로부터 나올 수 있다. 쿨렌(F. T. Cullen)(1994: 531)은 '사회적 지지'(Social Support)라는 개념을 개발함으로써 대안 모델을 제공한다. 그는 사회적 지지가 범죄에의 관여를 감소시킨다고 주장한다.

2. 사회적 지지 장치의 강화

사회적 지지이론은 반사회적 행동에 대하여 사회적으로 지지할 정도로 범죄가 구조적·문화적으로 조직화되지 못한 지역사회에서 범죄 및 무질서가 감소한다고 주장한다. (가족 붕괴, 약한 친밀도, 자발적 조직에의 낮은 시민참여율과 같이) 전통적으로 사회해체 표시로 보이는 범죄율이 높은 지역사회는 약한 사회적 지지를 갖고 있다. 사회적 지지 모델은 반사회적·역기능적 행동을 예방하기 위해 필요로 되는 사회적 통제의 회복이나 사회적 지지 장치의 강화에 중점을 둠으로써 지역의 범죄·무질서 문제에 대한 해결책을 제안할 수 있다.

III. 기회감소이론

1. 기회감소이론의 개념

지역사회 범죄예방이론을 이해하기 위한 가장 적절한 모델은 기회감소(Opportunity Reduction) 이론이다. 기회감소이론은 범죄행동은 특정한 위치·시간·환경에 의해서 제공되는 범죄 기회에 의해서 야기된다고 한다. 범죄가 발생하기 위해서는 (1) 형법, (2) 범죄자, (3) 범죄대상자(또는 피해자), (4) 장소(또는 환경)의 4가지 기본요소가 존재해야 하는데, 각기 다른 요소에 중점을 두는 연구로부터 다양한 기회감소이론이 등장하였다.

제프리(Jeffery)와 뉴먼(Newman)의 저서에 의해 영향을 받은 환경범죄학(Environmental Criminology)은 물리적 환경의 변화가 특정 지역에서 범죄 및 안전의식에 어떻게 영향을 주는지를 이해하도록 도와주었다. 최근 범죄자의 생각 및 행동에 중점을 두는 연구는 일상적 활동모델(Routine Activities Models)과 합리적 선택모델(Rational Choice Models)을 포함하여 중요한 기회감소이론을 개발하였다. 특히 일상적 활동이론 및 합리적 선택이론을 토대로 하여 상황적 범죄예방(Situational Crime Prevention: SCP) 이론이 형성되었다.

기회감소이론이 지역사회 범죄예방에 대해서 암시해 주는 바는 분명하다. 지역사회 집단 및 개인은 특정 지역에서 범죄 기회를 제거하거나 감소시켜서 범죄자에게 범죄 실행을 더욱 어렵게 하거나 더 많은 실행 비용이 들도록 해야 한다. 특히 클라크(R. V. Clarke)(1992)는 (1) 범죄를 범하는 데 요구되는 노력의 수준을 증가시키고, (2) 탐지 및 체포의 위험을 증가시키고, (3) 범죄와 관련된 보상을 감소시키도록 설계하였는데, 그는 집단적인 시민행동에 대해 많은 관심을 갖고 있었다.

2. 환경설계 범죄예방

1) 환경설계 범죄예방의 개념

환경설계 범죄예방(Crime Prevention Through Environmental Design: CPTED)
은 범죄 두려움을 감소시키고, 삶의 질을 향상시키기 위한 환경의 적절한 설
계 및 효과적 활용을 의미한다(Jeffrey, 1971: 117). 이러한 환경설계 범죄예방
개념의 핵심에는 범죄에 대한 문제해결 접근을 지지하는 3가지 원칙이 있다
(National Crime Prevention Council, 1997: 7-8).

(1) 자연적 접근 통제(natural access control)

자연적 접근 통제는 범죄 목표물에 대한 접근을 방지하고, 범죄자로 하여
금 목표물을 선택하는 것이 위험하다는 인식을 만들기 위해서 관목, 울타리,
정문과 같은 요소를 사용한다.

(2) 자연적 감시(natural surveillance)

자연적 감시는 불법 침입자를 관찰하는 능력을 증가시키기 위해 창문, 전
등, 풍경 등을 올바르게 배치하는 것이다. 그 결과 사용자로 하여금 부적절한
행위에 대해서 경찰 또는 건물 소유자에게 신고할 수 있도록 한다.

(3) 영역적 강화(territorial reinforcement)

보도·현관과 같은 요소를 사용하는 것은 공적 영역과 사적 영역 사이를
구별하고, 사용자로 하여금 잠재적 범죄자에게 소유권을 보여주도록 만든다.

2) 2세대 환경설계 범죄예방

2세대 환경설계 범죄예방(2nd generation CPTED)은 최근에 개발되었는데,
이것은 안전한 지역사회의 귀중한 측면은 벽돌과 모르타르의 구조에 있는 것
이 아니라 가족, 생각, 행동(가장 중요)의 구조에 있다고 강조한다(Saville &
Cleveland, 1998: 14-16). 2세대 환경설계 범죄예방은 자연적 접근 통제, 자연적
감시와 같은 기본적 요소 외에도 이웃들이 활동하는 방법에 관한 사회적 측
면(social aspect)을 고려한다.

(1) 지역의 규모와 인구 밀도

지역 규모는 어떤 장소의 소외감에 영향을 미칠 수 있다. 우리는 작은 지역에 기반을 둔 이웃에서 살고, 그 가까운 곳에서 일하거나 학교에 다니면서 사람들을 사귈 필요가 있다. 우리는 사회적·경제적·정치적 상호작용을 위하여 더 많은 접촉을 촉진하는 방법을 개발해야 한다.

(2) 만남의 장소

만남의 장소를 제공하는 것은 이웃에서 절대적으로 필요하고, 만남의 장소의 부족은 도시 공간을 텅 비고 위험하게 만들 수 있다.

(3) 청소년 클럽

청소년 클럽의 창설은 1930년대의 CAP(Chicago Area Project) 이후 범죄예방 및 지역사회 형성 전략이 되었고, 여러 활동, 만남의 장소, 인명구조 훈련 등을 제공할 수 있다.

3. 일상적 활동이론

1970년대와 1980년대에 범죄 기회(crime opportunity)의 역할에 대한 중요성을 강조했던 범죄이론이 개발되었다. 코헨(Cohen)과 펠슨(Felson)(1997: 588-608)의 일상적 활동이론(Routine Activity Theory)은 (1) 동기부여된 범죄자, (2) 적절한 대상, (3) 범죄를 예방할 수 있는 보호자의 부재가 특정한 시간에 동일한 장소에서 발생할 때, 물리적·사회적 환경이 범죄기회를 만드는 방법을 설명하고자 노력하였다. 일상적 활동이론 모델은 범죄의 실행이나 예방에서 기회가 얼마나 중요한 요소인지에 대한 분명한 설명을 제공해 준다.

4. 합리적 선택이론

또 다른 기회감소이론인 합리적 선택 관점(Rational Choice Perspective)은 모든 범죄는 목적을 갖고 있는 행위로서, 범죄자에게 이익을 주기 위해서 설계된 것이라고 한다(Cornish & Clarke, 1986). 범죄자는 범죄를 범할 때의 '노력·위험·보상'과 목적 성취를 위한 합법적 수단의 '비용·이익' 간의 균형을 유지하기 위한 선택을 한다. 합리적 선택이론은 범죄자가 어떻게 특정 이웃을 범행 지역으로 선택하는지, 어떻게 범죄를 계획하는지, 어떻게 대상을 선택하는지를 이해하도록 도와준다. 중요한 요소는 범죄로 인한 이익을 극대화하고 비용을 최소화하는 기회가 존재하는지 여부에 대한 범죄자의 평가이다.

5. 상황적 범죄예방이론

범죄예방에서 최근의 연구는 특정 문제·장소·시간을 다루는 것에 노력을 집중시킨다. 클라크(R. V. Clarke)(1983: 225-256)는 상황적 범죄예방(Situational Crime Prevention: SCP)에 대해서 범죄 기회를 감소시키고, 범죄 실행의 위험을 증가시키는 것으로서 특정된 범죄를 대상으로 하는 방안이라고 하였다.

상황적 범죄예방의 사례들은 공공기물 파손(vandalism)을 경험한 주차구역에 감시 장비를 설치하고, 강도를 막기 위하여 은행에서 보안 검색을 하고, 도서관 자료를 위해 전자 태그를 사용하고, 음란 전화를 막기 위해서 발신자 확인장치(caller ID)를 사용하는 것을 포함한다.

상황적 범죄예방이론은 합리적 선택이론과 일상적 활동이론에서 나왔다. 그것은 사회나 제도의 향상을 통하여 범죄 또는 비행의 경향을 제거하는 것이 아니라 단지 범죄행위를 범죄자에게 덜 매력적인 것으로 만들고자 노력한다(Clarke, 1983: 230).

상황적 범죄예방은 범죄를 감소시키려는 선별된 수단이며, 다양한 환경에서 범죄를 예방하기 위한 전략에 대해서 분석적 틀을 제공한다. 그것은 범죄행위를 범하는 사람보다는 오히려 범죄 및 범죄예방의 환경(settings)에 중점을 두고, 범죄자를 수사하고 처벌하기보다는 오히려 범죄 발생을 방지하고자 노력한다. "기회가 도둑을 만든다"고 하기 때문에 다음과 같은 범죄 기회의 7가지 원칙이 개발되었다(Peak & Glensor, 2012: 93).

(1) 기회는 모든 범죄에서 일정한 역할을 한다.

(2) 범죄 기회는 매우 특정되어 있다(차를 타기 위해 절취하는 것은 차 부품을 위한 절도보다 다른 유형의 기회를 갖고 있다).

(3) 범죄 기회는 시간 및 공간에 중점을 둔다(차이점은 장소마다 발견되고,

시간에 따른 변화에서 발견된다).

(4) 범죄 기회는 일상활동의 이동에 의존한다(절도범은 거주자가 떠나 있는 낮 동안에 집을 침입한다).

(5) 한 개의 범죄는 또 다른 범죄를 위한 기회를 만든다(성공적인 절도범죄는 절도범으로 하여금 미래에 범죄를 다시 범하도록 촉진할 수 있고, 그의 자전거를 도난당한 청소년은 다른 사람의 것을 훔치는 데 정당화되는 것처럼 느낄 수 있다).

(6) 몇몇 상품들은 범죄 기회를 더욱 유혹한다(전자 장비 및 보석과 같이 쉽게 옮겨지는 물품은 매력적이다).

(7) 사회적·기술적 발전은 새로운 기회를 만든다(상품은 새로운 대량판매 단계에서 가장 원해진다. 그때 그것에 대한 수요가 가장 크다. 나중에 대부분의 사람이 그 상품을 갖고 있어서 절취될 것 같지 않은 포화단계에 이르게 된다).

상황적 범죄예방은 어떤 문제의 뿌리를 조사하고 그 문제에 대한 고유한 해결책을 확인하는 문제 지향적 접근법이다. 성공적인 상황적 범죄예방 전략은 특정 범죄를 대상으로 해야 하고, 범죄자의 동기와 그들의 방법에 대한 명확한 이해를 갖고 설계되어야 한다. 클라크(Clarke)와 콜니쉬(Cornish)(2003)는 범죄예방 목표를 <표 8-1>에서 보는 것과 같이 5가지 목표로 나누었는데, 그것들 각각은 범죄를 범하기에 너무 힘들고, 너무 위험하고, 보상을 너무 적게 만듦으로써 범죄자로 하여금 범죄를 범하지 못하도록 설계되었다.

〈표 8-1〉 상황적 범죄예방 매트릭스

Increase the Effort	Increase the Risks	Reduce the Rewards	Reduce the Provocations	Remove the Excuses
1. Harden targets	6. Extend guardianship	11. Conceal targets	16. Reduce frustratin and stress	21. Set rules
☐ Steering column locks and immobilisers	☐ Take routine precautions: go out in group at night, leave signs of occupancy, carry phone	☐ Off-street parking	☐ Efficient queues and polite service	☐ Rental agreements
☐ Anti-robbery screens		☐ Gender-neutral phone directories	☐ Expanded seating	☐ Harassment codes
☐ Tamper-proof packaging		☐ Unmarked bullion trucks	☐ Soothing music/muted lights	☐ Hotel registration

	☐ "Cocoon" neighborhood watch			
2. Control access to facilities ☐ Entry phones ☐ Electronic card access ☐ Baggage screening	7. Assist natural surveillance ☐ Improved street lighting ☐ Defensible space design ☐ Support whistleblowers	12. Remove targets ☐ Removable car radio ☐ Women's refuges ☐ Pre-paid cards for pay phones	17. Avoid disputes ☐ Separate enclosures for rival soccer fans ☐ Reduce crowding in pubs ☐ Fixed cab fares	22. Post instructions ☐ "No Parking" ☐ "Private Property" ☐ "Extinguish camp fires"
3. Screen exits ☐ Ticket needed for exit ☐ Export documents ☐ Electronic merchandise tags	8. Reduce anonymous ☐ Taxi driver IDs ☐ "How's my driving?" decals ☐ School uniforms	13. Identify property ☐ Property marking ☐ Vehicle licensing and parts marking ☐ Cattle branding	18. Reduce emotional arousal ☐ Controls on violent pornography ☐ Enforce good behavior on soccer field ☐ Prohibit racial slurs	23. Alert conscience ☐ Roadside speed display boards ☐ Signatures for customs declarations ☐ "Shoplifting is stealing"
4. Deflect offenders ☐ Street closures ☐ Separate bathrooms for women ☐ Disperse pubs	9. Utilize place managers ☐ CCTV for double-deck buses ☐ Two clerks for convenience stores ☐ Reward vigilance	14. Disrupt markets ☐ Monitor pawn shops ☐ Controls on classified ads. ☐ License street vendors	19. Neutralize peer pressure ☐ "Idiots drink and drive" ☐ "It's OK to say No" ☐ Disperse troublemakers at school	24. Assist compliance ☐ Easy library checkout ☐ Public lavatories ☐ Litter bins
5. Control tools/weapons ☐ "Smart" guns ☐ Disabling stolen cell phones ☐ Restrict spray paint sales to juveniles	10. Strengthen formal surveillance ☐ Red light cameras ☐ Burglar alarms ☐ Security guards	15. Deny benefits ☐ Ink merchandise tags ☐ Graffiti cleaning ☐ Speed humps	20. Discourage imitation ☐ Rapid repair of vandalism ☐ V-chips in TVs ☐ Censor details of modus operandi	25. Control drugs/alcohol ☐ Breath analyzers in pubs ☐ Server intervention ☐ Alcohol-free events

자료: Clarke & Cornish, 2003.

제3절 COPS국의 범죄예방전략

'지역사회 지향적 경찰활동 서비스국'(The Office of Community Oriented Policing Services Office: COPS Office)은 경찰을 위한 일련의 문제 지향 가이드를 발행했는데, 이 가이드는 특정 지역사회 문제를 이해하고 예방하는 데 중점을 둔다. 최근의 문제 지향 가이드 중 몇 개 보고서의 핵심 내용을 소개하면 다음과 같다.

Ⅰ. 절도 예방

1. 공공주택 절도의 예방

공동주택 단지는 미국에서 높은 범죄율로 악명이 높다. 보행자의 접근 및 이동 제한은 공동주택 단지에서 절도를 예방하는 첫 번째 전략이다. 두 번째 전략은 접근 지점에 자물쇠를 채우고 향상된 보안시설을 설치하는 목표 대상의 견고화이다. 세 번째 접근은 절도 목표물을 범죄자에게 매력적이지 않도록 만드는 것이다. 에크(Eck)(1997)는 절도 피해를 당했던 거주지역에 중점을 두는 것이 효과적이며, 그 주변 지역에 중점을 두는 것도 효과적이라고 제안하였다.

2. 건축 현장 절도의 예방

건축 현장 절도는 미국 및 세계의 여러 곳에서 중요한 문제로 인식되어 왔으며, 매년 미국에서만 10~40억 달러 정도의 재료, 도구, 건설장비가 도난당하고 있다(Boba & Santos, 2006). 경찰은 건축가와 협력적인 업무 관계를 형성하도록 하고, 반대로 건축가는 절도의 문제 및 유형, 지역 건축활동, 손실예방 노력에 관한 정보를 공유하도록 권고된다.

건축 현장 절도를 줄이기 위한 특정한 대응은 건축활동을 향상시키는 것을 포함한다. 예를 들면 감독되는 건축현장의 수를 제한하고, 노동자와 하도급업자의 고용을 제한하고, 도구에 대한 추적 시스템을 확보하고, 손실예방 직원을 고용하고, 현장 민간경비원을 고용하고, 범죄를 신고하도록 하는 직원 핫라인을 설치하는 것 등을 포함한다(Miller et al., 2014: 292-293).

또한 조명을 개선하고, CCTV를 설치·감시하고, 경보 시스템을 설치하고, 이동 저장장치를 사용하고, 펜스를 설치하고, 재물에 표시를 하고, GPS 위치 추적 칩을 설치하고, 범죄예방 표지를 부착하는 '목표대상 견고화 조치'(target hardening measures)가 권고된다.

3. 차량 절도의 예방

차량을 절취하거나 차량 내의 물건을 절취하는 것은 주차 관리인을 고용하고, 주차장 입구 및 출구에서의 감시 능력을 향상시키고, CCTV 시스템을 설치·감시하고, 조명을 개선하고, 경계를 확실히 하고, 출입구 장벽 및 전자식 접근장치를 설치하고, 지속적인 범죄자를 체포하고 기소함으로써 예방될 수 있다(Miller et al., 2014: 292). 미국의 많은 경찰관서들은 차량 절도의 예방 방법에 대한 정보를 시민에게 제공한다. 그러한 정보는 팸플릿, 신문기사, TV 공공서비스 공지, 시민조직에 대한 연설 등의 형태로 제공될 수 있다.

차량 절도 예방 프로그램의 2가지 주된 메시지는 시동장치에 열쇠를 두지 않는 것과 차를 잠그는 것이다. 이러한 메시지는 공공장소에 주차하는 경우에 시동장치에 열쇠를 두는 것은 법률 위반이라는 것을 경고하는 계기판의 스티커부터 포스터까지 다양한 방법으로 전달된다. 그리고 시동장치에 열쇠를 두는 것은 절도범죄를 유발하는 것이고, 죄 없는 사람의 부상이나 사망을 유발할 수 있고, 차 소유자의 보험율을 올릴 수 있다.

4. 상점 절도의 예방

상점 절도를 예방하기 위한 방법은 경찰과 상점 간에 파트너십을 개발하는 것이다. 그러한 파트너십은 특정 문제를 다루기 위하여 경찰과 함께 활동하는 개인 상점에서부터 특정 지역의 상점을 포함하는 지역 파트너십에 이르기까지 다양한 형태를 지닐 수 있다(Chamard, 2006). 또한 파트너십은 특정 이슈나 특정 상점에 대해서 이루어질 수 있다. 가장 일반적인 경찰-개인상점 파트너십은 상점 절도를 예방하기 위해서 소매업자들을 지원하는 경찰과 관련되어 있다.

II. 강도 예방

1. ATM 강도의 예방

ATM기는 1960년대 말에 미국에서 최초로 도입되었고, 현재 거의 모든 곳에서 발견될 수 있다. 스코트(Scott)(2001)는 ATM 강도에 대해서 다음과 같은 일반적인 결론을 제안한다.

(1) 대부분의 ATM 강도는 혼자 있는 피해자를 대상으로 어떤 무기를 사용하는 단독 범죄자에 의해서 범해진다.

(2) 대부분의 ATM 강도는 밤에 발생하는데 자정과 새벽 4시 사이에 가장 높은 위험을 갖고 있다.

(3) 대부분의 ATM 강도는 사람들이 인출한 후에 현금을 강취하는 것과 관련되어 있다.

(4) 대부분의 ATM 강도는 차량용 ATM보다는 보행자용 ATM에서 더욱 발생할 것 같다.

(5) ATM 강도의 피해자 중 약 15%가 부상을 당한다. 평균 손실은 100~200달러 사이이다.

ATM 강도를 줄이기 위한 특정한 대응조치는 조명·조경·위치를 변경하는 것을 포함한다. 즉 경찰관서에 ATM기를 설치하고, ATM기 사용자에게 안전칩을 제공하고, CCTV를 설치하고, 강도사건이 발생하는 동안 피해자가 경찰에게 신고할 수 있도록 하는 장치를 설치하고, 현금 인출 한도를 설정하는 것 등을 포함한다(Scott, 2001).

2. 택시기사 강도의 예방

택시기사 강도에 대하여 알려진 것의 대부분은 폭행 및 살인에 대한 기록이다. 몇몇 위험 요인은 택시기사가 강도 피해자가 될 수 있는 기회를 증대시킨다. 그들은 많은 낯선 사람과 접촉하고, 범죄다발 구역에서 근무하고, 주로 안전하지 않은 방법으로 현금을 갖고 다니고, 돈을 직접 다루고, 혼자 일하고, 고립된 장소로 가고, 그들은 밤에 늦게까지 일하고 아침에 일찍 일한다.

택시기사 강도를 예방하기 위해서 사용되는 전략 중에는 택시기사를 승객과 분리시키고, 감시 카메라로 활동을 기록하고, 도움을 요청하기 위한 무전장치나 경보장치를 설치하고, 자동 차량 위치(Automatic Vehicle Location) 시스템으로 택시 위치를 추적하고, 차량을 무력화하는 것이 있다. 다른 전략은 현금 이용을 제한하고, 현금 지급을 없애고, 현금을 안전한 곳에 두거나 안 보이게 하고, 현금의 액수에 대하여 기대를 최소화하는 것을 포함한다(Smith, 2005).

경찰활동은 택시기사 강도를 예방하도록 도울 수 있다. 즉 상습 범죄자를 목표로 하거나 택시기사가 동의한 경우에는 합리적 의심(reasonable suspicion)이나 상당한 이유(probable cause)가 없더라도 불심검문을 할 수 있도록 하는 권한을 부여하는 것이다. 마지막으로 산업 규칙, 규제, 관행이 택시 승차장 주변의 환경을 통제하고, 요금에 대한 승객과 기사의 갈등을 제거하고, 기사 자격 기준을 설정하고, 기사 안전 교육 프로그램을 운영하고, 택시 회사가 승객을 파악할 수 있도록 하고 기사로 하여금 좌석벨트 착용에서 면제해 주는 것을 포함할 수 있다(Miller et al., 2014: 300).

Ⅲ. 폭행·협박의 예방

1. 목격자 협박의 예방

범죄 목격자 또는 피해자는 범죄행위를 신고하거나 범죄수사를 돕는 것을 꺼려 한다. 이것은 범죄자의 보복 위협(인식 또는 실제)으로 인한 것일 수 있다. 목격자 협박을 예방하는 효과적인 전략은 주로 경찰, 검사, 다른 기관(공공주택, 공익기관, 사회서비스기관들)을 포함하는 다기관 파트너십(multi-agency partnership)을 요구한다. 데델(Dedel)(2006)은 다음과 같은 여러 방법을 제안한다.

 (1) 협박 신고를 신중하게 받고, 목격자를 보호하기 위한 절차에 참여하기
 (2) 합리적으로 제공될 수 있는 보안 서비스만을 약속하기
 (3) 지원에 대한 모든 제안과 목격자를 보호하기 위한 모든 노력을 서류화하기
 (4) 목격자로 하여금 그러한 보호가 철회될 수 있는 상황을 이해하도록 하고, 보호를 철회하는 모든 결정을 서류화하기

목격자를 보호함으로써 협박을 감소시키기 위한 특정한 대응방안은 다음
과 같다(Dedel, 2006).

(1) 범죄를 신고하거나 진술할 때 목격자 신원 확인의 위험을 최소화하기

(2) 경보 및 다른 범죄예방 장치를 사용하기

(3) 목격자와 범죄자 사이의 접촉 가능성을 감소시키기

(4) 목격자를 직장과 학교에 데려다 준 후 데리고 오기

(5) 목격자를 지원하기

(6) 목격자와 피고를 법정에서 분리하기

(7) 규정에 따라 임시적으로 또는 단기간이나 지속적으로 목격자의 위치
를 변경하기

2. 가정 폭력의 예방

가정 분쟁은 경찰서비스를 가장 많이 필요로 하는 요청이다. 많은 가정
분쟁은 폭력과 관련되지 않으나 '지역사회 지향적 경찰활동 서비스 국'(COPS
Office)은 폭력과 관련된 가정 분쟁을 다루는 지침을 갖고 있다(Sampson,
2007). 이 지침은 경찰이 지역의 가정 분쟁 문제를 분석하고 대응하도록 도와
준다. 미국에서 가정폭력은 여성이 경험하는 비치명적 폭력범죄의 약 20%를
설명해 준다. 지역사회 경찰활동 철학 및 그 실행을 통하여 법집행 기관은
선택사항을 늘리기 위한 경찰-지역사회 파트너십을 형성함으로써 가정폭력
문제를 다루는 데 그들의 효과성을 향상시키고자 노력하고 있다.

경찰간부 연구포럼(PERF)은 경찰-지역사회 파트너십의 성격·기능·영향을
연구하였다. 연구는 경찰·지역주민·기관 사이의 파트너십은 기관들이 서로와
의사소통하는 방법과 그들이 가정폭력 피해자의 안전을 향상시키는 데 그들의
에너지를 집중시키는 방법을 향상시켰다(Miller et al., 2014: 294).

3. 아는 사람에 의한 대학생 강간의 예방

강간은 오늘날 미국 대학의 캠퍼스에서 가장 흔한 폭력범죄이다. 강간 예
방은 보안시설을 설치하고, 어두워진 후에 학생을 에스코트하고, 캠퍼스에서
위험한 낯선 사람들로부터의 보호에 중점을 두는 워크숍에 거의 중점을 두었

다. 불행하게도 이러한 기술은 매우 성공적이지는 못했다. 왜냐하면 거의 모든 성폭행이 서로를 알고 있는 사람들 사이에서 발생하기 때문이다.

COPS Office는 경찰과 캠퍼스 공공 안전관(public safety officers)이 문제를 효과적으로 예방하도록 도와 줄 수 있는 '문제해결 가이드'(problem-solving guide)를 갖고 있다(Sampson, 2003). 이 지침은 문제와 그 범위, 원인, 기여요인, 특정한 캠퍼스에 대한 문제를 분석하는 방법, 검증된 대응, 대응 효과성의 평가방안을 설명한다.

4. 바의 폭행 예방

미국에서 바의 폭행은 소도시뿐만 아니라 대도시에서 자주 발생하는 문제이다. 이러한 폭행 중 대부분은 알코올과 관련되어 있으나 일부는 그렇지 않다. 대부분은 비교적 소수의 장소에서 주말 밤에 발생한다(Scott & Dedel(a), 2006). 알코올 이외에 바에서 공격과 폭행에 영향을 미치는 요인은 시설의 유형, 바의 집중, 마감 시간, 공격적인 시도, 젊은 남성, 낯선 사람의 높은 비율, 주류 가격 할인, 술 취한 손님에 대한 계속된 서비스, 혼잡함, 편안함 부족, 경쟁적 상황, 손님에 대한 직원의 낮은 비율, 좋은 오락거리의 부족, 매력적이지 않은 장식과 어두운 전등, 무질서한 행동에 대한 인내, 무기의 이용 가능성, 낮은 수준의 경찰 집행 및 규제를 포함한다(Miller et al., 2014: 298).

바의 폭행 문제를 다루기 위한 효과적인 전략은 지역사회, 바, 지방정부를 통합하는 광범위한 연합을 필요로 한다. 게다가 어떤 대응전략이든 서비스 제공, 소비 유형, 환경의 물리적 편안함, 바가 끝난 후에 사람을 분산시키는 공공교통의 이용 가능성과 같은 많은 위험요소를 다루어야 한다. 스코트(Scott)와 데델(Dedel)(2006a)은 이러한 문제를 다루기 위해서 다음과 같은 대안을 제안한다.

(1) 알코올 소비를 감소시키기

만취를 예방하기 위해 책임 있는 음료 서비스 프로그램을 확립하고, 더 천천히 술 마시는 비율을 늘리고, 미성년 음주를 금지하고, 도수가 낮은 음료나 무알코올 음료를 제공하고, 알코올 서비스를 가진 음식 서비스를 요구하거나 촉진하고, 알코올 가격 할인을 삼가도록 하는 것에 의해 알코올 소비는 감소될 수 있다.

(2) 바를 안전하게 만들기

바는 직원으로 하여금 고객을 비폭력적으로 대하도록 훈련시키고, 적합한 교통수단을 확립하고, 바 폐점 시간을 유연하게 하고, 바 입구·출구·주변을 통제하고, 매력적이고 편안하고 즐거운 분위기를 유지하고, 바 고객을 위한 명확한 행동규칙을 제정·집행하고, 잠재적인 무기와 부상 원인을 감소시키고, 사건이 발생할 때 사건에 대하여 신고하고, 알려진 말썽꾼이 바에 출입하는 것을 금지시키는 것에 의해서 더욱 안전하게 될 수 있다.

Ⅳ. 성매매의 예방

미국에서 거리 매춘은 이웃 무질서의 표시이며, 낯선 사람, 마약 판매상, 매춘 알선업자, 다른 범죄자를 이웃으로 끌어들인다. 이웃의 여성 거주자는 버스를 기다리거나 상점에 걸어가는 것을 두려워한다. 부모는 자녀가 그 문제에 노출되는 것을 원하지 않고, 공적·사적 공간에 남아 있는 위험한 쓰레기(예 사용한 콘돔과 바늘)에 관하여 걱정한다. 매춘은 경찰에게 낮은 우선순위인 반면에 영향을 받는 이웃에게는 높은 우선순위의 이슈인 것이다.

성매매에 대한 전통적인 대응은 주로 비효과적이었다. 기본적으로 체포와 기소로 구성되어 있어서, 많은 매춘부가 체포되고, 간혹 성매수자도 체포된다. 그러나 지역사회 경찰활동은 많은 다른 대응을 행하였다. 그러한 대응 중 많은 것은 효과적인 것으로 증명되었다. 몇몇 대응방안을 소개하면 다음과 같다(Scott & Dedel, 2006b).

(1) 매우 가시적인 경찰 존재를 확립하기
(2) 매춘에 대한 공적 시위를 개최하기
(3) 매춘부와 고객을 교육 및 경고하기
(4) 최악의 범죄자를 목표로 하고, 매춘부를 대상으로 한 제한 명령을 확보하기
(5) 매춘부에 대한 정부 지원을 중지하기
(6) 매춘부에 대하여 통행 금지를 부과하기
(7) 성매수자를 수치스러운 공개에 노출시키기
(8) 성매수자의 행위에 영향을 미치는 사람(고용주, 배우자 등)에게 통지하기

(9) 차량 몰수나 운전면허증 취소에 의해서 성매수자의 운전 능력을 제한하기

(10) 매춘부의 매춘행위를 중지하도록 돕기

(11) 매춘부로 하여금 중대범죄를 신고하도록 촉진하기

(12) 매춘부에게 위험한 고객 정보를 제공하기

(13) 골목·거리·주차구역을 폐쇄함으로써 교통을 다른 곳으로 돌리게 하기

(14) 전등을 개선하고 버려진 건물을 안전하게 하기

(15) 건물 소유주로 하여금 건물이 매춘을 위해 사용되고 있을 때 책임지
도록 하기

제4절 지역사회 범죄예방 프로그램

경찰은 혼자서는 범죄와 무질서 문제를 해결할 수 없다. 경찰은 거리를
더욱 안전하게 하고, 삶의 질을 향상시키는 프로그램에 대한 시민의 지지와
적극적 참여를 위해서 시민에게 관심을 가져야 한다. 지역사회 범죄예방 프
로그램에의 시민참여는 지난 30여 년 동안 매우 증가하였다. 이러한 지역사
회 범죄예방 프로그램의 이면에 있는 생각은 시민이 '지역사회의 눈과 귀'가
되었고, 지역사회를 안전하게 유지하기 위해 경찰과 지역사회가 함께 활동했
던 미국의 초기 법집행시대로 거슬러 올라간다. 지역사회 범죄예방 프로그램
은 강력한 리더십을 필요로 하며, 범죄예방활동에서 시민에게 적극적 역할을
부여할 것이다. 국제경찰서장협회(IACP) 범죄예방위원회는 경찰관서의 조직
철학 및 정책의 기초를 '범죄예방 전략'에 두도록 요구한다(The IACP Crime
Prevention Committee, 2005).

Ⅰ. 이웃 돌봐주기 프로그램

1. 이웃 돌봐주기 프로그램의 역사

대부분의 경찰관서는 지역사회에 적합한 맞춤식 프로그램을 제공하며, 특
히 시민이 다양한 이웃 돌봐주기(Neighborhood Watch) 프로그램에 참여할 수

있도록 웹 사이트에 정보를 올린다. 지역사회 구성원이 참여하는 범죄예방 프로그램은 다양한 지역에서 다른 명칭을 갖고 있다. 그 예들은 Crime Watch, Block Watch, Community Alert, Neighborhood Watch이다. 이웃 돌봐주기 프로그램은 1972년에 시작되었으며 National Sheriffs' Association(NSA)에 의해 후원을 받고 있다. 시민은 그들 자신을 조직화하고, 지역사회에 대해서 면밀히 관찰하고 있는 법집행관과 함께 활동한다. 시작 이후 10년이 못 되어 전국 인구 중 12% 이상이 이웃 돌봐주기 프로그램에 참여하였다.

2. 이웃 돌봐주기 프로그램의 목적

이웃 돌봐주기 프로그램의 주된 목적은 다음과 같다.
(1) 이웃의 재산과 자녀 등에 대한 협력적인 감시 시스템을 유지한다.
(2) 의심스러운 행동·사람 또는 진행 중인 범죄를 즉시 정확하게 경찰에게 신고한다.
(3) 모든 이웃 주민들에 의한 가정 안전검사, 목표물 강화, 재물표시 활동을 서로 지원해 주고 격려해 준다.
(4) 범죄예방에 대한 교육용 자료의 배포를 위한 시스템을 유지한다.
(5) 범죄 피해자가 정상상태로 돌아갈 수 있도록 도와준다.
(6) 주민이 목격자로서 행동할 수 있도록 한다.
(7) 나이 들거나 쇠약한 주민과 어린이가 범죄피해로부터 그들 자신을 보호할 수 있도록 도와준다. 필요할 때는 언제든지 이러한 집단을 보호할 수 있는 추가 프로젝트를 지원한다.

3. 이웃 돌봐주기 프로그램의 내용

이웃 돌봐주기 프로그램은 인기 있는 지역사회 파트너십 전략이다. 이 프로그램의 구체적인 내용을 소개하면 다음과 같다.

1) 정기적인 모임

이웃 돌봐주기 프로그램에서 조직화된 지역 집단은 지역사회의 문제와 관심사 등을 논의하기 위해서 일반적으로 한 달에 한 번씩 모임을 갖게 되며, 한 개의 이웃 돌봐주기 집단은 평균적으로 15~30개 가정을 포함하고 있다.

2) 회보 발간

이웃 돌봐주기 프로그램은 참여자의 관심을 유지시키고 새로운 참여자를 모집하기 위하여 회보를 발간하는데, 다양한 회보의 공통적인 요소는 (1) 지역 범죄통계의 최신 정보, (2) 범죄예방 정보(특히 휴가나 휴일에 대한 조언), (3) 관할구역 내에서 새롭게 형성된 이웃 돌봐주기 집단에 대한 공지, (4) 이웃 돌봐주기 집단에 의해 예방된 범죄 사례 등이다.

3) 광범위한 범죄예방활동에의 참여

이웃 돌봐주기 집단은 지역사회 지향적 활동뿐만 아니라 광범위한 범죄예방활동에 참여한다. 시민은 그들의 구역(block)에서 활동을 감시하고, 의심스럽거나 무질서한 행위에 대해서 경찰에 신고한다. 이웃 돌봐주기 구역은 사람들에게 그 구역이 이웃 돌봐주기 집단에 의해서 보호되고 있다는 것을 경고하는 [그림 8-2]와 같은 경고판을 부착하고 있다.

[그림 8-2] 이웃 돌봐주기 프로그램 심벌

[그림 8-3] 이웃 돌봐주기 프로그램의 10단계

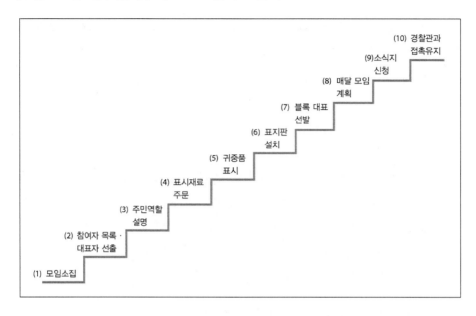

거주지역에서 일상적으로 활동하는 우편 종사원, 전력회사 직원, 배달 직원과 같은 서비스 제공자들은 의심스런 활동을 인식하는 훈련을 받는다. 그들이 의심스런 활동을 경찰 지령관에게 신고하면 경찰 지령관은 경찰에게 통지한다. 변화하는 기술을 활용하기 위해서 많은 경찰관서들은 시민이 도시 또는 특정지역 내의 사건뿐만 아니라 범죄경향에 대한 문자 경고(message alert)를 받을 수 있도록 사전에 동의해 줄 것을 요구한다. 이웃 돌봐주기 프로그램을 실시하기 위한 10단계는 [그림 8-3]에서 보는 것과 같다.

4. 이웃 돌봐주기 프로그램의 효과

이웃 돌봐주기 프로그램은 어떤 범죄(특히 주거침입 절도)에 대해서 단기간의 감소를 가져올 수 있으며, 그러한 프로그램이 단지 범죄문제만을 다루기보다는 일반적인 목적의 일부일 때 더욱 효과적일 것 같다(Garofalo & McLeon, 1988: 1). 그러나 이웃 돌봐주기 프로그램은 범죄에 거의 영향을 미치지 않는 것으로 반복해서 보고되고 있다(Kessler & Duncan, 1996: 627-629).

종합적인 연구들 중 몇 개를 수행했던 영국에서의 연구는 이웃 돌봐주기 프로그램이 1980년대 초에 도입된 이후로 영국에서 단 1건의 범죄도 예방했다는 확실한 증거가 없다는 것을 보여주었다(Bennett, 1994: 240). 이러한 연구들은 거의 범죄가 없는 부유한 교외지역에서 이웃 돌봐주기 프로그램이 더욱 적극적이며 경찰과 더욱 밀접한 관계를 갖고 있다는 것을 발견했다.

더 많은 범죄가 발생하는 지역에서 살고 있고 도시 내 소수민족 지역에서 거주하는 주민들은 이웃 돌봐주기 프로그램이나 다른 경찰협력 활동에도 더 적게 참여한다. 지역 주민이 지역에 대해서 더 많은 애착을 느끼면 느낄수록 그들은 지역사회에 더 많은 투자를 한다. 그들은 최고 수준의 삶의 질을 유지하기 위해서 범죄예방활동에 참여할 것이다.

Ⅱ. 가정 안전조사 및 재물표시 프로그램

1. 가정 안전조사

목표물 견고화(Target Hardening) 프로그램은 지난 수십 년 동안 매우 인기 있었다. 목표물 견고화 프로그램은 (1) 절도 경보장치를 설치하고, (2) 보호문을 설치하고, (3) 범죄자의 침입을 더욱 어렵게 만드는 장치·기술의 활용과 관련이 있다. 목표물 견고화를 촉진하기 위해서 많은 경찰관서들은 가정 안전조사(home security survey)와 상가 안전조사(business security survey)를 무료로 제공한다.

2. 재물표시

재물표시(Operation Identification) 프로그램은 도난당한 물품이 경찰에 의해 회복된 경우에 그 물품을 소유주에게 되돌려 줄 것을 목표로 하여 자전거, 텔레비전, 개인 전자제품 등과 같은 재물에 인식번호를 새기는 것이다. 또한 재물표시 프로그램은 어떤 집이 경보장치를 갖추고 있거나 재물표시 프로그램에 참여하고 있다는 것을 알려주는 창문 표시를 하도록 권고한다.

III. 전국 야간행진 프로그램

1. 전국 야간행진의 개념

매년 시민들은 '전국 야간행진'(National Night Out)이라고 불리는 날의 저녁 8:00~9:00 사이에 모든 외부등을 켜고 그들의 가정 밖에서 걷도록 요구된다. 전국 야간행진일이 지역사회마다 다를지라도 일반적으로 8월 첫째 주 동안에 열린다. 전국 야간행진 프로그램은 퍼레이드와 콘서트를 기획하고, 매년 행사를 위해 기업 스폰서를 확보함으로써 점차 많은 주민이 참여하고 있다.

[그림 8-4] 전국 야간행진 프로그램 홍보 포스터

2. 전국 야간행진의 목적

전국 야간행진 프로그램의 주된 목적은 이웃이 서로를 잘 알 수 있도록 하고, 그 결과 의심스러운 사람 및 활동이 가능한 한 빨리 탐지되고 신고되도록 만드는 것이다. 또 다른 목적은 지역의 범죄예방 노력을 위해서 지역사회의 지지와 참여를 유도하고, 지역사회 의식을 강화하며, 범죄자에게 이웃주민이 그들을 관찰하고 있다는 경고를 하는 것 등이다.

Ⅳ. 시민순찰 프로그램

1. 시민순찰의 개념

시민순찰(Citizen Patrol)은 미국 전역에서 매우 인기 있다. 시민순찰은 시민이 도보나 개인 차량으로 순찰하도록 하고, 지역의 범죄 또는 범죄자에 대해서 경찰에게 신고하도록 하여, 경찰의 눈과 귀가 되도록 하는 것이다. 많은 경찰관서들은 공식적인 방법에서 시민을 관찰자(observer)로 이용하고 있다.

훈련을 받은 자원봉사자들(종종 시민경찰학교의 수료생)은 제복을 입고, 경찰관서의 차량을 운전한다. 이 차량은 눈에 띄는 표시를 갖고 있지만, 경찰 차량과는 다르게 표시되어 있다. 시민은 팀을 이뤄서 순찰하고, 경찰에게 또 다른 눈과 귀가 되며, 의심스런 활동을 신고하는 방법에 대해서 교육을 받고 있다.

2. 수호천사

1) 수호천사의 등장

미국에서 가장 잘 알려진 시민순찰은 수호천사(Guardian Angels)이다. 1977년에 New York시 지하철 차량과 역을 순찰하기 위해서 슬리와(Curtis Sliwa)에 의해서 시작된 수호천사는 미국의 많은 지역에 지부를 갖고 있다.

2) 수호천사의 활동

수호천사는 독특한 빨간 베레모와 T-셔츠를 입고서 버스·지하철·거리에서 순찰하는 젊은 사람들이다. 그들의 주요 기능은 잠재적 범죄자에 대해서 위협적인 세력으로 행동하는 것이다.

3) 수호천사의 공식적 승인

수호천사의 단순한 존재가 많은 사람들을 안심하게 해 준다. 그러나 수호천사가 시민에게 인기가 있을지라도, 잘 훈련된 경찰관만이 질서를 유지할 수 있다고 주장하는 경찰간부에게 수호천사는 환영받지 못하였다(Kenney, 1989: 376-400). 1996년에 수호천사는 마침내 New York시 경찰국에 의해서 공식적인 승인을 받았으며, New York시 경찰국은 수호천사에게 범죄진압 기술(crime-fighting techniques)을 훈련시키고, 유명한 Central Park의 안전을 향상시키기 위해서 그들로 하여금 경찰지원을 받는 롤러스케이트 순찰대의 구성원으로 활동하도록 하였다.

4) 수호천사 아카데미 개설

수호천사는 New York에서 인증을 받은 아카데미를 열었으며, 미국을 더욱 안전하게 만들기 위해 미국 국토안보부(U.S. Department of Homeland Security)와 연계하여 활동하고 있다. 그들의 목표는 폭력을 완화하고, 소란 야기자를 진압하며, 경찰에게 신고하는 것이다. 그들은 어떤 유형의 물리적 폭력이든 피하고자 노력하고 폭력을 중지시키는 것이 전체 지역사회의 책임이라고 느낀다.

5) 수호천사의 평가

San Diego 및 미국의 20개 지역에서 수호천사의 영향 평가는 범죄에 대한 수호천사의 영향력이 결정적이지 못하다는 것을 보여준다. 그러나 수호천사를 알고 있는 시민 중 대부분은 수호천사의 존재로 인해서 더욱 안전하게 느꼈다는 것을 보여주었다(Pennell, Curtis, Henderson, & Tayman, 1989: 376-400).

3. 사이버 천사

수호천사는 청소년 폭력, 괴롭힘(bullying), 인터넷 안전을 포함해서 지역사회의 다른 관심사로도 그들의 노력을 확장했다. 그들의 유명한 인터넷 안전 프로그램은 '사이버 천사'(CyberAngels)라고 불린다. 이러한 노력과 관련하여 사이버 천사는 학교와 협력했으며, 학부모를 교육하고, 교사를 훈련하고, 청소년을 강하게 만들어 줄 프로그램을 갖고 있다. 사이버 천사의 웹사이트는 다양한 프로그램의 개요을 보여주며, 사이버 천사에의 연락을 위해 필요한 정보뿐만 아니라 세계 곳곳에 있는 지부의 목록을 보여준다.

V. 시민 자원봉사자 프로그램

1. 시민 자원봉사자 프로그램의 개념

경찰관으로 하여금 단순한 업무에서 자유롭게 하여 본연의 순찰업무로 돌아가도록 하는 시민 자원봉사자 프로그램(Citizen Volunteer Program)은 다양하고 인기가 있다. 시민 자원봉사자는 범죄분석, 사무업무, 피해자 지원, 범죄예방, 쇼핑센터 순찰, 빈집 체크, 소년 지문채취 등과 같은 업무를 수행한다. 각 지역사회에서 시민에게 제공되는 프로그램 및 서비스는 경찰관서 및 지역사회에 적합하도록 조정되어야 한다.

2. 시민 자원봉사자 프로그램의 가치

미국 경찰관서에서 자원봉사자의 활용은 매우 증가했다. 경찰관서들은 많은 관점에서 주민 재능 활용의 가치를 깨달았다. 자원봉사자를 모집하기 위해 적극적으로 노력하지 않는 경찰관서는 지역사회 자원을 효과적으로 활용하지 못하는 것이다.

1) 경찰업무의 효과성 향상

자원봉사자 프로그램은 경찰관서로 하여금 경찰업무를 더욱 효과적으로 성취하고, 자원을 극대화하고, 공공안전 및 서비스를 촉진시키고, 지역사회 관계를 향상시키도록 돕는다. 자원봉사자는 경찰관으로 하여금 순찰과 수사업무에 집중하고, 시민이 원하는 서비스를 제공할 수 있도록 도와준다.

2) 경찰에 대한 지지 확보

자원봉사자는 그들의 경찰관서에 많은 관심을 갖고 있고, 경찰관서는 새로운 프로그램을 시작하거나 확산시킬 때 또는 추가 인력을 고용해야 할 때 그 지지를 얻기 위해 자원봉사자에게 의지할 수 있다.

3) 새로운 프로그램의 시도 가능

경찰관은 위기상황 이외의 시간에 시민들과 향상된 관계를 형성하고 있다. 경찰행정가는 경찰관을 위험한 업무에 재배정하고 자원봉사자로 하여금 위험하지 않은 업무를 맡도록 한다. 그 결과 경찰관서는 인력과 예산 부족 때문에 시도할 수 없었던 새로운 프로그램을 시도할 수 있다.

4) 투입비용을 훨씬 초과하는 가치

자원봉사자에게 지불해야 할 급여는 없을지라도 프로그램 코디네이터를 위한 급여, 선발, 훈련, 업무공간, 보급품, 장비, 유니폼, 표창을 포함해서 자원봉사자를 활용하는 것과 관련된 비용이 든다. 그러나 성공적인 프로그램을 시작했던 대부분의 경찰관서는 투입된 자원봉사의 가치가 그 프로그램과 관련된 투입비용을 훨씬 초과한다는 것을 발견했다(Kolb, 2005: 22-30).

Ⅵ. 상가 앞 출장소 또는 소규모 경찰관서 프로그램

1. 일반 시민에의 접근 노력

일반 시민에게 더 가까이 가려는 노력에서 미국의 많은 경찰관서들은 상가 앞 출장소(police storefront stations) 또는 소규모 경찰관서(mini-stations)를 운영하고 있다. 이러한 프로그램을 통해서 경찰관이 상가 앞 출장소 또는 소규모 경찰관서의 주변에서 순찰하고, 지역 주민과 함께 범죄예방 프로그램에 참여한다.

2. 많은 상점의 참여

7-Eleven, McDonald's, 약국 체인점 CVS와 같은 상점들은 상점 내에 있는 테이블을 경찰관 업무석으로 예약해 두고, 임시 경찰출장소로 활용할 수 있도록 함으로써 경찰관에게 그들 상점을 개방하고 있다.

3. 상가 앞 출장소의 활용 증대

많은 관할구역들은 상가 앞 출장소 또는 소규모 경찰관서를 활용한 서비스를 강화하였다. 그들의 목표는 세금을 더욱 능률적으로 사용해서 납세자를 위해서 더욱 접근성 있는 서비스를 제공하는 것이다. 지역 주민은 상가 앞 출장소 또는 소규모 경찰관서에서 사소한 지역업무를 처리할 수 있고, 다양한 서류들을 얻을 수도 있다.

VII. 범죄신고 보상 프로그램

1. 범죄신고 보상 프로그램의 개념

'범죄신고 보상 프로그램'(Crimes Stoppers)은 1975년 New Mexico 주 Albuquerque에서 시작된 이후에 빠르게 전국으로 확산되었다. [그림 8-5]에서 보는 것과 같은 전형적인 범죄신고 보상 프로그램과 함께, 경찰은 TV와 라디오 방송국에게 '이번 주의 미해결 범죄'를 광고하도록 부탁한다. 범죄자의 유죄 판결을 가져오게 된 정보 제공에 대해서는 현금으로 보상한다 (Rosenbaum, Lurigio, & Lavrakas, 1986).

[그림 8-5] 범죄신고 보상 프로그램의 심벌

2. 범죄신고 보상 프로그램의 효과

현재 전세계에서 1,200개 이상의 범죄신고 보상 프로그램이 운영되고 있다. 범죄신고 보상 프로그램은 도입된 이후에 피해자의 재산을 되찾는 데 기여했으며, 총 7억 달러 이상의 마약을 압류하는 데 기여하였다. 범죄신고 보상 프로그램은 지역사회의 이익을 위해서 일반 시민과 민간 영역이 함께 노력하고 있는 대표적인 예이다.

VIII. 대중매체 캠페인 프로그램

1. 매중매체 캠페인의 개념

'Take a Bite Out of Crime'과 같은 대중매체 캠페인은 시민을 위해서 범죄예방대책을 제안한다. 'Take a Bite Out of Crime'은 국가범죄예방위원회(National Crime Prevention Counci: NCPC)의 대변인 개로서 방수 외투를 입은 만화 주인공인 McGruff를 주연으로 하고 있다. McGruff는 사람들에게 범죄행위를 목격했을 때 취해야 할 행동에 대해서 자문해 준다. 1980년 McGruff 캠페인을 도입한 이후로 McGruff는 범죄예방운동의 아이콘이 되었다. McGruff는 모든 연령의 집단에서 광범위한 긍정적인 이미지를 형성하고 있다.

[그림 8-6] Crime Dog McGruff

NCPC는 변화하는 기술에 맞춰서 그 기관의 목표를 확대하여 사이버 괴롭힘(cyberbullying), 개인정보 도난(identity theft), 사이버 범죄(cyber crime) 등에 대해서도 범죄예방운동을 행하고 있다.

2. 대중매체의 다양한 역할

1) 범죄와의 싸움 지원

대중매체는 지난 20년 동안에 범죄와의 싸움에서 더 큰 역할을 맡았다. 경찰과 대중매체의 좋은 업무관계는 경찰이 대중매체의 협력을 얻거나 대중매체가 획득한 정보·위치·사진을 배포하지 않도록 하는 데 필수적이다.

2) 특정 범죄문제의 해결 지원

대중매체는 지역사회가 겪고 있는 특정 범죄문제의 해결을 지원하도록 부탁을 받는다. 이 경우 대중매체는 시민에게 범죄 발생을 알리거나 시민이 피해자가 될 가능성을 최소화하기 위하여 취할 수 있는 조치를 알려준다. 일반적으로 대중매체는 법집행기관에게 중요한 자산이 될 수 있으나 이것은 양자 간의 협력관계 정도에 달려 있다. 대중매체는 아동유괴사건을 해결하도록 돕는 데 적극적인 역할을 하였다. AMBER 경보 시스템의 실행 이후로 피의자와 차량에 대한 대중매체 방송정보는 많은 아이들의 안전한 귀가와 유괴범 체포를 촉진시켰다.

IX. 사제 프로그램

1. 사제 프로그램의 개념

미국 전역의 경찰관서들은 적극적이고 참여적인 사제 프로그램(chaplain program)을 운영함으로써 얻는 이익을 발견했다. 사제들은 지역사회 내 다양한 종교기관과의 연락원(liaison) 역할을 하였다. 비극적인 사건이 발생했을 때 사제들은 필수적인 역할을 했으며 피해자, 가족, 경찰관에게 상담 등을 제공하였다.

2. 사제 프로그램의 효과

사제들이 자살 또는 살인사건을 지원하기 위해서 나타났을 때 그들은 경찰관으로 하여금 감정으로부터 자유롭게 하여 범죄수사에 집중할 수 있도록 돕는다. 잘 형성된 사제 프로그램은 지방의 모든 종교집단의 대표자를 모집하고자 시도한다. 지역사회에서 갈등적인 사건이 발생했을 때 사제들은 문제를 해결할 수 있도록 돕고, 법집행기관으로 하여금 지역사회 니즈를 더 잘 파악할 수 있도록 지원한다(Morgan, 1999: 148).

X. 시민경찰학교 프로그램

1. 시민경찰학교의 개념

많은 경찰관서들은 시민경찰학교(Citizen Police Academy) 프로그램을 실시하고 있다. 시민경찰학교를 통해서 경찰기관은 지역사회 구성원에게 경찰관의 역할 및 책임에 대해서 교육하고, 경찰관서의 활동방법을 잘 이해하도록 도와준다. 시민경찰학교의 목표는 단지 법집행에 대해서 교육 받은 시민을 배출하는 것이 아니라 경찰관서의 활동 및 서비스를 잘 알고 있는 핵심 시민을 배출하는 것이다. 웹 사이트는 시민경찰학교 과정을 설명하고 신청양식을 제공한다.

2. 시민경찰학교의 등장

Florida주 Boca Raton 경찰서는 1992년 이후 1년에 3회 성공적인 시민경찰학교를 운영했다. 이것은 지역사회 내에 지적인 시민 자원을 제공하도록 돕는다. 시민경찰학교 프로그램은 미국 전역에 급속도로 확산되었다. 전형적으로 시민경찰학교는 8~10주 동안 1주일에 1일 저녁 시간에 열리고, 경찰관서의 주요 기능에 관한 정보를 제공한다.

3. 시민경찰학교의 운영

1) 자원봉사자의 훈련

많은 경찰관서들은 자원봉사자 풀을 위한 준비로서 시민경찰학교를 활용한다. 시민경찰학교는 자원봉사자들에게 경찰관서에 대해서 자세하게 설명한다. 경찰관서는 노인 또는 고등학생과 같은 특정 집단의 욕구를 충족시키기 위해서 시민경찰학교를 맞춤식으로 조정할 수 있다.

2) 다양한 경찰부서의 기능 학습

시민경찰학교의 핵심은 경찰관서가 전문영역을 가르치기 위해서 전문가를 활용하고, 참여자들과 열정 및 열의를 공유한다는 것이다. 참여자들은 경찰관서 내의 많은 경찰관을 만나게 되고 다양한 경찰부서가 활동하는 방법을 배운다. 참여자들은 경찰이 어떤 것을 행하거나 행할 수 없는 이유를 배우게 되고 그 결과 지역 경찰에 대해서 현실적인 기대를 갖게 된다.

3) 소수민족과의 관계 향상

경찰관서는 소수민족과의 관계를 향상시키고 미국 경찰에 관하여 교육하기 위하여 소수민족을 위한 시민경찰학교를 개설하기 시작했다.

XI. 순찰차 동승 및 경찰관서 투어 프로그램

1. 순찰차 동승 프로그램

순찰차 동승 프로그램에서 시민은 경찰관과 함께 순찰차를 타고 경찰서비스 요청신고에 대응한다. 시민은 경찰이 수행하는 활동과 경찰이 접하게 되는 특별 문제를 직접 보게 된다. 순찰차 동승 프로그램을 제공하는 경찰관서는 참여 시민에게 부상을 당할 경우 경찰을 민사소송에서 자유롭게 해주는 포기서(waiver)에 서명하도록 요구한다.

2. 경찰관서 투어 프로그램

시민들로 하여금 그들의 세금이 어떻게 사용되고 있는지를 볼 수 있도록 하기 위해서 경찰관서는 경찰서, 경찰본부 건물, 사격장, 다른 시설에 대한 투어를 제공한다.

3. 시뮬레이션 사격 프로그램

경찰관서는 경찰관이 거리에서 접하게 되는 복잡한 상황에 대한 이해를 촉진하기 위해서 시민들로 하여금 컴퓨터 시뮬레이션 프로그램을 활용한 shoot/don't shoot 프로그램에 참여하도록 한다.

XII. 지역사회 긴급대응팀 프로그램

1. 지역사회 긴급대응팀의 개념

최근 경찰기관은 적극적으로 지역사회 긴급대응팀(Community Emergency Response Teams: CERT)을 설치했다. 팀 구성원은 긴급사태나 재난발생 시 필요한 조치를 취할 수 있도록 도와주는 훈련을 받는다. 지역사회 긴급대응팀 훈련은 팀원들로 하여금 긴급 서비스 부서가 현장에 도착하기 전에 사전 대응할 수 있도록 하고, 긴급 서비스 직원이 도착한 경우에는 그 직원을 지원할 수 있도록 해준다.

2. 지역사회 긴급대응팀 훈련

많은 대규모 경찰관서들은 웹 사이트에서 지역사회 긴급대응팀의 역할을 설명하고 그 훈련을 행하는 조직에 연락할 수 있도록 한다. 지역사회 긴급대응팀 훈련은 지역사회에게 재난상황에 대응할 수 있는 훈련된 시민집단을 제공한다. 그것은 지역사회 내에 팀워크 의식을 심어준다.

제5절   지역사회 범죄예방활동의 활성화 방안

지역사회 범죄예방활동의 성패는 지역 주민의 통합 정도에 달려 있다. 지역사회 범죄예방활동을 활성화하기 위한 방안을 제시하면 다음과 같다.

Ⅰ. 지역사회의 조직화

1. 지역사회의 조직화의 필요성

지역사회 범죄예방활동이 성공적이기 위해서 지역 구성원 사이에 소속감과 친밀감이 증진되어야 한다. 어떤 범죄의 목격자가 피해자를 잘 알고 있다면 피해자를 더욱 지원하고 경찰에도 신고할 것이다. 비공식적 사회통제와 지역사회 범죄예방은 안정된 사회적 네트워크를 갖고 있는 지역에서 더 강력하기 때문에 지역사회를 조직화할 필요가 있다.

2. 지역사회 조직화 전략

North Carolina의 범죄통제 및 공공안전국(Crime Control and Public Safety Department)은 <표 8-2>와 같이 이웃 돌봐주기 프로그램의 성공을 위한 10단계를 권고하였다. 이러한 권고사항은 지역주민 간의 유대감을 증진시키고 지역사회를 조직화하기 위해서 효과적으로 이용될 수 있다.

〈표 8-2〉 이웃 돌봐주기 프로그램의 10단계

단계	내용
제1단계	• 지역의 가정, 교회, 지역건물, 지원하는 소방관서 등에서 모임을 소집하라. • 개인적으로 인종이나 소득수준에 관계 없이 지역사회 내 모든 주민을 소집하라.
제2단계	• 그 프로그램에 참여하는 모든 사람의 이름, 주소, 전화번호 등에 대하여 완전한 목록을 만들어라. • 그 모임을 주재하는 대표자를 선출하라.
제3단계	• 경찰관으로 하여금 지역사회 감시에서 주민 역할의 한계를 설명하고, 그들 가정과 지역사회 내에서 무엇을 감시할 것인지에 대하여 주민들에게 제한을 하도록 부탁하라.

	• 의심스러운 활동과 범죄를 보고하는 것에 대하여 경찰관의 조언을 부탁하라.
제4단계	• 지역사회 내에서 높은 가시도에 필요한 표시, 창문 스티커의 유형을 선택 하라. • 각각의 가정에게 드는 비용을 결정하고, 자금을 모금하고, 필요한 재료를 주 문하라. • 지방 보안관서 또는 경찰관서는 전국 협회 또는 안전열쇠회사로부터 각종 재료를 무료로 공급 받을 수 있다.
제5단계	• 가정과 상점에서 모든 귀중한 물건에 운전면허증 번호를 표시하라. • 잠금장치 및 경비시스템을 향상시켜라.
제6단계	• 주민 및 범죄자에게 최대의 효과를 주기 위하여 같은 날에 이웃 입구와 모 든 회원의 정원에 표시판을 세워라.
제7단계	• 범죄예방 경찰관으로부터 받은 정보를 회원들에게 전해 주기 위하여 주민 대표(block captain)를 선발하라.
제8단계	• 추가적인 훈련을 위하여 전체 지역사회의 매달 모임을 계획하라. • 지역사회 협력을 유지하는 데 필요한 것으로서, 높은 가시도를 유지하는 데 도움이 되는 것으로서, 매달 프로그램을 계획하기 위한 것으로서 모임을 계 획하라.
제9단계	• 다른 지역사회로부터의 아이디어와 매달 프로그램을 위한 제안을 포함한 소식지를 받기 위하여 주 범죄예방기관에게 지역사회 이웃 돌봐주기 프로 그램 실시사항을 통지하라.
제10단계	• 범죄예방 담당 경찰관과 접촉을 유지하라.

II. 지역사회 특성에 따른 범죄예방전략의 개발

1. 지역사회의 특성 분석

효과적인 지역사회 범죄예방활동을 위해서는 자주 발생하는 범죄를 비롯 하여 지역사회의 각종 문제에 대하여 정확한 분석이 이루어져야 한다. 즉 지 역사회에서 발생하는 범죄의 특성과 유형을 분석하고, 범죄에 대한 주민의 두려움이 어느 정도인지도 조사할 필요가 있다. 지역사회 특성을 분석할 때 다음 사항을 고려하여야 한다.

1) 지리적 위치 분석

범죄율은 지역 내 위치에 따라서 변화한다. 노상강도나 날치기와 같은 거리범죄는 도시 교외의 거리보다는 도시 내의 거리에서 더 발생하기 쉽다. 편의점 및 술집 같은 상점은 강도와 들치기 같은 범죄피해를 더 당할 것 같다. 이러한 상점이 범죄피해를 당하기 쉬운 지역에 있다면 그 문제는 복합적인 것이 된다.

2) 법집행 능력의 분석

경찰관서는 범죄예방이란 목적을 충족시키기 위한 인력과 자원의 관점에서 법집행 능력을 분석·평가하여야 한다. 극심한 인력이나 재정 부족이 존재한다면 지역사회 범죄예방 프로그램은 시작부터 어려울 수 있다.

3) 민간 경비자원의 분석

지역사회 전체적으로 범죄예방정책을 실행할 능력뿐만 아니라 경보장치, 경비 서비스, 다른 이용 가능한 장치와 같이 상점을 보호할 수 있는 민간경비 자원에 대해서 분석이 이루어져야 한다.

4) 지역사회 능력의 분석

지역사회 능력 분석은 어떤 자원들이 지역사회 내에 존재하는지와 어떤 추가적인 지원들이 개발될 수 있는지에 대한 평가이다.

2. 범죄예방전략의 개발

지역사회 내 범죄를 체계적으로 분석한 후에는 범죄예방을 위한 구체적인 전략을 세워야 한다.

1) 범죄 이외의 지역문제 포함

지역사회 범죄예방활동을 추진함에 있어서 범죄 이외의 지역문제를 해결하기 위한 집단이 단지 범죄예방만을 위한 집단보다도 더 포괄적인 전략을 수행하고 있기 때문에 효과적일 수 있다(Podolefsky & Dubow, 1981). 범죄예방 전략을 수립할 때에 범죄 이외의 지역문제도 포함할 필요가 있다.

2) 범죄예방 태도 및 행동의 자극

지역사회 범죄예방전략은 기본적으로 지역 주민과 단체에게 적절한 범죄예방 태도 및 행동을 자극하고, 범죄예방 능력을 향상시키는 물리적 환경변화를 위해서 노력하도록 만드는 것이다.

3) 다양한 범죄예방전략

그 밖에 범죄예방 프로그램에 의해서 이용되는 각종 범죄예방전략에는 다음과 같은 것이 있다.

(1) 각종 범죄예방 프로그램을 통하여 일반 주민에게 이용 가능한 서비스를 인식하도록 만드는 것

(2) 개개의 주민에게 범죄위기관리를 위한 각종 조치를 취하도록 권고하는 것

(3) 특정 대상을 위해서 범죄예방 서비스에 대해 가르쳐 주는 것

(4) 집단 프로젝트를 통해서 조직 및 기관이 유용한 범죄예방활동을 개발할 수 있도록 각종 지원을 받는 것

(5) 환경설계를 통해 범죄활동을 저지하고 주민활동을 촉진하기 위해서 현재의 물리적 환경과 미래의 물리적 환경을 개선하는 것

(6) 주민은 범죄활동을 감시하고 관찰한 내용을 경찰에 신고하도록 하는 것

(7) 모든 법집행관은 교육을 받고, 주민으로 하여금 범죄예방 능력을 향상시키도록 장려하는 것

(8) 신뢰할 수 있고 비용-효과적인 경비상품 및 서비스를 제공하기 위하여 민간경비회사의 노력을 확대시키는 것 등

3. 3가지 수준의 사회통제망

1) 개인적 사회통제

개인적 사회통제는 친구 및 가족 간의 친근한 관계와 관련이 있다. 이러한 개인적 사회통제는 애정, 지원, 존경을 철회하고 물리적 처벌을 함으로써

행사된다.

2) 지역적 사회통제

지역적(parochial) 사회통제는 (지역집단, 학교, 교회, 지역상점을 통한) 이웃 간의 관계와 관련이 있으며 지역의 집단 행동, 의심스럽거나 일탈적 행동에 대한 감시, 사회적 간섭을 통하여 사회적 행동에 영향을 미치려는 노력을 포함한다.

3) 공적 사회통제

공적 사회통제는 경찰관서, 지방 정부, 사회서비스 기관들과 관련되어 있다. 또한 공적 사회통제는 지역에 더 많은 자원 및 서비스를 전달하려는 노력을 포함한다.

III. 공적 영역과 사적 영역의 협력 강화

1. 경찰의 지속적인 관심 및 지원

지역사회 범죄예방조직이 그 활동을 꾸준히 유지하기 위해서는 경찰과 자치단체가 지역사회 범죄예방에 대하여 지속적 관심을 갖고 각종 지원을 해야 한다. 경찰과 지역 주민 간의 협력은 지역사회 범죄예방 프로그램의 성공을 위해 필수적인 것이다.

2. 지역 주민의 신뢰 획득

공적 영역과 사적 영역의 협력을 강화하기 위해서는 경찰과 지역 주민 간의 신뢰가 매우 중요하다. 경찰관서가 지역 주민들로부터 신뢰를 획득하기 위해서는 다음과 같은 것을 해야 한다(National Advisory Commission on Criminal Justice Standards and Goals, 1973: 33).
  (1) 모든 주민에게 균등하게 서비스를 제공하고, 수혜자의 자기존중을 유지하면서 필요한 서비스를 제공할 수 있어야 한다.

(2) 주민으로 하여금 그들의 가정에 최소한의 불편을 유지하면서 다양한 서비스를 받을 수 있도록 해야 한다. 경찰은 개방정책을 통하여 주민의 지원 및 신뢰를 구해야 한다.

(3) 주민의 민원사항이 경찰에게 알려지도록 하고, 그 문제에 대하여 신속하고 공정한 해결을 함으로써, 주민에 대한 행정상의 무관심을 막아야 한다.

(4) 주민이 범죄예방 관련 정책을 결정함에 있어서 행할 수 있는 귀중한 기여를 인식해야 한다. 특히 경찰은 주민에게 각종 범죄의 위험을 알려주고, 범죄예방에 대한 인식을 증진시키기 위한 캠페인을 개최하고, 주민과 상인에게 무료로 주택·상가 안전검사를 제공하여야 한다.

참고문헌

Bennett, Trevor. (1994). "Community Policing on the Ground: Developments in Britain," in Dennis Rosenbaum (ed.), *The Challenge of Community Policing*, Thousand Oaks, CA: Sage.

Chamard, S. (2006). *Partnership with Business to Address Public Safety Problems*, Washington, DC: Office of Community Oriented Policing Services, Problem-Oriented Guides for Police, Problem-Specific Guides Series, Guide No. 5.

Clarke, R. V. (1983). "Situational Crime Prevention: Its Theoretical Basis and Practical Scope," in Michael Tonry & Norval Morris (eds.), *Crime and Justice: An Annual Review of Research*, Vol. 4, Chicago: University of Chicago Press.

Clarke, R. V. (ed.). (1992). *Situational crime prevention: Successful case studies*, Albany, NY: Harrow and Heston.

Clarke, R. V. & Cornish, D. (2003). "Opportunities, Precipitators, and Criminal Decisions: A Reply to Wortley's Critique of Situational Crime Prevention," In M. Smith & D. B. Cornish (eds.), *Theory for Situational Crime Prevention*, Crime Prevention Studies Vol. 16, Monsey, NY: Criminal Justice Press.

Cohen, L. E. & Felson, M. (1997). "Social Change and Crime Rate Trends: A Routine Activity Approach," *American Sociological Review*, 44: 588-608.

Cornish, D. B. & Clarke, R. V. (1986). *The Reasoning Criminal: Rational Choice Perspectives on Offending*, New York: Springer-Verlag.

Crime Prevention Coalition of America. (1990). *Crime Prevention in America: Foundations for Action*, Washington, D.C.: National Crime Prevention Council.

Cullen, F. T. (1994). "Social support as an organizing concept for criminology, Presidential address to the Academy of Criminal Justice Sciences," *Justice Quarterly*, Vol. 11.

Dedel, K. (2006). *Witness Intimidation*. Washington, DC: Office of Community Oriented Policing Services, Problem-Oriented Guides for Police, Problem-Specific Guides Series, Guide No. 42.

DuBow, F. and Emmons, D. (1981). "The community hypothesis," in D. A. Lewis (ed.), *Reaction to crime*, Beverly Hills, CA: Sage.

Gaines, Larry K., Worrall, John L., Southerland, Mittie D., & Angell, John E. (2003). *Police Administration*, New York, NY: McGraw-Hill.

Garofalo, J. & McLeon, M. (1988). *Improving the Use and Effective Use of Neighborhood Watch Program*, Washington, D.C.: National Institute of Justice.

Greenberg, S. W., Rohe, W. M., & Williams, J. R. (1982). *Safe and secure neighborhood: Physical characteristics and informal territorial control in high and low crime neighborhoods*, Washington, D.C.: National Institute of Justice.

Greenberg, S. W., Rohe, W. M., & Williams, J. R. (1985). *Informal citizen action and crime prevention at the neighborhood level: Synthesis and assessment of the research*, Washington, D.C.: National Institute of Justice.

Kenney, Dennis J. (1989). "The Guardian Angels: The Related Social Issues," in Dennis Jay Kenney (ed.), *Police and Policing: Contemporary Issues*, New York: Praeger.

Kessler, D. & Duncan, S. (1996). "The Impact of Community Policing in Four Houson Neighborhoods," *Evaluation Review*, 20.

Kolb, N. (2005). "Law Enforcement Volunteerism," *Police Chief*, June.

Jeffery, C. R. (1971). *Crime Prevention Through Environment Design*, Beverly Hills, Calif: Sage Publications.

Lab, Steven P. (1997). *Crime Prevention: approaches, practices and evaluations* (3rd ed.), Cincinnati, Ohio.: Anderson Publishing Co.

Lavrakas, P. J. & Bennett, P. J. (1988). "Thinking about the implementation of citizen and community anticrime measures," in T. Hope & M. Shaw (eds.), *Communities and crime reduction*, London: Her Majesty's Stationary Office.

Lavrakas, P. J. (1992). "Community-based crime prevention: Citizens, community organizations, and the police," in L. B. Joseph (ed.), *Crime and community safety*, Chicago: Center for Urban Research and Policy Studies, University of Chicago.

Lyman, Michael D. (2010). *The Police: An Introduction*, Upper Saddle River, NJ: Pearson Prentice Hall.

McQuade, W. (1971). *Cities Fit to Live In*, New York: Macmillan Co., 1971.

Messing, P. (1996). "Cops to Wing It with Angels in Park: Taking First Step Together-On Skates," *New York Post*, December.

Miller, L. S., Hess, K. M., & Orthmann, C. H. (2014). *Community Policing: Partnerships For Problem Solving* (7th ed.), Clifton Park, NY: Delmar Cengage Learning.

Morgan, Alston A. (1999). "Law Enforcement Community Benefits with State- Accredited Chaplain Academy," *Sheriff Times* 10.

National Advisory Commission on Criminal Justice Standards and Goals. (1973). *Community Crime Prevention*, Washington, D.C.

National Crime Prevention Council. (1997). *Designing Safer Communities: A Crime Prevention Through Environmental Design Handbook*, Washington, D.C.: Author.

O'Block, Robert L. (1991). *Security and Crime Prevention for Community Crime Prevention*, Springfield, Ill.: Charles C. Thomas Pub.

Peak, K., & Glensor, R. W. (2012). *Community Policing and Problem Solving: Strategies and Practices* (6th ed.), Upper Saddle River, New Jersey: Pearson Education, Inc.

Pennell, S., Curtis, C., Henderson, J., & Tayman, J. (1989), "Guardian Angels: A Unique Approach to Crime Prevention," *Crime and Delinquency*, July.

Podolefsky, A. & Dubow, F. (1981). *Strategies for Community Crime Prevention*, Springfield, Ill.: Charles C. Thomas Pub.

Rosenbaum, Dennis P., Lurigio, Arthur J., & Lavrakas, Paul J. (1986). *Crime Stoppers: A National Evaluation*, Washington, D.C.: National Institute of Justice.

Rosenbaum, Dennis P. (1988). "Community crime prevention: A review and synthesis of the literature," *Justice Quarterly*, 5(3).

Sampson, R. (2003). "Acquaintance Rape of College Students. Washington", DC: Office of Community Oriented Policing Services, *Problem-Oriented Guides for Police*, Problem-Specific Guides Series, Guide No. 17.

Sampson, R. (2007). "Domestic Violence. Washington," DC: Office of Community Oriented Policing Services, *Problem-Oriented Guides for Police*, Problem-Specific Guides Series, Guide No. 5.

Saville, G. & Cleveland, G. (1998). *2nd Generation CPTED: An Antidote to the Social Y2K Virus of Urban Design*, Paper presented at the Third Annual International CPTED Conference, Washington, D.C.

Scott, M. (2001). "Robbery at Automated Teller Machines," Washington, D.C: Office of Community Oriented Policing Services, *Problem-Oriented Guides for Police*, Problem-Specific Guides Series, Guide No. 8.

Scott, M. & Dedel, K. (2006a). "Assaults in and around Bars" (2nd ed.), Washington, D.C.: Office of Community Oriented Policing Services, *Problem-Oriented Guides for Police*, Problem-Specific Guides Series, Guide No. 1.

Scott, M. & Dedel, K. (2006b). "Street Prostitution" (2nd ed.), Washington, DC: Office of Community Oriented Policing Services, *Problem-Oriented Guides for Police*, Problem-Specific Guides Series, Guide No. 1.

Silberman, C. E. (1978). *Criminal violence, criminal justice*, New York: Random House.

Skolnick, J. H. & Bayley, D. H. (1988). *Community Policing: Issues and Practices Around The World*, Washington, D.C.: National Institute of Justice.

Smith, M. J. (2005). "Robbery of Taxi Drivers." Washington, DC: Office of Community Oriented Policing Services, *Problem-Oriented Guides for Police*, Problem-Specific Guides Series, Guide No. 34.

The IACP Crime Prevention Committee. (2005). "Sustaining Crime Prevention and Community Outreach Programs," *Police Chief*, September.

U. S. Department of Justice. (1977). *Guidelines manual: Guide to discretionary grant program*, Washington, D.C.: U. S. Government Printing Office.

제 9 장

지역사회 경찰활동의 실행

제 9 장   지역사회 경찰활동의 실행

지역사회 경찰활동은 수십 년 동안 경찰 효과성 연구, 경찰-지역사회 관계 프로그램, 범죄예방전략, 합동경찰활동 실험을 논리적으로 결합한 것이다. 지역사회 경찰활동은 도보순찰의 장점을 이용하고, 깨진 유리창 이론을 강조하고, 경범죄, 무질서, 범죄 두려움에 중점을 두고 있다.

제1절   지역사회 경찰활동과 Big 6 집단

지역사회 경찰활동의 선구자인 트로자노위츠(R. Trojanowicz)와 벅케록스(B. Bucqueroux)(1998: 6)는 지역사회 경찰활동 노력이 성공하기 위해서 함께 노력해야 하는 Big 6 집단을 확인했다. Big 6 집단은 (1) 경찰관서(police department), (2) 일반 지역사회(general community), (3) 공무원(civic officials), (4) 사업가(businesses), (5) 공공기관과 비영리기관(public and nonprofit agencies), (6) 대중매체(media)이다 ([그림 9-1]). 어떤 지역사회에서든 지역사회 경찰활동을 발전시키고 실행시키기 위해서는 Big 6 집단 간의 광범위한 기획·협력·조화를 필요로 한다.

[그림 9–1] Big 6 집단

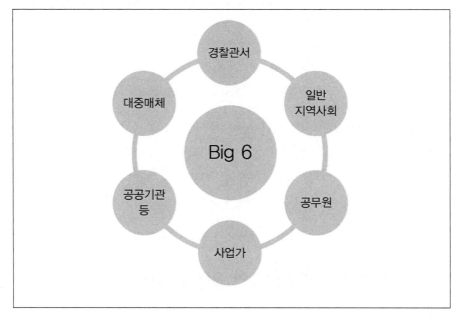

1. 경찰관서

경찰관서는 범죄에 대한 '사건 지향적 대응'과 '일상 순찰' 및 '신속한 대응'은 사전적인 문제해결 경찰활동에 의해서 보완되어야 한다는 것을 인식해야 한다.

2. 일반 지역사회

경찰과 함께 활동하는 일반 지역사회는 지역사회의 니즈 및 관심사를 확인하고, 해결책을 발견하는 데 적극적이어야 한다.

3. 공무원

공무원은 지역사회 경찰관이 직면하는 문제와 지역사회 관점에서 경찰 및 공무원이 행하여야 하는 것을 명확하게 이해하기 위해서 지역사회 경찰관과 함께 순찰구역을 걸어 볼 필요가 있다.

4. 사업가

사업가는 지역 집단 및 프로젝트에 대해서 자원봉사 서비스 및 필요한 자원을 제공해야 한다. 게다가 사업가는 건전한 사업 관행을 지지하고 지역사회 내 삶의 질을 향상시키기 위해서 협력해야 한다.

5. 공공기관과 비영리기관

(정신건강, 사회과학, 공공활동과 같은) 공공기관 및 (지방의 사회사업가와 같은) 비영리기관은 지역 문제를 해결함에 있어서 경찰 및 지역사회와 협력해야 한다.

6. 대중매체

대중매체는 경찰 및 공적 활동의 긍정적 측면을 향상시키는 데 경찰과 파트너가 되어야 한다.

제2절 지역사회 경찰활동 실행의 공통요소

지역사회 경찰활동의 실행 모델은 경찰관서 또는 지역사회마다 다를 수 있지만, 그 모델은 [그림 9-2]에서 보는 것과 같은 공통 요소를 갖고 있다. 즉 (1) 지지기반 확보, (2) 전략적 기획, (3) 저항 관리, (4) 제도화, (5) 완전한 실행 등을 필요로 한다(Champion, 1998: 24-26).

[그림 9-2] 지역사회 경찰활동 실행의 공통요소

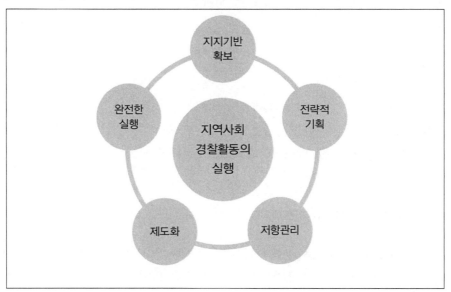

Ⅰ. 지지기반의 확보

지역사회 경찰활동에서 초기 단계는 경찰관서의 다양한 부서뿐만 아니라 지역사회의 다양한 구성원(주민과 사업가 등)을 포함하는 협력관계를 형성하는 것이다(Oliver, 2008: 138). 경찰기관은 지지기반(grassroots support)을 확보함으로써 지역사회 경찰활동의 기초를 형성해야 한다. 주된 목표대상 집단은 정치인, 사업가, 경찰관 단체이다. 위의 집단들은 지역사회 내에서 많은 사람들에게 영향을 미칠 수 있으며, 더 많은 사람들로 하여금 범죄와의 싸움에 참여할 수 있도록 영향력을 미칠 수 있다.

Ⅱ. 전략적 기획

1. 전략적 기획의 개념

전략적 기획(strategic planning)은 조직적·환경적 변화에 대응하려는 계속적인 노력이다. 이러한 계획을 위해 권고되는 기간 단위는 5년이며, 그 기간 동안 Big 6 집단은 실행과정에서 조직화되어야 한다. Big 6 집단은 (1) 경찰기관의 가치를 명료화하고, (2) 지역사회 경찰활동 철학에 일치하는 사명서(mission statement)를 재작성하고, (3) 지역사회 니즈를 확인하고, (4) 그 욕구들을 목표(goal)로 전환하고, (5) 각각의 목표에 대한 목적(objective)을 설정하고, (6) 그 목적을 성취하기 위한 실행 계획(action plans)을 세우고, (6) 평가 전략을 확인해야 한다. 평가는 전략적 기획의 필수적인 요소이다.

2. 경찰조직의 재설계

전략적 기획 동안에 Big 6는 지역사회 경찰활동 담당경찰관(CPO)의 역할을 전문인(specialist)에서 만능인(generalist)으로 재정의하고, 지역사회 경찰활동 서비스를 전달하기 위해서 경찰조직을 다시 설계하여야 한다. 경찰기관의 임무 및 조직 구조는 긴급사건에 대응해서 경찰자원을 배치하여야 하고, 경찰에게 많은 수요를 발생시키는 범죄예방 및 문제해결을 위해서 자원을 효과적으로 통제해야 한다.

3. 지역사회 경찰관서 설치

경찰조직을 재설계하는 것은 다른 임무 중에서 지역사회 경찰관서(community police station)를 설치하는 것과 관련된다. 이웃에 그 경찰관서를 설치하는 것은 법집행기관, 지방정부, 지역사회 사이의 합의의 결과이어야 한다. 일단 지역사회 경찰관서가 한 이웃에서 운용된다면 그것은 전념(commitment)이라는 강한 메시지를 전해 준다.

III. 저항 관리

1. 저항의 발생

법집행기관이 공식적인 형사사법제도에의 의존으로부터 그 중점을 옮겨감에 따라 경찰관과 경찰관리자는 변화에 대한 저항을 보여준다. 이러한 점에서 법집행은 변화에 대처해야 하는 다른 직업과 전혀 다르지 않다. 다른 전문가처럼 경찰은 자신의 방식에 집착하기 때문에 업무를 다르게 처리할 수 있는 지혜를 찾는 것이 어렵다.

2. 저항의 극복 전략

저항을 극복하는 전략은 지역사회 경찰활동을 갑자기 시도하기보다는 작은 단계들부터 실행하는 것이다. 작은 단계들은 지역사회에도 영향을 미칠 것이다. 변화를 관리하는 또 다른 전략은 각 실행단계마다 성공 시에 격려해 주는 것이다. 마지막으로 경찰기관은 Big 6 집단 사이에서 협력을 강조해야 한다.

IV. 제도화

1. 사명, 비전, 핵심가치의 강조

지역사회 경찰활동 실행을 위한 다음 단계는 제도화(institutionalization)이다. 경찰관서의 목표·목적은 지역사회 경찰활동의 사명, 비전, 핵심가치를 반영한다. 경찰관서의 직무설명, 성과평가, 모집, 선발, 교육훈련, 승진은 모두 지역사회 경찰활동을 향해서 한 방향으로 설정되어야 한다. 지역사회 경찰활동의 고유한 가치 및 목표를 계속해서 강조하고 논리적 점진주의(incrementalism)를 활용하는 것은 제도화를 촉진시킬 것이다.

2. 리더십 행동의 촉진

경찰과 지역사회의 양자에 의한 몇몇 리더십 행동은 체계적 접근을 촉진할 것이다. 이러한 리더십 행동에는 다음과 같은 것이 포함된다(Hersey & Blanchard, 1993: 370-371).

(1) 광범위한 목표(goal)를 특정목적(objective)으로 다듬고 개발하기 위해서 다양한 정보 근원을 활용

(2) 변화에 관한 조직적인 인식을 형성

(3) 변화에 대한 신뢰를 형성

(4) 새로운 관점을 정당화

(5) 일반적 아이디어를 낼 때 전술적 변화 및 부분적 해결책을 활용

(6) 정치적 지지를 확립하고 반대를 극복하기

(7) 유연성을 유지하기

(8) 시범 운영 및 체계적 준비

(9) 전념하기

(10) 적합한 시기에 변화에 대한 조직의 강조를 구체화하기

(11) 변화를 위해 행해진 전념을 공식화하기

3. 적합한 경찰관의 선발

경찰직에 입직한 대부분의 새로운 경찰관들은 시민을 돕기를 원한다. 그러나 나중에 그들은 일반 시민과 대화를 나누고, 창의적으로 문제를 해결하고, 지역사회 및 정부조직과 네트워크를 형성하는 것보다는 일반적인 순찰임무를 더 좋아하는 경향이 있다. 지역사회 경찰활동에 적합한 개인적 특성을 갖고 있지 못한 채 새롭게 임용된 경찰관은 빠르게 좌절하게 되고 저항하기도 한다. 경찰기관은 지역사회 경찰활동 임무를 행하는 데 능숙한 경찰관을 모집하여야 한다.

4. 교육훈련의 실시

올바른 지원자를 모집하고 선발하는 것은 교육훈련을 위해 생산적인 토대를 만든다. 교육훈련 자체는 지역사회 경찰활동을 위한 중요한 기술에 중점을 두어야 한다. 즉 기획 및 조직화, 문제해결, 비판적 사고, 개인 간 의사소통 기술의 향상 등에 중점을 두는 교육훈련을 실시하여야 한다.

Ⅴ. 완전한 실행

시민은 개별화된 경찰 서비스를 전달하기 위한 경찰출장소(police substation)가 그들 이웃에 설치되는 것을 볼 때 지역사회 경찰활동 철학이 실행되고 있다고 인식한다. 이 단계에서 시민은 지역사회 경찰활동 담당경찰관 및 지역 관리팀과의 정기적 대화를 통해서 우선순위를 설정하도록 돕는다. 지역사회 경찰활동이 효과적이라는 가장 분명한 표시는 시민, 공무원, 사업가, 지원기관, 대중매체가 지역의 어려움을 해결하기 위해서 개인적·집단적 책임을 수용할 때이다.

제3절   지역 발전

Ⅰ. 지역발전의 개념

1. 협력의 필요성

"누가 지역사회 경찰활동을 시작하는가"라는 문제는 경찰과 지역사회가 지역사회 경찰활동을 기꺼이 선택할 것인가를 다룬다. 지역사회가 지역사회 경찰활동을 강하게 요구하고, 경찰이 저항하는 지역에서는 지역사회가 지역사회 경찰활동의 도입을 주도하게 된다. 이상적으로는 지역사회 경찰활동 실행은 초기 기획단계부터 그 개념을 제도화하는 최종 단계까지 경찰과 지역사회 간의 '파트너십'을 필요로 한다.

2. 지역발전 단계의 고려

매우 흥미로운 한 가지 요소로서 지역사회 경찰활동을 채택할 때 지역발전(Neighborhood Development) 단계를 고려할 필요가 있다(Nolan Ⅲ, Conti, & McDevitt, 2004: 99-117). 지역사회 경찰활동 채택을 위한 대부분의 모델은 경찰관서의 조직적 특성에 의해 결정된다. 그러나 진정으로 지역사회 지향적이기 위해서 지역사회의 특별한 조건에 중점을 두어야 한다. 모든 지역사회가 동일하지 않기 때문에 지역사회 경찰활동 상황하에서 경찰에 의해서 동일한 대응을 받아서는 안 된다. 따라서 경찰이 지역사회와 함께 활동하는 방법은 지역 유형에 따라서 결정되어야 한다.

II. 지역의 4가지 유형

지역의 유형에는 (1) 강한 지역, (2) 약한 지역, (3) 아노미 지역, (4) 대응적 지역이 있다. 지역의 4가지 유형을 결정 짓는 2가지 주요 변수는 '범죄·무질서 수준'과 범죄·무질서를 다룸에 있어서 '의존 수준'이다(Nolan et al., 2004).

1) 강한 지역

강한(strong) 지역은 범죄·무질서의 수준이 낮고, 지역 구성원이 지역사회 문제에 대해서 상호작용하거나 그렇게 행하기 위해 스스로를 조직화한다.

2) 약한 지역

약한(vulnerable) 지역은 범죄·무질서의 수준이 낮고 지역발전 수준도 낮아서 범죄·무질서를 다룸에 있어서 의존적이다.

3) 아노미 지역

아노미(anomic) 지역은 범죄·무질서의 수준이 높고 지역발전 수준이 낮아서 범죄·무질서를 다룸에 있어서 의존적이다.

4) 대응적 지역

대응적(responsive) 지역은 범죄·무질서의 수준이 높고 문제를 해결하기 위해서 경찰과 함께 활동한다.

III. 지역 유형에 따른 경찰활동 유형

앞에서 제시된 지역 유형이 사실상 경찰활동 유형을 결정한다.

1. 지원하고 인정하는 유형

지원(supporting)하고 인정(recognizing)하는 유형은 강한 지역에 대한 경찰활동 유형이다. 강한 지역이 경찰로부터 지원을 거의 필요로 하지 않을지라도 그들은 노력에 있어서 여전히 경찰 지원을 받고, 범죄·무질서의 낮은 수준을 유지한 것에 대하여 인정을 받을 필요가 있다.

2. 대신하고 지원하는 유형

대신(substituting)하고 지원(selling)하는 유형은 약한 지역에 대한 것이다. 약한 지역이 범죄·무질서 문제를 거의 갖고 있지 않을지라도, 일상적인 삶의 질 문제뿐만 아니라 범죄·무질서 문제를 다룰 수 있도록 그들을 조직화하는 데 경찰이 지원할 수 있다.

3. 안전하게 하는 유형

안전하게 하는 유형은 범죄·무질서에 있어서 심각한 문제를 갖고 있어서, 지역사회를 조직화(organizing)하기 전에 먼저 안전(securing)하게 되어야 하는 지역을 위한 것이다. 이것은 '잡초를 제거하고 씨를 뿌리는 것'으로 알려진 National Institute of Justice 프로그램을 반영한 것이다. 이 프로그램은 범죄·무질서를 더욱 효과적으로 다루고 지역사회를 더욱 조직화하기 위해서 지역사회와 함께 활동하기(씨 뿌리기) 전에 지역사회를 안전하게 하는 것(잡초 제거)이다.

4. 체계 기획 및 대응 유형

지역사회는 범죄·무질서 문제와 싸우기 위해 지역사회를 조직화하고자 노력하고 있다. 그러나 그 문제는 너무 복잡해서 단지 1개 프로그램의 실행만으로 해결될 수 없다. 이 경우에 학교, 교회, 사회서비스, 탁아센터와 같은 광범위한 요소를 통합하는 체계기획(systems planning)을 시작할 필요가 있다. 더 좋은 기획은 더 좋은 대응을 가져온다.

모든 지역들이 같은 문제를 갖고 있는 것은 아니며 같은 수준의 조직을 갖고 있는 것도 아니다. 어떤 전형적인 도시는 4가지 유형 모두를 포함하고 있을 수 있다. 지역의 유형이 각기 다른 것처럼 경찰의 대응 또한 달라져야 한다.

제4절   지역사회 경찰활동의 실행전략

Ⅰ. 7단계 실행과정

모래쉬(Merry Morash)와 포드(J. Kevin Ford)는 'The Move to Community Policing: Making Change Happen'이란 저서에서, 지역사회 경찰활동을 실행할 때 경찰기관이 직면할 수 있는 도전을 제시하고 있다. 지역사회 경찰활동으로의 이동은 전통적 경찰조직의 운용방법에서 주요한 변화와 관련된다. 전통적 경찰조직은 변화를 위해서 고객 기반(custom-based) 접근법을 취하고, 경찰활동 노력에 관하여 계속해서 학습하고 발전시킬 필요가 있다. 그것은 복합적이고 많은 시간이 걸리는 변화과정이다. 모래쉬와 포드는 지역사회 경찰활동을 위한 다음과 같은 7단계 실행과정을 제시하고 있다.

(1) 조사(exploration)와 전념(commitment)
(2) 기획(planning)와 실행(implementation)
(3) 모니터(monitoring)와 제도화(institutionalization)
(4) 자료에 기초한(data-driven) 접근의 개발
(5) 경찰문화의 변화
(6) 지역사회 경찰활동을 위한 협력관계의 형성
(7) 변화를 위한 계속된 도전에 대처하기

경찰관서가 앞의 7단계 실행과정을 실행할 때 경찰행정가, 감독경찰관, 조합, 계선 경찰관, 심지어 지역사회와 같은 이해관계자로부터 많은 도전을 받을 것이다. 도전에의 대응 방법은 지역사회 경찰활동 철학의 제도화에 큰 영

향을 미칠 것이다(Morash & Ford, 2002: 1-10).

Ⅱ. 전략적 기획의 실시

경찰관서는 지역사회 경찰활동의 개별화된 경찰서비스를 실행하고 제도
화하기 위해서 전략적 기획(strategic planning)에 시간·노력·자원을 투자해야
한다. 전략적 기획은 '경찰활동'에 대해서 경찰과 지역사회가 함께 정의를 내
리고 핵심 문제를 다룰 수 있도록 도와준다. 전략적 기획과정은 지역사회 경
찰활동의 10대 원칙(변화, 리더십, 비전, 협력, 문제해결, 공평, 신뢰, 권한 부여, 서비
스, 책임)을 반영해야 한다(Trojanowicz & Bucqueroux, 1998: 23).

Ⅲ. 경찰조직관리상 실행전략

1. 조직 변화의 2가지 이유

지역사회 경찰활동은 조직 변화를 요구한다. 지역사회 경찰활동을 실행하려
는 경찰기관은 다음과 같은 2가지 이유 때문에 조직 변화를 필요로 한다. 첫째,
경찰관이 지역사회 경찰활동 기능을 수행하도록 자극하고 촉진하기 위해서이
다. 둘째, 경찰조직으로 하여금 지역사회 협력과 창의적 문제해결 전략을 개발
하는 데 더 유연하게 되도록 하기 위해서이다(Eck & Maguire, 2000: 207-265). 지
역사회 경찰활동을 실행하기 위한 조직관리상 실행전략은 다음과 같다.

2. 분권화

전통적으로 경찰관서는 중앙집권적 조직모델을 갖고 있지만 지역사회 경
찰활동을 위한 조직은 분권화(decentralized)되어야 한다. 이것은 지역사회 경
찰활동 조직은 더 적은 관리단계를 갖고 있고, 더 적은 전문화 수준을 지니
고 있고, 계선 경찰관에게 더 많은 재량을 허용한다는 것을 의미한다.

3. 조직문화의 변화

경찰관서는 다음과 같이 행함으로써 조직문화(organizational culture)를 변화시키고자 시도하여야 한다.

(1) 경찰관서의 정책결정에 경찰관 참여를 허용하는 참여적 관리를 실행한다.
(2) 지역사회 협력, 문제해결, 다른 지역사회 경찰활동 전략에 대하여 경찰관에게 공식적인 교육훈련을 제공한다.
(3) 지역사회 경찰활동을 수용하는 경찰관이 경찰조직 내에서 승진할 수 있도록 승진기준을 변화시킨다.
(4) 지역사회 경찰활동의 가치를 강화할 수 있도록 경찰관서에 대한 평가기준을 변화시킨다.

4. 관리방식의 변화

지역사회 경찰활동의 채택은 경찰관리(police management)에도 영향을 미친다. 과거에 경찰관리자는 주로 경찰관서 규칙을 강조함으로써 징계를 통한 통제에 중점을 두었다. 그러나 지역사회 경찰활동에서는 경찰관리자가 다음과 같은 역할을 하도록 기대된다.

(1) 지역사회와 접촉하는 일선경찰관을 지원
(2) 정치적 문제에 대해 일선경찰관과 상담
(3) 자원을 획득함에 있어서 일선경찰관을 지원
(4) 일선경찰관에게 교육훈련 기회를 제공

5. 교육훈련의 실시

지역사회 경찰활동은 경찰관 모집, 선발, 훈련, 조직모델에서 변화를 요구한다. 관리자뿐만 아니라 일선감독자에게도 지역사회 경찰활동 철학 및 프로그램에 대하여 교육훈련을 시켜야 한다.

Ⅳ. 경찰운용상 실행전략

지역사회 경찰활동을 실행하기 위한 운용상 실행전략은 다음과 같다.

1. 지역사회의 조직화

경찰로 하여금 지역 주민의 협력을 얻기 위한 지역사회 형성(Community Building)은 재미있는 일만을 하려는 경찰-지역사회 관계인 것은 아니다. 지역사회가 각종 문제를 겪고 있는 이유는 지역사회 응집력(cohesion)의 부족 때문이다.

지역사회의 각종 행사(event)는 경찰과의 협력자로서 여러 사람을 모이게 하고, 지역사회가 자신의 힘과 능력을 인식하도록 도와주고, 경찰관서가 지역 지도자를 확인하고 협력관계를 형성할 수 있도록 해주고, Big 6 집단(경찰관서, 일반 지역사회, 공무원, 사업가, 공공기관 등, 대중매체)의 참여와 지지를 확보하여 문제를 해결할 수 있도록 한다.

경찰기관은 범죄 및 무질서를 예방함에 있어서 그들 자신의 한계 때문에 지역사회를 활용한다. 지역사회 활용은 이웃 돌봐주기(Neighborhood Watch), 재물표시(Operation ID), 범죄신고 보상제도(Crime Stoppers)와 같은 형태로 행해진다. 지역사회 조직화(Community Organizing) 전략은 범죄 억제뿐만 아니라 지역 응집력을 증가시키고, 경찰이 지역사회에 범죄예방 기술을 알려주는 기회를 제공한다.

지역사회 조직화 노력은 단지 중류계층만을 조직화하는 데 기여할지 모른다. Houston에서의 두려움 감소 실험과 Minneapolis에서의 지역사회 조직화 프로그램은 같은 현상을 보여주었다. 그 프로그램들은 사실상 궁핍한 사람, 임차인, 소수민족보다는 중류계층, 주택 소유자, 백인에게서 더욱 성공적이었다(Skogan, 1990: 95). 반면에 Chicago에서는 지역사회와 협력하기 위한 4년간의 집중적인 경찰 노력 후에 범죄다발 구역의 주민이 지역 범죄예방 프로그램에 참여하기 시작하였다. 그러나 지역사회 모임에의 참여는 범죄다발 구역에 살고 있으면서 연간 15,000달러 미만을 버는 흑인이 가장 높았다(W. Skogan, 2000).

2. 지역 주민과의 상담

지역사회 경찰활동 아래에서 경찰기관은 지역 주민과 상담함으로써 범죄통제 및 예방을 향상시키고자 노력한다. 경찰과 지역 주민 사이의 상담은 주로 지역 모임(meeting) 형태로 행해지는데, 다음과 같은 4가지에 기여한다.

(1) 상담은 시민이 그들의 문제 및 요구를 표현할 수 있는 공개토론장을 제공한다.

(2) 상담은 경찰로 하여금 지역사회 내에서 범죄 및 무질서에 대하여 시민을 교육시킬 수 있도록 한다.

(3) 상담은 시민으로 하여금 경찰과 관련된 민원을 표현할 수 있도록 한다.

(4) 상담은 경찰이 그들의 성공과 실패에 대하여 지역사회에 알릴 수 있는 공개토론장을 제공한다.

3. 순찰방향의 재설정

경찰이 주민과 협력하고 범죄를 감소하기 위해서 시도했던 가장 일반적인 방법은 도보 순찰로 순찰방향을 재설정하는 것이었다. 1980년대 도보 순찰을 연구했던 많은 평가에 의하면 도보 순찰의 증대가 범죄를 감소시키지 않았지만 시민의 안전감을 증가시켰다. 시민은 이러한 긍정적인 감정을 도보 순찰관뿐만 아니라 경찰관서 전체에 대하여 일반화하였다.

4. 협력을 통한 문제해결

경찰과 지역사회는 지역 문제를 해결하기 위해 협력하여야 한다. 문제해결은 다음과 같은 방법으로 실행될 수 있다.

(1) 문제해결은 경찰이 지역 주민을 동원하고 지역 주민과 상담하는 것을 필요로 한다.

(2) 문제해결은 문제를 분석하고 문제의 근본 원인을 확인하기 위하여 경찰이나 다른 정부기관을 활용하고 지역 주민을 참여시킨다.

(3) 문제해결은 경찰관의 정규 임무의 일부로서 정기적으로 지역 주민과

의논하는 지역 경찰관에 의해 행해질 수 있다.

V. 실행결과의 평가

지역사회 경찰활동의 인기 있는 전략에는 도보 및 자전거 순찰의 제도화, 이웃 경찰출장소의 설치, 지역 문제의 확인, 무질서의 처리, 지역사회 모임의 조직, 지역사회 조사의 실행 등이 포함된다(Rosenbaum, 1994). 사실 지역사회 경찰활동이란 용어는 다양한 활동과 프로그램에서 사용되고 있기 때문에 미국 경찰활동에서 새롭고 혁신적인 것은 무엇이든지 지역사회 경찰활동을 의미하게 되었다(Bayley, 1998).

지역사회 경찰활동이 어느 정도로 효과 있는지를 평가하는 것이 필요하다. 지역사회 경찰활동을 평가할 수 있는 가장 유용한 방법은 다음과 같은 7가지 요소에 대한 평가 결과를 기초로 하는 것이다.

1) 범죄

범죄에 대한 지역사회 경찰활동의 효과를 평가하기 위해서 실험설계를 할 수도 있고 피해자 조사를 할 수도 있고, 지역사회 조사를 통해 단순하게 비교 전후의 신고된 범죄건수를 평가해 볼 수 있다.

2) 두려움

지역사회 조사를 통해 비교 전후의 두려움 및 관련 인식을 조사하거나 실험설계를 할 수 있다. 두려움은 다양한 조사항목을 활용하여 측정된다.

3) 무질서

무질서, 경범죄, 범죄발생의 예고 증상에 대한 지역사회 경찰활동의 영향에 관하여 조사할 필요가 있다.

4) 서비스를 위한 출동 요청

지역사회 경찰활동은 몇 가지 방법을 통해 출동 요청을 감소시킬 수 있다.

5) 지역사회 관계

시민이 일반적으로 지역사회 내에서 소규모 경찰관서(mini-station), 도보순찰, 문제해결 노력, 다른 형태의 지역사회 경찰활동을 얼마나 인식하고 있는지를 평가한다.

6) 경찰관 태도

경찰관의 직무만족, 경찰관의 지역사회 인식, 다른 관련 태도에 대한 지역사회 경찰활동의 효과를 평가한다.

7) 경찰관 행위

도보순찰, 문제해결 등 경찰관 행위에 대해 평가한다.

참고문헌

Bayley, David. (1998). *Policing in America: Assessment and Prospects*, Washington, D.C.: Police Foundation.

Champion, Darl H. (1998). "The Police Are the Public: Community Policing in North Carolina," *Popular Government*, Summer.

Eck, John & Maguire, Edward R. (2000). "Have Changes in Policing Reduced Violent Crime? An Assessment of the Evidence," in A. Blumstein & J. Wallman (eds.), *The Crime Drop*, Cambridge, United Kingdom: Cambridge University Press.

Morash, Merry & Ford, J. Kevin (eds). (2002). *The Move to Community Policing: Making Change Happen*, Thousand Oaks, Calif.: Sage Publications.

Nolan Ⅲ, James J., Conti, Norman, & McDevitt, Jack. (2004). "Situational Policing: Neighborhood Development and Crime Control," *Policing & Society*, 14(2).

Oliver, Willard M. (2008). *Community-Oriented Policing: A Systemic Approach to Policing* (4th ed.), Upper Saddle River, New Jersey: Pearson Prentice Hall.

Rosenbaum, Dennis (ed.). (1994). *The Challenge of Community Policing: Testing the Promises*, Thousand Oaks, CA: Sage.

Skogan, Wesley, Hartnett, Susan, DuBois, Jill, Comey, Jennifer, Twedt-Ball, Karla, & Gudell, Erik. (2000). *Public Involvement: Community Policing in Chicago*, Washington, DC: National Institute of Justice.

Skogan, Wesley G. (1990). *Disorder & Decline: Crime and the Spiral of Decay in American Neighborhoods*, New York: Free Press.

Trojanowicz, Robert & Bucqueroux, Bonnie. (1998). *Community Policing: How to Get Started* (2nd ed.), Cincinnati, OH: Anderson Publishing Co..

제10장

지역사회 경찰활동의 실행 사례

제10장 지역사회 경찰활동의 실행 사례

제1절 Chicago 경찰국의 CAPS 프로그램

I. CAPS 프로그램의 등장 배경

13,000명 이상의 경찰관을 보유하고 있는 Chicago 경찰국은 미국에서 두 번째로 큰 경찰국이다. 1993년 1월에 Chicago 시장과 경찰국장(Police Superintendent)은 지역사회 경찰활동을 정착시키기 위한 중요한 변화를 발표하였다. '시카고 대안경찰활동 전략'(Chicago Alternative Policing Strategy: CAPS)은 미국에서 가장 야심찬 지역사회 경찰활동 노력이다. CAPS는 경찰관서를 전통적, 사후대응적, 사건-지향적 기관에서 더욱 사전적이고 지역사회-지향적 기관으로 변화시키기 위해 설계되었다. 처음에 CAPS는 도시 내에서 범죄, 마약, 갱 활동 등과 싸우는 노력으로서 환영받았다.

Chicago의 모든 지역사회에서 범죄와 무질서 문제를 확인 및 해결하고, 삶의 질을 향상시키기 위해서, 지역사회와의 협력에 중점을 두는 사명서(Mission Statement)가 작성되었다(City of Chicago, 1995). CAPS에 대한 스코간(W. Skogan)의 계속된 연구는 대도시 경찰관서 전체가 새로운 경찰활동 철학을 실행함에 있어서 그 가능성과 문제점에 대한 귀중한 통찰력을 제공해 준다(Skogan & Hartnett, 1977).

[그림 10-1] CAPS의 홍보용 심벌

Ⅱ. CAPS 프로그램의 계획

Chicago는 경찰관서 외부로부터 많은 전문가를 참여시켜서 광범위하고 집중적인 CAPS 프로그램을 계획하였다.

1. 표본 자치구의 선정

1) 5개 표본 자치구

Chicago는 새로운 경찰 아이디어, 혁신, 전략을 테스트하기 위한 실험실 역할을 할 5개 표본 자치구(district)(Rogerts Park, Austin, Marquette, Englewood, Morgan Park)를 선정하였다. CAPS 관리자는 그 프로그램이 정착되는 데 3~5년 정도 걸릴 것이라고 가정했다. CAPS가 도시 전체적으로 실행되었을지라도 5개의 자치구가 표본구역으로 선정되어 광범위한 평가를 받았다(Walker & Katz, 2008: 328).

2) 다른 대도시 실행방법의 모방

Chicago는 5개 표본 자치구로 인해 성공적인 새로운 프로그램을 개선하고 CAPS 모델을 향상시킬 수 있었다. 본질적으로 CAPS 프로그램은 다른 대도시들의 지역사회 경찰활동을 수행하기 위한 방법론을 모방하였다. 예를 들면 Texas주 Houston과 New York시에서 지역사회 경찰활동으로의 변화는 선정된 이웃이나 자치구에서만 실행되었으며, 이웃 지향적 경찰활동(Neighborhood-Oriented Policing)이라고 불렸다. Oregon주 Portland, Maryland주 Baltimore 등 몇몇 도시만이 지역사회 경찰활동 전략을 경찰관서 전체 영역에서 실행하였다(Swanson, Territo, & Taylor, 2012: 57).

2. 6개 기본사항

많은 토의와 검토 후에 CAPS는 다음과 같은 6개 기본사항을 중심으로 설계되었다.

1) 경찰관서 및 도시 전체의 참여

CAPS에 경찰관서 및 도시 전체가 참여했지만, 몇몇 지역사회 경찰활동 프로그램에는 경찰관서와 특정 이웃의 기본 운용과는 분리된 특별 부서(specialized units)가 참여하였다.

2) 경찰관에게 고정된 순찰구역 배정

이웃의 문제에 대한 경찰관의 지식 및 참여를 향상시키기 위해 경찰관은 고정된 순찰구역을 배정받았다.

3) 교육훈련의 실시

지역사회 경찰활동이 다른 철학을 진정으로 보여주기를 원한다면 경찰관 임무에 대한 새로운 기대에 대해서 경찰관을 교육시키는 것이 필요하다.

4) 지역사회 참여와 경찰협력

지역사회 경찰활동은 높은 수준의 지역사회 참여 및 경찰 협력과 관련이 있다.

5) 경찰과 타 기관 서비스 사이의 긴밀한 연계

CAPS는 서비스 전달을 향상시키기 위해서 시민이 다른 기관을 이용하도록 도와주었다.

6) 범죄분석의 강조

문제를 확인하기 위해서 복잡한 컴퓨터 분석을 사용하여 범죄유형에 대한 지리적 분석(Geographic Analysis)을 강조하였다.

III. CPAS 프로그램의 실행

1. 경찰과 시민의 상호작용

CAPS의 핵심은 '경찰과 시민의 상호작용'이었다. 이것은 일련의 정규적인 순찰구역 모임(beat meeting)을 통하여 시도되었다. 그러한 모임에서 시민과 순찰구역 경찰관은 지역의 문제와 가능한 해결방안을 토의할 수 있었다.

2. 순찰구역 모임

순찰구역 모임을 운영하는 것은 어려운 일이었다. 경찰관은 이러한 모임이 실제 경찰활동을 행할 시간을 빼앗는다고 생각했다. 전형적인 모임은 25명의 시민과 5명의 경찰관으로 구성되었고, 대략 1시간 30분 정도 걸렸다(Maguire & Katz, 1997: 113). 각각의 모임을 위한 안건은 '단지 솔직한 대화를 나누는 것'이었다. 순찰구역 모임에 대해 관찰한 결과 경찰-시민 협력관계의 목표가 충족되지 않았다는 것을 발견했다.

3. 다른 기관의 참여

문제해결에 도시의 다른 기관이 참여하도록 하는 것은 Chicago에서 중요한 문제였다. 8개 도시의 지역사회 경찰활동에 대한 평가 결과는 7개 도시에서 이러한 노력이 실패했다는 것을 보여주었다(Sadd & Grinc, 1994: 27-52). 시카고에서 Mayor's Office of Inquiry and Information(MOII)이라는 특별부서가 도시의 다른 기관이 CAPS와 협력하는지 여부를 확인하는 데 책임이 있었다.

그 부서의 주요한 도구는 1쪽 분량의 서비스 요청서였는데, 그 서류는 어떤 문제가 있는지 여부와 그 문제에 어느 부서가 책임 있는지를 확인해 주었다.

4. 문제해결활동

특별한 요구는 사라진 도로 표시판의 교체, 버려진 건물의 폐쇄 또는 해체, 낙서의 제거, 버려진 차의 견인과 관련 있었다. 이러한 것들은 무질서 중에서 물리적 부패(decay) 영역과 관련 있었다. CAPS는 많은 다양한 문제해결활동을 행했다. 순찰구역 걷기활동(Operation Beat Feet)의 경우에 Rogers Park에 있는 주민 60명이 잠재적인 범죄자를 제지하기 위해서 '천천히 걷는' 형태로 이웃의 여러 지역을 행진했다. Englewood 지역의 주민은 또한 마약억제를 위해 행진을 했다. Rogers Park 주민은 범죄활동의 중심에 있었던 건물의 소유자에 대한 법원소송을 시작했다. Morgan Park는 사업자로 하여금 무선호출장치를 통해 순찰경찰관과 직접적으로 접촉할 수 있도록 하는 Beatlink 프로그램을 개발했다.

IV. CAPS 프로그램의 특성

CAPS 프로그램은 범죄를 줄이는 것뿐만 아니라 Chicago시 경찰서비스의 전반적인 질을 향상시키고 확장시킬 것을 목표로 하였다(City of Chicago, 1995: 1-2).

1. 범죄통제 및 예방

CAPS는 범죄통제와 범죄예방 둘 다 강조한다. (1) 활기차고 공평한 법집행, (2) 중범죄와 생명 관련 긴급사건에 대한 신속한 대응, (3) 지역사회와 함께하는 사전적인 문제해결은 Chicago시 경찰활동 전략의 기초가 된다.

2. 이웃 지향

CAPS는 특정 이웃의 주민 및 문제에 대하여 특별한 관심을 기울인다. 그것은 경찰관이 순찰구역(beat) 특성(예 범죄경향, 우범지역, 지역사회 조직 및 자원들)을 알고, 문제를 해결하기 위해 지역사회와의 협력관계를 개발할 것을 요구한다. 순찰경찰관은 매일 같은 근무시간에 같은 순찰구역에서 활동하기 때문에 순찰구역 주민, 만성적인 범죄문제, 그 문제를 해결하기 위한 최선의 전략을 더 잘 알 수 있다.

3. 지리적 책임의 증가

특정 지역에서 경찰관이 범죄통제에 책임을 지도록 하기 위해서 CAPS는 경찰서비스를 조직화하는 데 참여한다. 긴급출동요청을 다루기 위해 긴급대응영역(rapid response sector) 차량을 활용하는 새로운 조직구조로 인해서, 신설된 순찰구역 팀이 지역사회 경찰활동에 참여할 수 있었다. 순찰구역 팀은 일선감독자인 경사의 지휘 아래 특정 지역의 책임을 공유한다.

4. 출동요청에 대한 구조화된 대응

차별적 대응 시스템은 순찰구역 경찰관으로 하여금 계속된 출동요청으로부터 자유롭게 한다. 긴급전화는 주로 긴급대응영역 차량에 의해서 다루어졌고, 비긴급전화 및 일상적 신고는 순찰구역 경찰관 또는 회신전화에 의해서 다루어진다. 긴급대응영역 경찰관은 지역사회 문제에 관심을 갖고 있으며, 긴급대응 경찰관과 순찰구역 경찰관은 순환 근무하며 그 결과 모든 경찰관이 지역사회 경찰활동에 참여한다.

5. 사전적인 문제해결 접근

CAPS는 범죄 또는 무질서의 구체적인 사건보다는 오히려 지역 문제의 원인에 초점을 둔다. 또한 CAPS는 이러한 문제의 장기적 예방에 관심이 있으며, 범죄와 연관된 지역사회 무질서 및 부패의 표시(예 마약판매 가옥, 어슬렁거리며 걷는 청소년, 낙서 등)에 관심이 있다.

6. 범죄예방·통제를 위한 지역 자원의 결합

경찰 혼자서는 범죄문제를 해결할 수 없으며, 경찰이 성공하기 위해서는 지역사회 및 다른 기관에 의존해야 한다. 순찰경찰관의 새로운 역할은 지역 문제를 확인하고 대응하기 위해서 지역사회 자원 및 기관을 참여시키는 것이다. 시장은 CAPS를 시의 모든 부서의 우선순위로 만들었다. 시장은 모든 부서들이 순찰구역 경찰관의 지원요청에 적극적으로 대응하도록 하였다.

7. 범죄·문제 분석의 강조

CAPS는 범죄유형을 확인하고 경찰의 관심을 필요로 하는 지역을 목표 대상으로 하기 위해서 더욱 능률적인 데이터 수집와 분석을 필요로 한다. 지역 수준의 범죄분석이 강조되었고, 순찰구역 정보가 경찰관 및 순찰근무조 간에도 공유되었다. 그러한 업무를 위해서 각각의 자치구는 ICAM(Information Collection for Automated Mapping)이라는 범죄분석 시스템을 활용하여 지역 네트워크를 실행하였다. 이러한 새로운 기술은 순찰경찰관과 다른 경찰관들로 하여금 범죄다발 구역(crime hot spots)을 분석하고, 다른 문제를 탐지하고, 이러한 정보를 지역사회와 공유할 수 있도록 해준다. CAPS 프로젝트는 관리책임(management accountability)을 통해서 CAPS를 발전시키기 위하여 엄격한 CompStat 과정을 개설했다(Skogan & Steiner, 2004).

8. 훈련

Chicago 경찰국은 CAPS 프로그램 및 철학에 대해서 경찰관과 지역사회를 훈련시키는 데 전념하였다. 그 결과 문제해결 및 지역사회 협력에 대한 집중적인 훈련이 순찰경찰관과 그들의 감독자에게 제공되었다. 또한 지역사회를 위한 혁신적인 교육법과 경찰-지역사회 연합 훈련 프로그램이 개발되었다.

9. 의사소통 및 마케팅

　　Chicago 경찰국은 경찰관서 및 지역사회의 모든 구성원에게 CAPS 철학을 알리는 데 전념했다. 이것은 CAPS 프로그램의 기본적인 전략이다. 의사소통을 확보하기 위해서 뉴스레터, 출석점검(roll-call) 훈련, 정규 케이블 TV 프로그램, 컴퓨터 기술(인터넷과 팩스)을 통한 정보 교환, 다양한 브로슈어와 비디오 같은 집중적인 마케팅 프로그램이 채택되었다. 개인 인터뷰, 핵심 집단, 지역사회 조사, CAPS 핫라인, 제안 박스를 통해 피드백이 수집되었다. 이러한 마케팅 프로그램을 통해 수집된 정보는 CAPS 프로그램을 다듬고 발전시키는 데 도움이 되었다.

10. 평가, 전략적 기획, 조직의 변화

　　CAPS 프로그램은 미국의 지역사회 경찰활동에 대한 가장 철저한 평가 들중 하나이다. Chicago 지역에 있는 4개 주요 대학의 컨소시엄(Northwestern, DePaul, Loyola, the University of Illinois at Chicago)이 표본자치구의 과정과 결과에 대한 평가를 수행하였다.

V. CAPS 프로그램의 실행상 장애

　　CAPS 프로그램의 실행은 많은 주요한 장애를 만났다.

1. 자원의 문제

　　CAPS를 실행하기 위한 자원(resource)이 부족했다. 시민의 강한 반대는 세금 인상을 무산시켰다. 그러나 자문가들은 더욱 능률적인 경찰서비스를 제공하기 위해서 경찰국 내에 재배치될 수 있는 1,600여 명의 경찰관을 확인했다. 또한 Chicago시는 더 많은 경찰관을 고용해서 CAPS를 지원해 줄 수 있는 연방 및 주의 보조금(grant)을 획득했다.

2. 시민의 강한 반대

두 번째 문제는 경찰서(precinct station) 건물의 폐쇄 계획에 대한 시민의 강한 반대였다. 그 계획이 능률적인 조치이더라도 많은 주민들은 그들이 관할지역 내에서 경찰관을 못 보게 될 것이라고 느꼈으며 그 결과 폐쇄 계획은 무산되었다.

3. 하위 경찰관의 부정적 태도

다른 지역사회 경찰활동 프로그램과는 달리 CAPS는 자원봉사자에게만 의존하지 않았다. 경찰문화는 변화에 매우 저항적이었다. 그러나 Chicago 경찰관에 대한 조사 결과, 하위 경찰관의 태도에서 중요한 차이점을 발견했다. 일반적으로 더 나이 들고, 인종적으로 소수민족이고, 여성인 경찰관이 더 젊고, 백인이고, 남성인 경찰관보다 변화에 더욱 개방적이었다. 지역사회 경찰활동이 경찰과 시민 사이의 권위를 낮추고, 경찰로 하여금 모든 문제를 해결하도록 하는 비합리적 요구를 할 것이라고 생각했기 때문에 대다수의 경찰관은 처음에 매우 비판적이었다.

4. 새로운 감독 및 직무수행 평가

하위 경찰관의 태도는 또 다른 문제인 감독(supervision) 및 직무수행 평가(performance evaluation)와 관련이 있었다. CAPS는 경찰에 대한 새로운 철학 및 역할을 보여주기 때문에 CAPS는 새로운 형태의 감독 및 직무수행 평가를 필요로 한다. 하위 경찰관은 CAPS 아래에서 그들이 무엇을 하도록 기대되는지를, 그들이 어떻게 평가될 것인지에 대해서 잘 알지 못했다.

5. 문제해결활동에의 전념 미흡

출동요청에 대한 전통적 접근은 경찰관으로 하여금 문제해결활동에서 벗어나도록 하였고, 심지어 그들의 관할구역에서 벗어나 출동하도록 하였다.

그 결과 CAPS 프로그램의 순찰구역 유지 원칙을 위반하였다. CAPS는 여러 방법을 통해서 이러한 어려운 문제를 다루고자 하였다(Skogan & Hartnett, 1977: 67-68).

(1) CAPS는 경찰관이 그들의 순찰구역 밖으로 출동하도록 지령을 받을 수 있는 횟수에 제한을 두었다.

(2) CAPS는 중대한 사건을 다루기 위한 특별 신속대응팀(Rapid-Response Team)을 만들었다.

(3) CAPS는 새로운 지령상 우선순위를 개발함으로써 출동요청 건수를 제한하고자 시도하였다.

VI. CAPS의 평가

CAPS에 대한 광범위한 평가 결과는 복합적인 결과를 보여주었다. 전화조사를 통해 살펴보면 그 프로그램에 대한 비교적 높은 수준의 인식이 있었으나 그 인식은 시간이 지남에 따라 증가하지 않았다.

1. 경찰관과의 접촉 경험 증가

대부분의 평가구역에서 시민은 전보다 경찰관을 더 자주 보았다고 보고했다. 경찰은 시민의 관심사에 대응하였고 경찰이 범죄 및 범죄 두려움을 다루고 있다는 시민의 인식이 상당히 증가하였다. 응답자 중 80% 이상은 너무 많은 사람을 정지시키거나 너무 거친 경찰이 그 지역에서 문제가 아니라는 것을 보여주었다. 그러나 과거 조사와 일치하게도 아프리카계 미국인(13%)은 백인(3%)보다도 경찰의 과도한 무력사용이 문제라는 것을 훨씬 더 많이 지적하였다.

2. 삶의 질 변화

CAPS는 그 목표 중 일부를 충족시켰으나 모든 목표를 충족시킨 것은 아니었다. 매우 중요하게도 경찰관은 그들이 직무수행방법을 변화시켜서 문제

〈표 10-1〉 Chicago 모델과 제한된 지역사회 경찰활동 모델의 비교

	Chicago 지역사회 경찰활동 모델	제한된 지역사회 경찰활동 모델
경찰	• 순찰부서 전체가 참여한다. • 그 프로그램은 정규 교대근무조를 기초로 고정배치된 경찰관으로 충원된다. • 경찰관과 감독자에게 집중적인 훈련이 제공된다. • 모든 자치구와 교대근무조가 참여한다. • 프로그램 활동은 정규 명령체계를 통해서, 표준 순찰운용을 통해서 감독된다.	• 작은 부서가 지역사회 경찰활동 임무를 자원한 경찰관으로 충원된다. • 경찰관은 초과근무하며, 주로 임시적인 연방자금에 의해 지급 받는다. • 경찰관은 야간 순찰근무조로만 활동한다. • 훈련은 거의 제공되지 않는다. 경찰관의 개인적 동기가 그 프로그램을 촉진시킨다. • 경찰관은 단지 선정된 지역에만 임명된다. • 프로그램 활동은 경찰서장 또는 외부의 명령구조에 의해 감독된다.
주민	• 주민은 문제해결에서 적극적인 역할을 맡도록 기대된다. • 주민은 취해진 조치에 대해서, 정보 및 보고서를 교환하기 위해서, 정규적으로 경찰과 만나도록 요청된다. • 시민의 우선순위는 beat 팀 우선순위를 설정함에서 중요한 역할을 한다. • 주민은 Chicago의 문제해결 모델에 대한 훈련을 받는다.	• 주민은 경찰관서의 눈과 귀가 되도록 요청된다. • 정보를 수집하는 방법으로서 조사 또는 우편카드가 주민에게 배부된다. • 그 프로그램을 홍보하기 위해서 주민들이 때때로 만나도록 요청된다. • 주민은 경찰 우선순위를 정함에서 어떤 역할도 갖고 있지 않다.
도시 서비스	• 서비스 요구에 신속한 대응을 하기 위한 관리체계가 갖추어져 있다.	• 서비스 기관은 경찰 또는 시민집단에 대해서 특별한 책임을 갖고 있지 않다.

자료: Hartnett & Skogan, 1999: 8.

해결을 위해 더 많은 시간을 보냈다. 표본자치구 내에서 삶의 질의 상당한 변화가 인식되었다. 즉 더 적은 범죄, 더 적은 범죄 두려움, 더 적은 갱, 경찰 대응에 대한 더 많은 인식 등이 있었다. 그러나 Chicago 경찰국은 범죄지도 프로그램을 실행함에 있어서 완전하게 성공하지는 못했다. 시민 참여의 만족스러운 수준을 성취함에 있어서도 문제가 있었다.

3. 경찰활동 방향의 재설정

Chicago에서 중요한 업적은 도시 전체의 경찰활동 방향을 재설정함에 있어서 변화가 성취되었다는 점이다. 다른 도시들에서 대부분의 지역사회 경찰활동은 제한된 영역이나 문제에 중점을 두었고, 주로 자원봉사자를 참여시키는 작은 실험적인(pilot) 프로젝트였다. CAPS 경험은 주요한 경찰국에서도 경찰활동 방향의 재설정이 가능하다는 것을 제안했다.

4. 일부 주민의 참여 부족

CAPS의 주요한 실패는 지역사회의 몇몇 영역을 포함시키지 못했다는 점이다. Chicago의 라틴 아메리카계 임차인, 저소득 가정, 고등학교 미졸업자는 CAPS를 가장 적게 인식하고 가장 적게 참여했다. 이것은 부분적으로는 다른 지역사회 지향적 프로젝트와 일치했는데, 그러한 프로젝트는 일반적으로 소수민족 및 임차인보다도 백인과 건물주에게 일반적으로 더욱 효과적이었다.

VII. CAPS의 시사점

1. 지역사회의 가치

CAPS는 미국에서 규모가 가장 크고 가장 종합적인 지역사회 경찰활동들 중 하나이다. 시행 이후 첫 10년 동안의 활동을 평가한 결과 주요 범죄와 지역 문제가 감소되었으며, 마약과 갱 문제가 감소되었고, 경찰서비스의 질에 대한 주민 인식이 향상되었다(Skogan & Steiner, 2004). 이러한 경향하에서 지역사회는 강력한 정보 및 연계 관계가 형성될 수 있는 귀중한 자원으로 보였다. 그것은 범죄와 싸우기 위해서 경찰과 지역사회 사이에 상호작용과 파트너십을 증가시킬 것을 목표로 하였다(Mastrofski, Parks, & Worden, 1998).

2. 경찰과 지역 주민 간의 협력

지역사회 경찰활동의 주요 목표는 범죄를 감소시키는 것뿐만 아니라 주민들 사이에 안전감(feeling of safety)을 증진시키는 것이다. 이러한 2가지 목표는 분리된 것처럼 보이지만 사실상 지역사회 경찰활동 과정에서 매우 긴밀하게 연계되어 있다. 이러한 접근법은 지역사회에 대한 경찰의 가시성과 접근성을 증진시키고자 시도한다.

CAPS 과정을 통해서 경찰관은 더이상 국가의 법률을 집행하는 순찰경찰관이 아니라 지역 경찰관이다. 지역 경찰관은 이웃 각각의 특정 문제와 관심사를 토의하고, 장기적인 해결책을 개발하기 위해 더욱 이용될 수 있다(Thurman & Zhao, 1997: 554-564). 이러한 해결책은 경찰활동에 대한 사전적 접근법의 뿌리이다. 주민의 의견을 경청함으로써 경찰은 지역 내의 특정 문제를 더 잘 알게 된다. 지역 문제를 해결함에 있어서 경찰과 지역 주민 사이의 협력이 증가함에 따라 주민은 더욱 안전하게 느끼게 된다(Mastrofski et al., 1998: 7).

3. 경찰의 철학 · 구조 · 운영 · 배치 변화

대도시들은 지역사회 경찰활동 실행을 위해서 경찰의 철학, 구조, 운영, 배치 등에서 철저한 수정을 필요로 한다는 것을 깨달았다(Lurigio & Skogan, 1994: 319).

4. 지역사회 경찰활동 요소의 수용 확대

경찰재단(Police Foundation)이 제공하는 자료를 활용하여 1,600여 경찰기관에서 실행되는 지역사회 경찰활동을 조사한 연구는 지역사회 경찰활동을 실행했다고 주장하는 경찰기관이 다른 경찰기관보다도 더 많은 지역사회 경찰활동 요소를 받아들일 것 같다는 것을 발견했다. 특히 지역사회 경찰활동과 관련된 순찰 수준 및 조직적 활동을 더 수용할 것 같다(Maguire & Katz, 1997).

5. 중간관리자와 시민 역할 변화의 어려움

매과이어(Maguire)와 캐츠(Katz)는 지역사회 경찰활동 과정에서 중간관리자와 시민의 역할을 변화시키는 것은 어렵다고 결론 내렸다. 왜냐하면 그러한 변화는 경찰기관이 경찰 본래의 업무를 수행하는 방법에서 실질적인 변화를 요구하기 때문이다.

제2절   문제 지향적 경찰활동의 사례

Ⅰ. New Briarfield 아파트 단지의 주거침입절도 문제

1. 조사

New Briarfield 아파트 단지는 450세대가 거주하는 목조건물인데 1942년에 조선소 노동자를 위해 임시로 건설되었다. 제2차 세계대전 이후에 주택난이 심각했기 때문에 그 아파트는 계속해서 이용되었다. 1984년 경 그 단지는 일반적으로 그 도시에서 최악의 주택단지로 인식되었다. 그 단지는 지역 내에서 범죄율이 가장 높았으며, 심지어 주민의 23%가 매년 범죄피해를 입었다.

2. 분석

문제 지향적 경찰활동을 실시하기 위하여 특별전략팀(task force)은 New Briarfield 아파트 단지를 활용하기로 결정했다. 범죄분석반 형사가 그 문제를 연구하기 위하여 배정되었다. 주민이 인식하는 바를 파악하기 위하여 Duke 형사는 주택 중 1/3을 무작위로 조사하고 순찰경찰관 등과 논의를 하였다. 주민들은 주거침입절도가 심각한 문제라고 인식했다. 그러나 주민들은 그 단지가 물리적으로 문제가 있다는 것에 동의하였다. 또한 Duke 형사는 시의 다른 부서의 직원에 대해서도 인터뷰를 실시하였다.

3. 대응

조사 후에 New Briarfield 지역을 담당하는 순찰경찰관은 그 아파트 단지를 청소하기로 결정했다. 아파트 관리자 및 시 기관과 함께 노력함으로써 많은 비위생적이고 위험한 상태를 개선할 수 있었다. 쓰레기와 버려진 장비가 제거되었으며, 버려진 차들은 견인되었고, 노면의 구멍은 메꾸어지고, 거리가 깨끗하게 되었다. 한편 Duke 형사는 아파트 소유주들이 연방주택·도시개발국으로부터 대출을 받는 데 문제가 있으며, 연방주택·도시개발국이 대출제도를 막 마감하려 한다는 것을 알았다. 그 후 여러 기관의 노력으로 지역 주민은 대출을 받을 수 있었다.

4. 평가

경찰서 및 지역사회 협의회의 활동으로 인하여 New Briarfield 아파트 단지의 생활조건이 현저하게 향상되었으며, 주거침입절도가 35%나 감소되었다.

Ⅱ. Atlanta의 버려진 자동차 문제

1. 조사

Atlanta의 문제 지향적 경찰활동 계획을 위한 목표지역은 2개의 인접해 있는 공공주택, Atlanta 대학교 단지, 작은 상점, 거주영역을 포함하고 있었다. 프로젝트 팀원에 의해 확인된 문제는 지역의 거리 및 주차구역에 버려진 많은 자동차였다.

Atlanta 주택국 직원과 함께 활동하던 순찰경찰관은 버려진 자동차가 지속적인 지역사회 문제인 것으로 확인하였다. 사실 컴퓨터 조사를 해보면 마약활동을 제외하고는 버려진 자동차들이 다른 어떤 것보다도 더 많은 출동요청을 야기하였다(Bureau of Justice Assistance, 1993: 42-43).

그 자동차들은 몇몇 이유 때문에 문제를 야기하였다. 특히 눈에 거슬렸고 부패하였다. 그 자동차들은 주변에서 놀고 있는 아이들에게 위험했다. 그 자동차들은 설치류와 곤충의 서식처가 되었고, 떠돌이 및 마약 중독자의 은신처가 되었으며, 불법마약과 무기를 숨기기 위한 장소로 이용되었다.

2. 분석

버려진 자동차 문제를 담당하는 순찰경찰관 2명은 그 자동차들의 신속한 제거와 관련하여 2가지 문제에 직면하였다.

첫째, 도시 거리에 주차된 자동차들에 대하여 스티커를 발부하고 자동차를 제거하는 것은 문제가 없었지만, 주택에 주차되어 있는 자동차에 스티커를 발부하는 것은 법률적 문제를 야기할 수 있었다. 경찰은 단지 제한된 관할구역만을 갖고 있었다. 그 문제의 분석 결과는 결과적으로 경찰관서와 Atlanta 주택국 간의 조화된 노력을 요구하였다.

둘째, 신속한 제거 전에 자동차 소유자에게 적절한 경고가 행해지는 것이었다. 왜냐하면 몇몇 차들은 버려졌다기보다는 도난당했기 때문이다. Atlanta 주택국 직원들과 함께 활동하면서 경찰관들은 이러한 자동차를 신속하게 제거할 수 있는 제도를 만들기 시작했다.

3. 대응

1989년 1월에 버려진 차들을 다루기 위한 적극적인 캠페인이 시작되었다. 주택단지 내의 거리 및 주차구역에 대한 일상적인 검사가 Atlanta 주택국 직원들에 의해 행해졌다. 어떤 자동차가 며칠 동안 동일한 장소에 있는 것으로 관찰되고, 작동시킬 수 없고, 주민에 의해서 버려진 것이라고 신고되면, 날짜가 지정된 스티커가 그 자동차에 부착되었다. 그 스티커는 자동차가 2~4일 내에 옮겨지지 않는다면 압류될 것이라고 소유자에게 알려주는 것이었다.

그 자동차가 특정 기간 이후에도 이동되지 않는다면 사설 견인회사가 압류하도록 요청되었다. 주택단지 밖의 거리에 대해서는 3개 조로 활동하는 경찰관에 의해서 주기적으로 검사되었다. Atlanta 주택국 직원과 같은 확인방법(관찰, 시민 민원, 차의 상태)을 이용하면서, 경찰관들은 순찰구역 내의 버려진 자동차를 확인하였다. 압류된 차량을 회수하는 것은 자동차 소유자에게 많은 비용이 든다. 그 자동차가 30일 내에 반환 요청되지 않는다면 그 자동차는 매각될 수 있었다.

4. 평가

짧은 기간 내에 87대의 버려진 자동차가 대상지역에서 제거되었다. 순찰 경찰관에 따르면 그 지역은 외관상 향상되었다. 그 프로그램을 실시한 후 4개월이 지나서 지령관들은 버려진 자동차와 관련된 주민의 민원 신고가 전혀 없다고 보고하였다.

III. San Diego 1번가·3번가의 반복된 신고 문제

1. 조사

San Diego 1번가와 3번가의 교차로는 남동지역에서 가장 혼잡한 지역으로 여겨졌다. 그 지역에는 유일한 가스 충전소와 편의점이 교차로의 두 코너를 차지하고 있었다. 1988년에 이 코너에서 호전적인 거지들과 마약 관련 신고가 매우 증가하였다.

2. 분석

가스 충전소는 통행자와 차량이 많은 곳이었다. 길 건너편에 있는 술집이 폭력배와 거지들에게 매력적인 장소였다. 처음에 순찰경찰관들은 많은 신고들이 가스 충전소 주변의 교통문제로부터 생긴다고 생각하였다. 그 지역의 베테랑인 경찰관 A는 가스 충전소로부터의 많은 출동요청에 대응하였지만 불법활동의 증거를 거의 목격하지 못했다. 그 지역의 출동요청을 분석한 범죄분석반은 100건 이상의 신고가 지난달에 그 가스 충전소 지역에서 발생하였지만 어떤 체포도 하지 못했다는 것을 밝혀냈다. 경찰관 A는 의심을 갖게 되었고 더 자세하게 조사하기로 결정하였다.

3. 대응

어느 날 순찰을 시작하자마자 경찰관 A는 가스 충전소 고객을 괴롭히는 거지에 대한 신고에 출동하였다. 그러나 경찰관 A가 도착했을 때 가스 충전소 직원은 거지들이 방금 떠났다고 하였다. 그 후 경찰관 A는 보고서를 작성하는 동안에 충전소를 관찰하기 위하여 거리의 건너편에 있었다. 경찰관 A가 가스 충전소 주변의 활동을 관찰하는 동안에 고객을 괴롭히는 거지에 대해 또다시 신고하는 두 번째 신고가 왔다.

그러나 경찰관 A가 어떤 거지도 못 보았을 때 경찰관 A는 관리자와 대화를 나누기 위하여 갔다. 그녀는 그들과의 대화로부터 충전소 직원들이 고객들을 두려워하고 있다는 것을 알았으며 직원들은 (필요하든 필요하지 않든) 경찰이 정규적으로 출동하게 되면 충전소의 운영자는 전임 경비원을 고용하게 될 것이라고 생각했던 것이다. 경찰관 A는 잘못된 출동요청을 하는 것은 불법이라고 설명하였다. 경찰관 A는 직원들로 하여금 운영자와 그들의 두려움에 대하여 논의할 것을 제안하였고, 경찰관 A는 그들이 실제로 필요한 경우가 아니라면 경찰지원을 요청해서는 안 된다는 것을 강조하였다.

4. 평가

충전소에 대한 신고는 매주 몇 건으로 감소하였다. 경찰관 A가 인근지역에 있는 경우에는 때때로 그 충전소에 들러서 직원과 대화를 나누었다.

제3절 Elgin 경찰서 프로그램

I. Elgin 경찰서

Chicago의 북서쪽 35마일(약 56킬로미터) 거리에 있는 인구 77,000명 정도인 Elgin시는 경찰관서로 하여금 종합적이고 혁신적인 지역사회 경찰활동 철학을 지지하는 많은 프로그램에 집중하도록 하였다. 이러한 철학은 경찰활동은 지역사회 내 모든 사람들에 의해서 행해지고, 경찰관은 그것을 촉진하기 위해서 급여를 받는 전문가라는 것을 강조한다.

II. Elgin 경찰서 지역사회 경찰활동 프로그램

1) Elgin의 거주 경찰관 프로그램(Resident Officer Program of Elgin: ROPE)

경찰관은 도시의 열악한 이웃에서 거주하고 근무한다.

2) Elgin의 이웃 경찰관 프로그램(Neighborhood Officer Program of Elgin)

경찰관은 도시 내의 특정 이웃에 배치된다.

3) 범죄 없는 주택반(Crime-Free Housing Unit)

경찰관은 범죄를 줄이고, 삶의 질을 향상시키려는 노력에서 임대건물의 구성원(임차인, 관리자, 소유자, 이웃들)들과 긴밀하게 활동한다.

4) 웹 사이트

웹 사이트는 시사 뉴스(newsletter), 월간·연간 범죄통계, 내사과(internal affairs) 조사 통계, 범죄신고 정보 등을 제공한다.

5) 학교 연락 경찰관(School Liaison Officer)

학교 연락 경찰관은 학교에 대해서 지원해 주고, GREAT 프로그램을 알려주고, 학생들의 사회적 스포츠 활동에도 참여한다.

6) 사회 서비스 조정관(Social service coordinator)

사회 서비스 조정관은 범죄와 가정폭력 피해자에게 즉각적인 지원을 제공한다.

7) 지역사회 봉사활동가(Community Outreach Worker)

지역사회 현장출장 활동가는 라오스 및 히스패닉계 주민에게 특별 서비스를 제공한다.

8) 기타

(1) 익명으로 범죄를 신고하기 위한 전화
(2) 이웃 돌봐주기, 시민순찰, 다른 자원봉사활동을 포함한 범죄예방과 지역사회 관계
(3) 범죄, 마약사용, 갱 활동을 예방하기 위해 활동하고 있는 수많은 지역사회 지원활동에의 경찰관 참여
(4) 200개 이상 외국어 번역을 제공하는 AT&T 언어 서비스의 활용

제4절 기타 주요 사례

Ⅰ. 웹 사이트의 개설

대부분의 경찰관서는 지역사회 경찰활동 철학을 보여주기 위해서 많은 프로그램을 활용하고 있다. 주민들은 경찰관서의 웹 사이트를 방문해서 경찰관서의 다양한 지역사회 경찰활동 노력을 볼 수 있다. 정보를 제공하고, 질문을 하고, 조직 내 필요한 직원에게 연락할 수 있도록 해주는 웹 사이트는 지역사회 경찰활동 실행의 한 전략이다.

Ⅱ. 다양한 경찰시설 및 교통수단의 활용

경찰관서들은 상가 앞 출장소(store-front station), 소규모 경찰관서(mini-station), 간이건축물(kiosk) 등을 활용함으로써 시민들이 경찰관서와 더 자주 상호작용할 수 있도록 노력하고 있다. 경찰활동을 분권화하고 경찰관과 정보를 더 많이 이용 가능하도록 함으로써 주민들은 경찰관서와 지방정부에 더 참여

하게 될 것이다. 또한 자전거, 스쿠터, 말, 만능 지형차(All-Terrain Vehicle: ATV)와 같은 다양한 교통수단의 활용은 경찰-지역사회 관계를 향상시키기 위해서 경찰관을 지역사회 속으로 참여시키는 효과적인 수단이다.

Ⅲ. 다양한 주민참여 프로그램

이웃 돌봐주기(Neighborhood Watch) 프로그램, 지역사회 긴급 대응팀(Community Emergency Response Team: CERT) 훈련 프로그램, 자원봉사자 프로그램은 주민들로 하여금 경찰관서와 지역사회에 더욱 적극적으로 참여할 기회를 제공한다. 이 프로그램들이 전달하고자 하는 바는 지역사회에서의 삶의 질, 결과적으로는 범죄율과 범죄 두려움은 부분적으로 주민 책임이라는 것이다. 시민 경찰학교, 주민 정보 모임, 경찰관 거래 카드, 다른 언어로 된 정보 브로슈어, 경찰관서의 둘러보기 등은 지역사회 경찰활동 노력의 예이다.

Ⅳ. 다양한 청소년 프로그램

더 나은 봉사를 위해서 다양한 주민과 함께 노력하는 프로그램도 지역사회 경찰활동의 예이다. 경찰-체육리그(Police-Athletic League: PAL), 레크리에이션과 튜터링 프로그램, 마약남용 반대 교육(Drug Abuse Resistance Education: DARE), 갱 반대 교육 및 훈련(Gang Resistance Education and Training: GREAT), 위기에 처한 청소년을 위한 프로그램은 모두 지역사회 내에서 삶의 질을 향상시키는 데 청소년과 그들의 가족을 적극적으로 참여시켜서 다양한 위험요소를 최소화하려는 것이다. 경찰기관이 지역 주민에게 제공하는 내용은 지역 주민들로 하여금 지역사회의 일부분이라고 느끼게 하고, 그들의 의견을 청취하려는 것이다.

V. ROPE 프로그램

1. ROPE 프로그램의 개념

Elgin 경찰서 지역사회 경찰활동 프로그램의 핵심은 '거주 경찰관 프로그램'(Resident Officer Program of Elgin: ROPE)이다. 범죄와 사회적 이슈로 인해서 직접적인 경찰 관심을 필요로 하는 이웃에 경찰관이 거주하고 근무하도록 배치된다. Elgin은 거주 경찰관 프로그램을 미국 최초로 도입하였는데 이 프로그램은 미국 전역에 걸쳐 매우 인기가 있다. 이 프로그램의 지지자들은 거주 경찰관 프로그램이 지역사회 경찰활동의 본질을 파악하고 있다고 한다. 즉 범죄와 싸우고, 범죄에 영향을 미치는 삶의 질 조건을 다루기 위해 함께 팀으로 활동하는 것은 경찰과 이웃의 관계를 향상시킨다.

2. ROPE 프로그램의 내용

Elgin의 ROPE는 1991년에 경찰관 3명으로 시작되어 1997년에는 8명으로 확대되었다. 최초 배치장소 중 한 곳이 3년 후인 1993년에 폐쇄되었는데 범죄의 지속적인 감소 때문이었다. 기증되거나 보조금을 지원 받는 주택이나 아파트에서 살고 있는 ROPE 경찰관은 일반적으로 1일 8시간 근무를 하지만 실용적인 목적을 위해서 24시간 전화 연락이 가능하다.

경찰관은 지역사회의 문제와 도전을 창의적으로 다루기 위해서 주민의 말을 경청하고 긴밀하게 활동한다. 모든 사람은 지역사회 경찰활동이 신속 해결책(quick fix)이 아니며 전체 지역사회가 상호 합의된 목표를 성취하기 위해서 장기간의 문제해결에 참여해야 한다고 이해한다.

〈표 10-2〉 ROPE의 사명서(mission statement)

> 열악한 이웃에서 근무하고 생활함으로써, 우리는 경찰서비스를 제공하고,
> 주민들에게 문제해결 능력을 불어 넣고, 생활의 질을 향상시키며,
> 독립적으로 이웃에 대한 주인의식을 지닌다.

3. ROPE 프로그램의 효과성

ROPE 프로그램의 효과성은 한 지역의 주민을 대상으로 한 조사에서 응답의 변화를 통해 알 수 있다. ROPE가 지역에서 처음으로 시작할 때 설문지는 주민이 무슨 문제에 대해 관심 있는지를 질문했다. 그 당시에는 마약과 갱이 주된 답변이었다. 2년 후에 같은 주민들은 시끄러운 스테레오 소리와 과속 차량이 가장 큰 관심사라고 대답하였다.

참고문헌

Bureau of Justice Assistance. (1993). "Abandoned Cars," *Problem-Oriented Drug Enforcement*, October.

City of Chicago. (1995). "Fact Sheet-the Chicago Alternative Policing Strategy(CAPS)," Department of Police, July.

Hartnett, Susan M. & Skogan, Wesley G. (1999). "Community Policing: Chicago's Experience," *NIJ Journal*, April.

Lurigio, Arthur J. & Skogan, Wesley G. (1994), "Winning the Hearts and Minds of Police Officers: An Assessment of Staff Perceptions of Community Policing in Chicago," *Crime and Delinquency*, 40(3).

Maguire, Edward R. & Katz, Charles M. (1997). "Community Policing: Loose Coupling and Sensemaking in American Police Agencies," presented at the annual meeting of the American Society of Criminology in San Diego, California.

Mastrofski, Stephen, Parks, Roger, & Worden, Robert E. (1998). "Community Policing in Action: Lessons from an Observational Study," *Research Preview*, Washington, D.C.: National Institute of Justice, June.

Moore, Mark. (1992). "Problem-Solving and Community Policing," in M. Tonry & N. Morris (ed.), *Modern Policing*, Chicago: University of Chicago Press.

Sadd, Susan & Grinc, Randolph. (1994). "Innovative Neighborhood Policing: An Evaluation of Community Policing Programs in Eight Cities," in Dennis P. Rosenbaum (ed.), *The Challenge of Community Policing: Testing the Promises*, Newbury Park, CA: Sage.

Skogan, Wesley G. & Hartnett, Susan M. (1977). *Community Policing: Chicago Style*, New York: Oxford University Press.

Skogan, Wesley G. & Steiner, Lynn. (2004). *CAPS at Ten-Community Policing in Chicago: An Evaluation of Chicago's Alternative Policing Strategy*, Northwestern University, Institute for Policy Research for the Chicago Community Policing Evaluation Consortium, January.

Swanson, Charles R., Territo, Leonard, & Taylor, Robert W. (2012). *Police Administration:*

Structures, Processes, and Behavior, Upper Saddle River, New Jersey: Pearson.

Thurman, Quint C. & Zhao, Jihong. (1997). "Community Policing: Where Are We Now?," *Crime and Delinquency*, 43(3).

Walker, Samuel & Katz, Charles M. (2008). The police in America: An Introduction (6th ed.), Boston, Mass: McGraw-Hill.

제**11**장

지역사회 경찰활동과
경찰관의 자질

제11장　지역사회 경찰활동과 경찰관의 자질

경찰-지역사회 관계(PCR)와 비교하면 현대의 지역사회 경찰활동은 경찰 이념에 실질적인 변화를 가져왔다. 지역사회 경찰활동은 범죄와 싸우는 책임을 지역사회 전체로 확대시키고, 지역사회와의 파트너십을 통해서 지역사회의 관심사항뿐만 아니라 범죄를 유발하는 중요한 문제를 분석한다. 경찰과 지역사회는 범죄율과 범죄 두려움의 감소라는 궁극적 목표를 위해서 함께 노력한다(Stevens, 2002: 13). 따라서 지역사회 경찰활동을 활성화하기 위해서 일선 경찰관은 지역사회 경찰활동을 효과적으로 수행하는 데 필요로 되는 적합한 자질을 갖추어야 한다.

제1절　경찰관의 일반적 자질

Ⅰ. 경찰관 자질에 관한 견해

1. 볼머의 견해

훌륭한 경찰관의 특성은 볼머(August Vollmer)에 의해서 이미 정의된 바 있다. 볼머(1936: 222)는 시민들은 경찰관이 다음과 같은 특성을 갖고 있을 것으로 기대한다고 하였다.

(1) Solomon의 지혜
(2) David의 용기
(3) Samson의 힘
(4) Job의 인내

(5) Moses의 리더십

(6) 착한 Samaritan의 친절

(7) Alexander의 전략적 훈련

(8) Daniel의 신념

(9) Lincoln의 외교력

(10) Nazareth 목수의 인내

(11) 자연과학, 생물학, 사회과학의 모든 분야에 대한 깊이 있는 지식

볼머가 위의 유명한 말을 20세기 초에 했을지라도, 오늘날 경찰관에 대한 기대 및 요구사항을 정확히 반영해 주고 있다. 볼머의 말은 경찰활동은 그 성격상 특별한 기술과 능력을 필요로 한다는 것을 암시해 주고 있다.

2. 훌륭한 경찰관의 특성

경찰관이 되려고 지원하는 주된 이유는 다른 사람을 돕기 위한 것이다. 경찰관은 다른 사람이 안전하도록 하기 위해서 각종 좌절과 역경을 받아들인다. 훌륭한 경찰관은 끈기, 민감성, 성숙성, 사고력, 신체적 힘과 그 이상의 것을 갖고 있다. 이러한 경찰관은 훌륭한 특성을 갖고 태어났을지도 모른다. 또한 그들은 경찰활동 시 접하는 좌절과 유혹을 이겨내기 위해서 필요한 인격뿐만 아니라 위에서 제시한 특성을 갖추도록 양육되었을지도 모른다.

3. 엄격한 채용절차의 한계

미국의 경우 경찰관이 되려는 지원자를 위한 채용절차가 엄격하다. 지원자는 필기시험, 구두면접, 신체 적합성 검사, 필기 심리검사, 구두시험, 마약 관련 의료검사 등과 같은 채용절차를 통과해야 한다. 경찰관 이외에 지원자로 하여금 그렇게 엄격한 절차를 거치도록 하는 직업은 거의 없다. 전문화된 법집행기관은 누가 경찰관으로서 적합한지를 결정하기 위해서 철저한 채용과정을 갖추고 있다. 위의 채용시험이 지원자의 채용 기준 충족 여부를 확인할지라도 개개인의 성실성이나 자질을 정확하게 판단할 수 없다.

Ⅱ. 트로자노위츠와 벅케록스의 견해

성공적인 경찰관 모집과 선발제도의 핵심은 효과적인 경찰서비스를 전달할 수 있는 자질을 갖춘 지원자를 찾는 것이다. 과거에는 순찰구역을 걸을 수 있는 신체적 특성과 스태미나를 갖고 있는 것이 필수적이었다. 그러나 지역사회 경찰활동 담당경찰관(CPO)은 신체적인 능력 이외에 다른 능력을 보여주도록 요구된다. 지역사회 경찰활동 담당경찰관(CPO)은 효과적인 의사소통 능력(구두 및 문서)과 개인 상호 간 기술(다문화 간의 의사소통, 협력 및 창의성, 갈등관리, 위기개입)을 숙달해야 한다(Trojanowicz & Bucqueroux, 1998: 65).

1. 효과적인 의사소통능력

1) 다양한 의사소통 기술

경찰관은 일관성 있고, 유용하고, 완전한 보고서를 작성할 수 있도록 능숙한 쓰기 기술(written skill)뿐만 아니라 인터뷰를 위한 좋은 언어기술(verbal skill)도 필요로 한다. 훌륭한 경찰관은 인간 성격을 잘 알고 있으며 다양한 상황을 신속하게 평가할 수 있다. 지역사회 경찰활동은 그러한 기술에 대해서 더 높은 수준을 요구한다.

2) 다양한 사람과의 의사소통

경찰관은 은행의 부행장이나 학교 교장뿐만 아니라 거리에서 구걸하는 사람과도 쉽게 상호작용할 수 있어야 한다. 경찰관은 얼굴을 맞대고 의사소통하는 기술뿐만 아니라 회의를 주재할 수 있는 기술을 갖고 있어야 한다. 교육훈련은 그러한 능력을 갖추도록 도움을 줄 수 있지만 경찰지원자가 기본적인 기술을 어느 정도 갖추고 있어야 한다.

3) 문서 의사소통

문서 의사소통 기술에 대한 장벽은 더 높다. 경찰관이 작성한 보고서를 피상적으로 검토해 보면 많은 실수를 발견하게 된다. 경찰관은 경찰관서 외부의 개인 및 집단을 위해서 보고서를 작성하는 것과 같은 협력적 노력을 해야 하므로, 문서 의사소통 기술을 개발해야 한다.

2. 개인 상호 간 기술

1) 다양성을 다루기

경찰기관과 지역사회의 다양성을 고려한다면 경찰관은 다른 사람에게 인내심, 존경, 민감성을 보여주어야 한다. 경찰기관은 편견을 갖고 있지 않은 경찰지원자를 모집하기 위해서 최선을 다해야 한다. 다양성에 대한 교육은 사람들이 다양한 집단의 문화적 특성을 이해하고, 특히 경찰관이 거의 접해보지 않았던 사람을 이해하도록 도울 수 있다. 공평함과 공정함이 갖추어진 상황에서 행해지는 다양성 교육이 가장 효과가 있다.

2) 협력 및 창의성

업무상 협력관계를 형성하는 것은 우수한 의사소통 기술을 요구한다. 오늘날 경찰지원자는 팀의 구성원으로서 활동할 수 있는 능력을 갖추고 있어야 한다. 과거의 패러다임은 기꺼이 명령을 받고 내리는 것을 강조했다. 그러나 지역사회 경찰활동은 계급이나 지위에 관계 없이 동등한 파트너로서 협력할 수 있는 경찰관을 필요로 한다. 즉 가장 좋은 경찰관은 상관에 의해서 무엇을 해야 할지를 들을 때까지 기다리는 경찰관이기보다는 문제를 해결하기 위해 새로운 아이디어를 발견하고자 노력하는 자발적인 경찰관(self-starter)이어야 한다.

3) 갈등해결 및 위기개입

교육훈련은 대인 간 기술을 향상시킬 필요가 있다. 그러나 광범위한 접근법의 필요성을 이해하는 경찰관은 새로운 아이디어를 제공하는 교육훈련으로부터 더 많은 이익을 얻을 것 같다. 훌륭한 경찰관은 갈등 상황에서도 항상 다른 사람과 기꺼이 대화를 하고자 한다.

III. 트라우트맨의 견해

트라우트맨(Neal E. Trautman)(2002: 52-59)은 훌륭한 경찰관이 지녀야 할 특성과 관련하여 다음과 같은 것을 제안하고 있다.

[그림 11-1] 훌륭한 경찰관의 특성

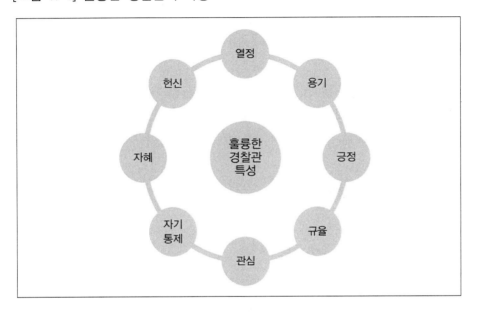

1. 열정

열정은 경찰관으로 하여금 어려운 시기를 견디어 내도록 하고, 역경을 극복하는 데 필요로 되는 독창성·추진력·흥분을 발생시킨다. 독창적인 생각과 열정이 없다면 위대한 성취는 거의 달성될 수 없다. 운이 좋게도 열정은 전염성이 있고 어떤 비용도 들지 않는다. 그러나 이러한 열정의 보상은 매우 크다.

2. 용기

용기란 두려움을 극복하고 업무가 행해지도록 만드는 것을 의미한다. 열정이 있는 경찰관은 거리에서 업무를 수행한다는 흥분에 매혹되는 것을 느낀다. 그러나 그들은 감정이 격화된 상황에서 과잉반응을 함으로써 위기를 야기할 수 있으며, 그 결과 문제를 해결하기보다는 오히려 문제의 일부분이 되기도 한다. 근무시간 동안에 많은 업무를 수행하는 것은 용기를 필요로 한다.

3. 긍정적인 사고방식

1) 냉소주의의 해악

냉소주의(cynicism)는 건강하고 긍정적인 태도를 파괴한다. 경찰관이 최고의 것을 기대하고 열심히 노력한다면 원하는 것을 얻게 될 것이다. 그러나 그 경찰관이 부정적이고 의심이 많다면 그러한 자기 달성 예언(self-fulfilling prophecy)은 실현될 것이다. 다른 경찰관은 항상 불평하는 사람일 수도 있다. 그러한 경찰관은 그들의 조직, 동료 경찰관, 시민 또는 그들 자신을 비판하거나 싫어할 것이다.

2) 긍정적인 경찰관의 장점

긍정적인 경찰관은 다른 사람으로 하여금 더욱 현명하게 삶과 문제를 다루도록 도와준다. 부정적이고 건전하지 못한 태도는 적절한 판단을 가로 막는다. 따라서 태도가 매우 중요하다. 성과와 리더십에서 우수한 기관은 개인적 성공의 공식은 85%의 태도와 15%의 기술이라는 것에 동의한다. 후퇴기와 나쁜 시기가 우리 모두에게 발생할 수 있다. 그러한 시기가 발생할 때에 경찰관은 걱정·불평·비판하면서 에너지와 시간을 소비하기보다는 열정적으로 움직이는 것이 가장 좋다.

4. 규율

법집행은 거칠고 힘든 직업이다. 법집행의 거의 모든 측면은 규율(discipline)을 요구한다. 예를 들면 좋은 신체적 상태에 있고, 사건에 관한 사실을 증명하고, 심야 순찰조에서 공격적인 순찰을 행하고, 시민의 비웃음을 그냥 지나

치는 것은 규율을 필요로 한다. 규율이 있는 개인은 자신에 대해 더욱 만족
스러워 할 수 있다. 그는 건전한 자기 이미지와 유망한 미래로부터 이익을
얻기 때문에 자기 통제를 이해하고 받아들인다. 자부심(self-esteem)은 개인의
만족에서 필수적인 것이다.

5. 관심 갖는 태도

시간이 지나감에 따라 경찰관은 업무 중에 보게 되는 계속된 어려움, 고
통, 좌절에 대한 방어기제로서 무감각을 형성하게 된다. 경찰관은 다른 사람
에 대해서 여전히 관심을 가져야 하고, 스트레스를 주는 삶 속에서도 자기
중심주의를 회피해야 한다. 그가 시민에 대해서 관심 갖는 태도를 멈춘다면
다른 직업을 찾아볼 필요가 있다. 자신의 동기, 신념, 경찰직업의 중요한 측
면을 재평가해 보는 것은 도움이 될 것이다.

6. 자기통제

위기상황에서 경찰관은 자기통제력(self-control)을 상실해서는 안 된다. 다
른 사람이 외치고, 비명을 지르고, 당황해할 때에도 경찰관은 상황을 해결하
는 데 필요한 평온과 논리를 유지해야 한다. 따라서 감정을 통제하는 데 어려
움을 갖고 있는 개인은 경찰관 이외에 다른 직업을 선택해야 한다. 몇몇 사람
은 다른 사람보다 자기통제에 더 뛰어나지만 분노를 통제하고 침착함을 유지
하기 위한 '마법의 공식'은 없다.

7. 지혜

높은 수준의 지식인 지혜는 모든 경찰관이 필요로 하는 것이다. 지혜는 상식
그 이상이 아니다. 현명해지는 것이 상식 이상의 것을 필요로 할지라도 지혜는
논리적이고 실용적으로 되는 능력이다. 경찰관은 슬픈 시민을 만날 때에는 목
사가 되고, 끊임없이 사실을 기록하는 사람이 되고, 순간적으로 법률적 판단을
할 수 있는 개인이 되고, 또 한때는 떠돌이 노동자와 대화를 나누고, 다음에는

정치인과 대화를 나눌 수 있는 외교관이 되도록 요청된다. 또한 경찰관은 수많은 법률, 지방의 조례, 경찰관서의 규정, 표준운영절차(SOP)에 대해서도 알고 있어야 한다. 게다가 경찰관의 지혜는 불행한 사람에 대해서는 공감을, 협박하는 사람에 대해서는 확고함과 균형을 갖고 있어야 한다.

8. 열심히 일하는 것과 헌신

삶에서 가장 가치 있는 것은 희생과 함께 온다. 희생은 주로 열심히 일하는 것과 헌신하는 것이다. 경찰활동은 지루한 일 95%와 완전한 지옥 5%로 설명된다. 대부분의 경찰기관에서 그것은 정확한 설명이다. 열심히 일하는 경찰관과 그들의 친구 및 지인은 많은 보상을 받고 있다. 그들은 일반적으로 업무를 수행하고, 도전에 직면하고, 개인적 목표를 성취하는 것을 즐기고, 삶에 대한 열정을 갖고 있다. 그들의 하루는 힘든 업무로 가득 차 있지만 성취가는 도전하는 과정에서 발전하기 때문에 그러한 방식을 좋아하고, 주로 미래에 대해서 낙관적이다.

제2절 성격과 경찰활동

Ⅰ. 성격의 개념

1. 경찰관 성격에 대한 논의

성격(personality)이란 개인을 구성하고 있는 다양한 특성을 의미한다. 성격을 통해서 가치, 태도, 동기부여, 다른 개인적 특성을 설명할 수 있다. 경찰관 성격에 대한 과거의 논의는 2가지 관점을 조사했다. 첫째, 경찰관은 경찰활동의 특성 때문에 어떤 특정한 성격 경향을 갖고 있다는 것이다. 이것은 경찰관이 경찰직에 들어온 이후에 특정한 성격 특성을 갖게 된다는 것을 의미한다. 둘째, 경찰관이 되려는 사람은 이미 어떤 성격 특성을 갖고 있다는 것이다. 그러므로 경찰직에 들어온 사람은 공통적 성격 특성을 공유하고 있다(Hanewicz, 1978: 159).

〈표 11-1〉 MBTI 지표

범주	관련된 것
외향형(E) 또는 내향형(I)	어떤 사람이 에너지를 얻는 방법
감각형(S) 또는 직관형(N)	어떤 사람이 관심을 두는 것
사고형(T) 또는 감정형(F)	어떤 사람이 결정하는 방법
판단형(J) 또는 인식형(P)	어떤 사람이 채택하는 삶의 유형

2. 경찰관 성격에 관한 공통 질문

경찰행정가는 경찰관의 성격을 이해하고자 노력하고 있다. 경찰행정가 사이에서 형성되는 공통의 질문은 다음과 같다.

(1) 왜 어떤 경찰관은 변화에 저항하는가?
(2) 왜 어떤 경찰관은 그들의 직무에 맞지 않는가?
(3) 왜 어떤 경찰관은 사람들과 상호작용을 하는 데 어려움을 갖는가?
(4) 왜 어떤 팀은 문제를 창의적으로 해결할 수 없는가?
(5) 어떤 성격 유형이 경찰업무에 더욱 조화될 수 있는가?

II. MBTI

1. MBTI의 개념 및 구성요소

MBTI(Myers-Briggs Type Indicator)는 위의 질문에 대해서 설명하고자 시도한다. 인간 성격의 심리학적 이론을 이해하기 위해서 MBTI 지표가 1940년대 초에 개발되었다. MBTI는 일상생활에서 사람이 행동하는 방법을 설명해주는 4개의 범주와 8개의 선호도로 구성되어 있다. 다양한 경찰활동은 다양한 유형의 성격을 요구하고, 이러한 성격 유형의 균형은 성공적인 경찰관서를 위해서 필요하다. <표 11-1>과 같이 MBTI를 구성하고 있는 4가지 범주는 고유한 선호도를 갖고 있다(Hirsh & Kummerow, 1990: 4).

1) 외향형과 내향형

외형형인 사람(E)은 사람, 활동, 사물과 같은 외부 세계에서 에너지를 얻는다. 반면에 내향형인 사람(I)은 아이디어, 감정, 인상과 같은 내부 세계에서 에너지를 얻는다.

2) 감각형과 직관형

감각형인 사람(S)은 5개의 감각을 통해 정보를 받아들이고, 사실상 발생하고 있는 것을 인식한다. 반면에 직관형인 사람(N)은 6번째 감각을 통해 있음직한 것을 인식하여 정보를 받아들인다.

3) 사고형과 감정형

사고형인 사람(T)은 논리적이고 객관적인 방법으로 결정하기 위해서 정보를 조직화하고 구조화한다. 반면에 감정형인 사람(F)은 개인적이고 가치 지향적인 방법으로 결정하기 위하여 정보를 조직화하고 구조화한다.

4) 판단형과 인식형

판단형인 사람(J)은 기획되고 조직화된 삶을 선호하나, 인식형인 사람(P)은 자발적이고 융통성 있는 삶을 선호한다.

2. 경찰관의 일반적 성격유형

1) ST 유형

1970년대에 행해진 Michigan 및 Florida주 경찰관에 대한 연구는 2가지 MBTI 성격유형이 경찰활동에서 일반적이라는 것을 밝혀냈다. ESTJ(20.7%)와 ISTJ(14%)가 모든 경찰관의 성격유형 중 1/3(34.7%)을 구성하고 있다. 게다가 ST 유형은 50% 이상을 설명하고 있다(Hanewicz, 1978: 159). 경찰과 일반 시민의 성격유형 사이에는 차이가 있다. 경찰서비스의 질에 대한 성격유형의 영향은 중요하다. ST 유형은 일반 시민을 대할 때 동정심과 민감성이 부족하고 무뚝뚝할지도 모른다. 대부분의 경찰관이 ST 유형일지라도 ST 유형이 자동적으로 훌륭한 경찰관이 되도록 하는 것이 아니다.

2) NT 유형

경찰관 사이에서 NT 유형은 대략 일반 시민에게 나타나는 비율과 같은 비율로 발생한다. NT와 ST 유형 사이의 주된 차이점은 NT 유형은 감각을 통하여 사실을 수집하기 보다는 직관적인 의사결정을 사용한다는 것이다. 이러한 사람은 세부적이고 일상적인 것을 좋아하지 않고 쉽게 싫증을 느낀다. NT 유형은 의사결정에서 직관과 논리를 일반적으로 사용하기 때문에 무뚝뚝하고 무감각한 것으로 보일 수 있다.

3) SF 유형

SF와 NF 유형은 경찰관 사이에서 가장 적은 비율을 갖고 있다. SF 유형은 그들의 5개 감각을 통해 정보를 처리하지만 주위 사람에게 그들의 결정이 미치는 효과를 고려한다. 감정은 그들의 의사결정에서 중요한 요인이다.

4) NF 유형

NF 유형은 4가지 조합 중에서 가장 적은 분포이다. NF 유형은 직관을 통하여 정보를 처리하고, 감정에 기초해서 의사결정을 행한다. 경찰직에 입직한 후에 이직률이 가장 높은 것이 바로 NF 유형이다. 그들 자신이 구조화되어 있고, 실용적이고, 논리적이고, 결정적이고, 전통적이며, 비인격적인 개인에 의해서 지배되어 있는 환경에 있다는 것을 발견할 때 경찰직을 떠난다.

3. MBTI와 지역사회 경찰활동

1) 전통적 경찰활동과 ST 유형

전통적인 경찰활동은 일상 예방순찰에 중점을 두면서 신고에 대응하는 사후 대응적 경찰활동을 특징으로 한다. 이러한 전통적 경찰활동의 유형은 ST 성격유형에 잘 맞는다.

2) 지역사회 경찰활동과 SF·NF 유형

지역사회 경찰활동은 사회적 무질서와 범죄에 기여하는 요소를 분석하기 위해서 협력적 문제해결을 강조한다. 지역사회 경찰활동의 목표는 시민을 위해서 삶의 질을 향상시키는 것이다. 그것은 경찰관이 민감성과 관심을 갖고서 지역사회와 상호작용할 것을 요구한다. ST와 NT 유형은 그러한 상호작용을 불편하게 여기지만, SF와 NF 유형은 그러한 환경 속에서 발전할 것이다.

3) 자신의 강점과 약점의 인식

MBTI의 중요한 측면은 경찰관에게 자신들의 강점과 약점에 대해서 자기인식을 제공하는 것이다. 경찰관이 자신의 약점을 깨달을 때 그들은 약점의 영향을 최소화할 수 있는 전략에 중점을 둘 수 있다. 또한 일선 감독자는 일선 경찰관의 행동에 대해 더 잘 이해할 수 있고, 직무할당과 팀 형성에 이용될 수 있는 지식을 얻게 될 것이다.

제3절　지역사회 경찰활동과 경찰관의 자질

앞에서 여러 학자들이 제시한 훌륭한 경찰관의 자질을 살펴보았는데, 그 외에도 지역사회 경찰활동 상황하에서 성공적인 경찰관이 되기 위해서는 [그림 11-2]에서 보는 것과 같은 (1) 비판적 사고능력, (2) 문제해결능력, (3) 의사소통능력이 필요하다.

[그림 11-2] 지역사회 경찰활동시대의 경찰관의 자질

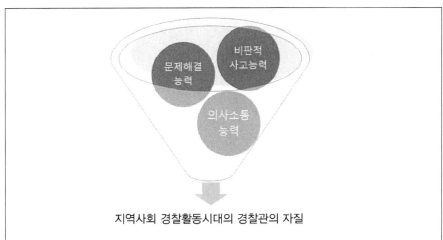

Ⅰ. 비판적 사고능력

1. 비판적 사고능력의 개념

경찰관은 비판적 사고(critical thinking)를 요구하는 상황에 직면하고 있다. 비판적 사고란 문제를 해결하거나 신념을 명확하게 하는 과정에서 여러 생각을 분석하는 것을 의미한다. 지역사회 경찰활동에서 경찰관은 문제를 확인하고 해결하기 위해서 상상력과 창의력을 이용하는 생각 전문가이다(Meese, 1993: 1). 지역사회 경찰활동 실행에 필요한 기술을 개발하기 위해서 경찰관은 문제해결, 창의성, 감정이입, 지역사회 가치의 이해 등 여러 영역에서 능숙해야 한다. 이러한 영역에서 필요로 되는 기술을 갖기 위해서 경찰관은 먼저 비판적으로 사고하는 능력을 소유해야 한다.

2. 비판적 사고의 구성요소

왓슨(Goodwin Watson)과 글레이저(Edward Glaser)(1980)는 비판적 사고에 대해서 [그림 11-3]에서 보는 것과 같이 태도, 지식, 기술의 합성물로 본다.

[그림 11-3] 비판적 사고의 3요소

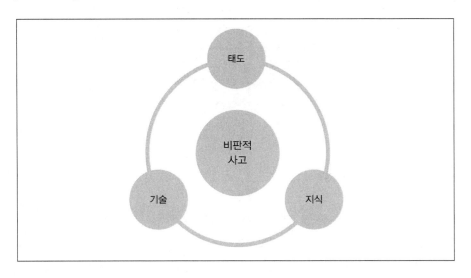

첫째, 사실을 뒷받침해 주는 증거의 필요성을 받아들이는 '태도'가 필요하다. 이러한 연구 태도는 실마리와 증거를 탐지하는 능력을 요구하는 범죄수사에서 중요하다.

둘째, 각각 다른 증거는 논리적인 추리, 추상화, 일반화에 대한 '지식'을 필요로 한다. 이러한 지식은 같은 상황에 대해 다른 관점을 제시하고, 경찰관의 신념을 흔들기 위해 거짓말을 하는 피의자·목격자·피해자와 대화를 나눌 때 중요하다.

셋째, 위의 태도와 지식을 사용하고 적용하는 '기술'이 필요하다. 기술은 연역적으로 추리하고 분석하는 것과 함께, 그것을 위한 올바른 절차를 알고 있어야 한다는 것을 의미한다.

3. 비판적 사고와 관련된 기술

연구자들은 경찰관이 자유재량을 현명하게 행사하기 위해서 비판적 사고 기술을 개발할 것을 강조한다. 연구자들은 비판적 사고가 다음과 같은 많은 특별한 기술과 관련된 것으로 본다.

(1) 문제의 해결

(2) 인식의 확인

(3) 관찰로부터 일반적 개념을 도출

(4) 개념을 경찰문제에 적용

(5) 행동의 체계적 계획

(6) 사회적 문제를 다른 관점들로부터 분석

비판적 사고기술을 갖고 있는 경찰관은 지역사회 경찰활동의 상황에서 문제를 해결하는 데 더욱 능숙할 것이다. 대안을 탐색·평가하고, 가정에 도전하고, 편견을 파악하고, 추론에서 불일치를 인식하는 것과 같은 기본적인 비판적 사고기술은 끊임없이 변화하는 환경 내에서 건전한 결정을 내리기 위한 경찰관의 능력을 향상시켜 줄 것이다.

4. 비판적 사고의 이익

비판적 사고의 이익은 다음과 같다.

(1) 사려 깊은 사고

(2) 정확하게 상황 및 정보를 평가하는 능력

(3) 문제를 해결하는 능력

(4) 개인적 의미를 찾는 능력

(5) 자기 성취적이고 도덕적으로 만족스러운 삶을 이끄는 능력

지적인 의사결정은 비판적 사고능력의 가장 중요한 이익일 수 있다. 왜냐하면 경찰관이 내리는 결정은 앞으로 수년 동안 사람들의 삶에 영향을 미칠 가능성을 갖고 있기 때문이다. 특히 경찰관이 내리는 많은 결정은 시민에게 있어서 그들의 자유, 명성, 물질적 소유, 심지어 생명을 빼앗을 수 있다(Bartollas & Hahn, 1999: 348).

5. 지역사회 경찰활동과 비판적 사고

지역사회 경찰활동에서 비판적 사고는 다른 의미를 갖고 있다.

1) 지역사회 경찰활동 담당경찰관의 직무 재설계

전통적 경찰활동을 위한 현재의 직무설계(job design)는 경찰관이 비판적 사고를 하도록 격려하지 않는다. 이 문제를 다루기 위해서 경찰관서는 지역사회 경찰활동 개념의 필요성을 충족시킬 수 있도록 지역사회 경찰활동 담당경찰관(CPO)의 직무를 재설계해야 한다.

2) 비판적 사고를 촉진하는 업무환경

지역사회 경찰활동을 위해서 업무환경은 향상을 위한 새로운 생각과 제안을 더욱 격려함으로써 비판적 사고를 촉진하고 향상시켜야 한다. 경찰기관이 순찰구역에서 문제해결, 대인간 의사소통, 감정이입, 공정함, 합리적 의사결정을 더 잘 할 수 있는 경찰관(즉 master thinker)을 보유하고 있을 때 경찰기관은 경찰활동 서비스의 전달을 크게 향상시킬 것이다.

II. 문제해결능력

1. 문제해결능력의 개념

경찰은 가정 폭력의 근본적인 원인을 분석하지 못해서 좌절하게 되었다. 1979년 골드스타인(Herman Goldstein)은 이러한 문제에 대해서 문제 지향적 경찰활동(Problem-Oriented Policing: POP)이라는 새로운 접근법을 제시했다. 경찰관이 순찰구역에서 지속적으로 발생하는 문제를 확인하고 해결할 수 있다면 그들은 출동요청 건수를 감소시킬 수 있으며, 지역사회에서 삶의 질을 향상시킬 수 있다. POP의 중심에는 SARA(Scanning, Analysis, Response, Assess)라고 알려진 문제해결과정이 있다. 그 과정은 많은 경찰관이 갖고 있지 않은 분석적인 문제해결 기술을 요구한다.

2. 7단계 문제해결 모델

경찰이 문제해결에 접근하는 방법은 시간이 지남에 따라 달라졌을지라도

[그림 11-4] 7단계 문제해결 모델

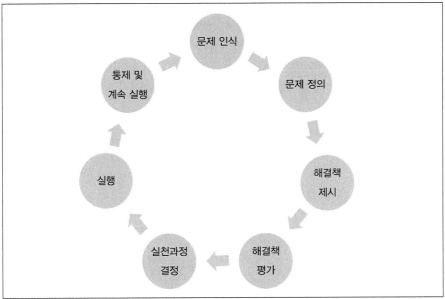

문제해결은 항상 경찰활동의 주된 부분이다. 가장 일반적인 문제해결 모델은 [그림 11-4]의 7가지 단계로 구성되어 있다(Umstot, 1988: 344).

(1) 문제가 존재한다는 것을 인식한다.
(2) 문제를 정의한다.
(3) 문제에 대한 가능한 해결책을 제시한다.
(4) 대안 해결책을 평가한다.
(5) 확고한 실천과정을 결정한다.
(6) 결정을 실행한다.
(7) 통제를 행하고, 문제가 확실히 해결될 수 있도록 계속해서 실행한다.

3. 문제해결과 경험적 학습모형

문제를 해결하는 한 방법은 경찰관이 경찰활동을 배우는 주된 수단인 '경험적 학습'(experiential learning)을 통해서이다. 경험적 학습은 콜브(David Kolb)의 모

[그림 11-5] Kolb의 경험적 학습모델

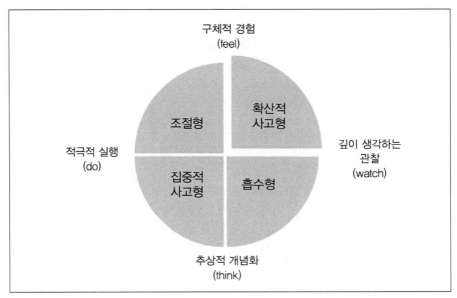

델에 의해서 가장 잘 설명된다. 학습할 때 개인은 (1) 구체적 경험에서, (2) 심사숙고하는 관찰로, (3) 추상적 개념화로, (4) 적극적 실행으로 이동해 간다. 즉 개인은 느끼고(feel), 관찰하고(watch), 생각하고(think), 행(do)한다. 문제를 해결하고 학습하는 과정에서 모든 사람은 앞의 4가지 과정을 활용한다. 콜브(Kolb)는 [그림 11-5]에서 보는 것과 같은 4가지 유형의 학습자를 확인했고, 모든 4가지 유형은 일상적인 기능에서 필수적이다. 효과적인 문제해결을 위해서 4가지 학습모델 모두가 필요하다. 핵심은 자신의 약한 부분을 확인하고 그것이 균형 잡힐 때까지 연습함으로써 4가지 유형을 발전시키는 것이다.

1) 확산적 사고형(Divergers)

확산적 사고형은 정보를 구체적으로 인식하고 심사숙고해서 정보를 처리한다. 그들이 좋아하는 질문은 "왜"이다. 이것은 그들이 개인적 의미에 관심이 있고 학습경험에 개인적으로 관여할 필요가 있기 때문이다. 확산적 사고형은 아이디어를 듣고 공유함으로써 가장 잘 배우고, 다양한 관점으로부터 직접적인 경험을 볼 수 있을 때 우수하게 된다.

2) 흡수형(Assimilators)

흡수형은 정보를 추상적으로 인식하고 심사숙고해서 정보를 처리한다. 그들이 좋아하는 질문은 "무엇"이다. 그들은 개념적인 이해를 촉진하기 위해서 사실과 정보를 받아들인다. 흡수형은 확실한 것을 찾기 때문에 그들의 사고과정은 연속적이고 분석적인 특징이 있다. 상황이 복잡하다면 그들은 상황이 분명하게 될 때까지 사실을 재조사할 것이다.

3) 집중적 사고형(Convergers)

집중적 사고형은 정보를 추상적으로 받아들이지만 정보를 적극적으로 처리한다. 그들이 좋아하는 질문은 "이 일을 어떻게 하느냐?"이다. 집중적 사고형은 이론과 실행을 통합하는 데 효과적이다. 그들은 학습에서 실험하기를 좋아하고, 업무가 행해지는 방법을 이해하려고 한다. 집중적 사고형은 전략적 사고를 소중하게 생각하고, 그들의 학습관점에서 실용적이다.

4) 조절형(Accommodators)

조절형은 정보를 구체적으로 인식하고 적극적으로 처리한다. 그들은 새로운 것에 대해서 열성적이기 때문에 그들이 좋아하는 질문은 "~ ~라면, 어떤 일이 생길까?"(What if?)이다. 조절형의 장점은 경험과 응용을 통합하는 것이다. 시행착오는 그들로 하여금 배우도록 한다. 조절형은 직관적이고 자기발견의 가치를 믿는다. 이것 때문에 그들은 계속해서 변화하는 상황에 적응할 수 있고 융통성이 있다.

III. 의사소통능력

1. 의사소통능력의 중요성

성공하는 경찰관의 가장 현저한 특징은 다른 사람과 효과적으로 의사소통을 행하고 상호작용을 하는 능력을 갖고 있다는 것이다. 지역사회 경찰활동이 지배적인 것으로 되어감에 따라 효과적인 개인 간 의사소통기술이 중요해지고 있다. 대체로 일반적인 사람은 의사소통을 잘하지 못하지만, 경찰관을 포함해서 모든 사람은 더 나은 사람의 의사소통기술을 배울 수 있다. 효과적인 개인 간 의사소통 전략을 개발하는 것은 경찰과 지역사회의 관계를 향상시킬 수 있다. 지역사회 경찰활동이 최대한의 가능성을 실현하고자 한다면 경찰-지역사회 관계는 쌍방향 의사소통을 필요로 한다.

2. 비언어 의사소통의 이해

경찰관이 주민과 행하는 많은 상호작용은 불평이나 문제를 듣는 것과 관련되어 있다. 경찰관이 듣는 방법은 그가 반응하는 방법을 결정한다. hearing 과 listening 사이에는 차이점이 있다. 한 경찰관이 어떤 사람이 말하고 있는 것을 들을 때(hearing) 그 내용을 이해하지 못할 수도 있다. 비언어 의사소통의 효과적인 활용 및 이해는 [그림 11-6]에서 보는 것과 같은 (1) 주의하기(attending), (2) 따라가기 기술(following skill), (3) 반영적 듣기(reflective listening)의 3 가지 주된 기술을 필요로 한다.

[그림 11-6] 비언어 의사소통

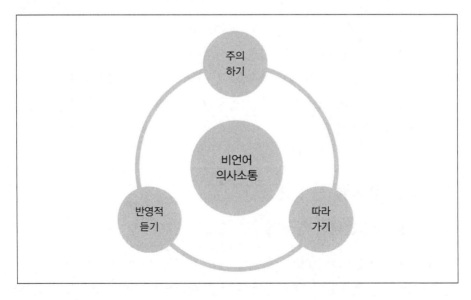

1) 주의하기

비언어 의사소통에 강한 중점을 두면서 다른 사람에게 주의를 하는 것은 '주의하기'(attending)라고 불린다. 메라비언(Albert Mehrabian)은 비언어 의사소통이 메시지의 사회적 의미 중 93%를 설명한다는 것을 발견했다. 이러한 비언어 의사소통 중 55%는 눈과 얼굴의 표현 등에 기인하고, 38%는 목소리의 톤 등에 기초한다(Mehrabian, 1968: 53). 경찰관들은 피해자, 피의자, 목격자의 비언어를 읽고자 매일 시도해야 한다. 경찰관은 다음과 같은 5가지 지침을 사용함으로써 비언어 의사소통을 효과적으로 다룰 수 있다.

(1) 유용한 실마리가 되는 것에 중점을 두기 위해서 의식적으로 노력하라.
(2) 적절한 상황에서 각각의 비언어를 보라.
(3) 부적당한 비언어를 찾아라.
(4) 비언어 의사소통과 관련된 상호작용을 하는 동안에 그의 감정을 인식하라.
(5) 적절한 상황에서 확인이나 교정을 위해서 말한 사람에게 비언어 메시지의 해석을 전하라.

2) 따라가기 기술

'따라가기 기술'(following skill)은 말하는 사람으로 하여금 상황을 바라보는 방법을 발견하도록 하는 데 중점을 둔다. 따라가기 기술을 개발하는 4가지 도구는 (1) 문을 열어주기(door openers), (2) 최소한의 격려(minimal encour-agers), (3) 가끔 행하는 질문(infrequent questions), (4) 주의 깊은 침묵(attentive si-lence)이다.

(1) 문을 열어주기

문을 열어주는 사람(door openers)은 의사소통을 시작하는 가장 중요한 방법일 수 있다. 문을 열어주는 사람에게 발생하는 문제점은 판단형의 진술을 하면서 의사소통을 시작하는 경향이 있다는 것이다. 대체로 그들은 4가지 요소를 갖고 있다.

• 다른 사람의 신체언어를 사용하기

- 말하거나, 계속해서 말하기
- 다른 사람에게 말할 것인지 여부와 무엇을 말할 것인지를 결정할 시간을 주는 것
- 다른 사람들에 대한 흥미와 관심을 보여주는 아이 컨택과 참여의 자세를 갖고서 주의하기

(2) 최소한의 격려

듣는 사람은 그 과정에서 말하는 사람이 적극성을 유지하도록 "나에게 더 많은 것을 말해줘요"와 "계속해서"와 같이 최소한의 격려(minimal encouragers)를 사용해야 한다.

(3) 가끔 행하는 질문

듣는 사람의 질문은 말하는 사람이 아니라 듣는 사람의 의도, 관점, 관심에 중점을 두기 때문에 질문을 하더라도 자주 하지 않도록 노력하라. 질문할 때 열린 의사소통을 제한할 수 있는 폐쇄질문(closed-ended questions)을 피하라.

(4) 주의 깊은 침묵

주의 깊은 침묵(attentive silence)을 사용하라. 이러한 전략은 말하는 사람으로 하여금 그 자신에 대해서 생각하고, 느끼고, 표현하도록 허용해 준다. 듣는 사람의 이익은 말하는 사람의 관심을 더 잘 이해하게 된다는 것이다.

3) 반영적 듣기

반영적 듣기(reflective listening)는 말하는 사람의 말을 듣고, 그것에 대한 이해와 수용을 보여주기 위해서 상대방에게 보내는 메시지에 감정과 의미를 표현하는 것이다. 이 특별한 기술은 (1) 바꿔서 말하기(paraphrasing), (2) 감정 반영하기(reflecting feelings), (3) 의미 반영하기(reflecting meaning)(감정과 의미를 연결시킴), (4) 부가적 반영(summative reflections)이다.

(1) 바꿔서 말하기

듣는 사람은 말하는 사람의 의미를 자신의 단어로 재진술하기 위해서 바꿔서 말하기를 사용한다.

(2) 감정 반영하기

듣는 사람은 말하는 사람에게 자신의 감정을 반영시키기 위해서 다음과 같은 것을 행할 필요가 있다.

- 감정 단어에 중점을 둔다.
- 메시지의 일반적 내용을 기록한다.
- 신체 언어를 관찰한다.

당신 자신에게 "만약에 내가 그러한 경험을 하고 있다면 나는 무엇을 느낄까?"라고 당신 자신에게 물어라.

(3) 의미 반영하기

감정을 반영할 때 그 의미를 반영시키는 것이 필수적이다. 이것을 위해서 그 사람에게 "당신은 ~~ 때문에 나는~~ 하게 느낀다."라고 말하려고 노력하라.

(4) 부가적 반영

부가적 반영(summative reflection)에서 듣는 사람은 말하는 사람에 의해서 표현된 주된 감정을 진술한다. 부가적 반영은 듣는 사람에게 문제에 대한 이해를 제공할 뿐만 아니라 말하는 사람에게는 말해지는 것에 대한 통합된 그림을 제공한다.

제4절 경찰관 자질의 향상 방법

Ⅰ. 비판적 사고능력의 향상

1. 일정 기간 경과에 따른 발전

비판적 사고능력이 미래의 경찰관에게 매우 중요하다면 신임경찰관과 재직 중인 경찰관은 어떻게 그러한 능력을 발전시킬 수 있을까? 사람은 이미 어느 정도 비판적 사고 수준을 갖고 태어난다. 그러나 일정 기간 동안 어떤 사람은 다양한 수준의 생각과 추론을 발전시킬 것이다. 나이와 교육은 비판

[그림 11-7] 비판적 사고개발 6단계

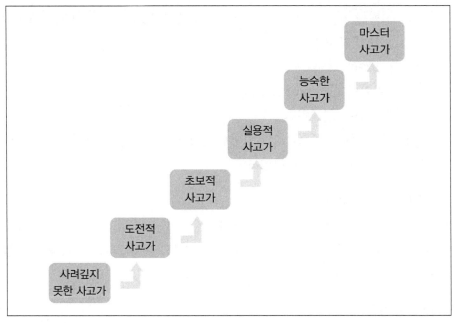

적 사고의 발전에 영향을 미치는 중요한 요소일 수 있다.

2. 자신의 사고에 대한 평가

비판적 사고의 핵심은 사고과정에 대한 구체적인 지식에 있는 것이 아니라, 정보를 평가하고 해결책을 형성하는 동안에 자신의 사고를 평가하는 데 있다.

3. 비판적 사고개발 6단계

비판적 사고의 개발은 [그림 11-7]에서 보는 것과 같은 6단계를 거칠 것을 요구한다.

(1) 대부분의 사람은 그들의 생각에서 결점을 인식할 수 없는 사려 깊지 못한 사고가(unreflective thinker)로 시작한다.

(2) 도전적인 사고가(challenged thinker)는 그들의 생각에 문제가 있다고 인
    식한다.

(3) 초보적인 사고가(beginning thinker)는 비판적 사고 기술을 개발하고자
    시도하나 일관되지 못한 기준을 따른다.

(4) 실용적인 사고가(practicing thinker)는 그들의 비판적 사고가 정규적인
    직무수행을 향상시킬 것이라고 인식한다.

(5) 능숙한 사고가(advanced thinker)는 향상을 경험하고 그들의 사고에서
    능숙함을 개발한다.

(6) 능숙하고 통찰력이 있는 사고가 제2의 천성이 될 때에 마스터 사고가
    (master thinker)의 수준에 도달하게 된다.

마스터 사고가는 많은 우수한 정신상의 특성을 갖고 있다. 그들은 정신작
용을 의식하고, 그들의 사고에서 매우 통합되고, 합리적이고, 논리적이고, 멀
리 보고, 깊고, 자기 교정적이고, 자주적이다. 현실적으로 마스터 사고가는
거의 없지만 마스터 사고가는 추구할 만한 가치 있는 목표가 된다(Paul &
Elder, 2001: 22).

Ⅱ. 문제해결능력의 향상

1. 문제에 기초한 학습법 활용

경찰학교에서 사례연구(case studies), 모의상황(simulation), 잘 구성된 역할연
기(role play)는 경찰관이 문제해결전략을 개발하는 데 도움을 줄 수 있다. 앞으
로 활용가치가 높은 교육전략은 '문제에 기초한 학습법'(Problem-Based Learning:
PBL)이다.

2. 학습모델에 따른 학습기술 및 실행방법의 개발

경찰관은 문제해결능력에서 그들의 장점·약점을 알아야 한다. 앞에서 살
펴본 콜브(Kolb)의 4가지 경험적 학습모델과 관련하여 학습기술 및 실행방법

〈표 11-2〉 경험적 학습모델에 따른 학습기술 및 실행방법

항목	내용
확산적 사고형 (Diverger)	• 다른 사람의 감정에 민감해할 것 • 가치에 민감해할 것 • 개방된 마음을 갖고 들을 것 • 정보를 수집할 것 • 불확실한 상황이 갖고 있는 의미를 상상할 것
흡수형(Assimilator)	• 정보를 조직화할 것 • 개념적인 모델을 형성할 것 • 이론과 아이디어를 평가할 것 • 실험을 설계할 것 • 양적인 자료를 분석할 것
집중적 사고형 (Converger)	• 생각하고 행하는 새로운 방법을 개발할 것 • 새로운 생각을 실험할 것 • 최선의 해결책을 선택할 것 • 목표를 설정할 것 • 의사결정을 행할 것
조절형 (Accommodator)	• 목표에 전념할 것 • 새로운 기회를 찾을 것 • 다른 사람에게 영향력을 주고 이끌 것 • 개인적으로 참여할 것 • 사람들을 다룰 것

을 개발하기 위해서는 <표 11-2>를 참고할 필요가 있다. 특별부서(task force)를 구성할 때, 4가지 영역에 속한 구성원을 균형있게 참여시킬 필요가 있다.

Ⅲ. 의사소통능력의 향상

경찰관은 때때로 시민의 관심을 판단하고, 위협을 가하고, 교육시키고, 심지어 회피하기도 한다. 경찰활동은 일상적인 법집행활동을 함에 있어서 의사소통 과정에 의존한다. 효과적인 의사소통은 개개의 경찰관과 경찰조직 양자의 책임인 것이다.

1. 의사소통의 3가지 영역의 장벽

오늘날의 경찰활동에서 경찰관이 지역사회 경찰활동의 목적을 효과적으로 달성하고자 한다면, 경찰관은 의사소통에 능숙해야 한다. 효과적인 의사소통은 의사소통에 있어서 3가지 영역의 장벽을 이해하는 것에서 시작한다.
  (1) '판단'은 평가적인 방법으로 비판하고, 진단하고, 칭찬하는 것과 관련되어 있다.
  (2) '해결책을 제시하는 것'은 명령하고, 위협을 하고, 교화하고, 과도하게 부적절한 질문을 하고, 충고하는 것과 같은 행동을 포함한다.
  (3) '다른 사람의 관심을 회피하는 것'은 관심을 다른 데로 돌리는 것, 논리적인 논쟁과 같은 행동에 의해서 설명된다.

2. 의사소통상 장애 이해

경찰활동에 직접적으로 영향을 미치는 의사소통상 장애를 이해하는 것이 중요하다. 이러한 장애 중 몇몇은 다음과 같다(Iannone, 1987: 107-114).
  (1) 적극적 듣기를 실행하는 데 실패함
  (2) 효과적인 의사소통을 어렵게 만드는 지위상의 차이점
  (3) 열등감 또는 우월감
  (4) 심리적 스트레스, 적극적으로 듣지 않음, 듣는 것을 어렵게 만드는 환경상의 방해
  (5) 개인들이 분명하고, 간결하고, 다른 사람에게 이해될 수 있는 방법으로 자신을 표현하지 못할 때 발생하는 의사소통의 장애
  (6) 확신의 부족 때문에 발생하는 비판의 두려움
  (7) 충분한 정보 없이 결론으로 뛰어넘는 것
  (8) 메시지가 한 사람에서 다른 사람으로 전해질 때 상실되는 필터링
  (9) 개인의 감정과 태도
  (10) 부하와 상사 사이에서 매우 자주 발생하는 의사소통의 고의적인 억압이나 촉진
  (11) 더 많은 사람들이 메시지의 해석에 관여하면 할수록 그만큼 더 왜곡

의 가능성이 커지는 것을 의미하는 의사소통 채널의 복잡성

(12) 듣는 사람에게 너무 많은 정보를 제공하여 부담을 줌

(13) 의사소통 채널을 지나치게 구조화하고, 공식적인 의사소통 채널을 사용하는 데 너무 의존함

참고문헌

Bartollas, C. & Hahn, L. (1999). *Policing in America*, Boston: Allyn & Bacon.

Garver, E. (1986). "Critical Thinking, Them and Us: A Response to Arnold B. Arons's Critical Thinking and the Baccalaureate Curriculum," *Liberal Education*, 72.

Goldstein, Herman. (1979). "Improving Policing: A Problem-oriented Approach," *Crime and Delinquency*, 25.

Hanewicz, Wayne B. (1978). "Police Personality-Jungian Perspective," *Crime and Delinquency*, 25.

Hirsh, Sandra K. & Kummerow, Jean M. (1990). *Introduction to Type in Organization*, Palo Alto, CA: Consulting Psychologist Press, Inc.

Iannone, N. F. (1987). *Supervision of Police Personnel* (4th ed.), Englewood Cliffs, NJ: Prentice Hall.

Meese, Edwin. (1993). *Community Policing and the Police Officer: Perspectives on Policing*, Washington, D.C.: National Institute of Justice.

Mehrabian, A. (1968). "Communication without Words," *Psychology Today*, September.

Paul, Richard & Elder, Linda. (2001). *Critical Thinking: Tools for Taking Charge of Your Learning and Your Life*, Upper Saddle River, NJ: Prentice Hall.

Stevens, Dennis J. (2002). *Applied Community Policing in the 21st Century*, Allyn & Bacon: Boston.

Trautman, Neal E. (2002). *How to Be a Great Cop*, Upper Saddle River, New Jersey: Prentice-Hall, Inc.

Trojanowicz, Robert & Bucqueroux, Bonnie. (1998). *Community Policing: How to Get Started* (2nd ed.), Cincinnati: Anderson Publishing.

Umstot, D. (1988). *Understanding Organizational Behavior* (2nd ed.), St. Paul, MN: West.

Vollmer, August. (1936). *The Police and Modern Society*, Berkeley, CA: University of California Press.

제**12**장

지역사회 경찰활동과
과학기술

제12장　지역사회 경찰활동과 과학기술

최근에 발전된 경찰전략은 정보기술(Information Technology)의 개발과 이용을 포함하고 있다. 오늘날 정보기술은 경찰활동에서 새롭고 더욱 필수적인 역할을 맡고 있다. 경찰운용활동은 믿을 수 없을 정도로 정보 집약적인 활동으로 되었다. 경찰관서들은 단지 정보저장을 위해 컴퓨터를 이용하기보다는 정보·지식에 기초한 시스템을 위해 컴퓨터를 이용하고 있다(Brahan, Lam, Chan, & Leung, 2009: 355-361).

오늘날 정보기술은 경찰관서를 위한 필수적인 도구가 되었다. 컴퓨터는 문제해결을 위해서 SARA 모델을 사용하는 경찰관서를 지원해 줄 수 있다. 특히 조사단계(scanning phase)에서 범죄분석은 문제를 확인하기 위해서 기록 관리 체계(Records Management System: RMS)로부터 정보를 이용할 수 있다. 전산지령 시스템(Computer Aided Dispatch: CAD)은 경찰 서비스의 반복된 출동요청을 받고 있는 위치를 확인할 수 있다. 마찬가지로 데이터베이스, 차트, 그래프, 스프레드 시트는 문제해결의 필요성을 보여주는 사건에서 유사점을 확인할 수 있다.

이것이 중요한 이유는 경찰관서는 우범지역과 상습 범죄자의 확인, 목표 대상 설정에 있어서 정보에 더 의존하기 때문이다. 범죄분석(Crime Analysis), 지리정보 시스템(GIS), 인공지능(AI)은 오늘날 경찰활동에서 매우 광범위하게 사용되는 정보기술이다(Swanson, Territo, & Taylor, 2012: 70).

제1절 컴스탯

I. 컴스탯의 기원 및 개념

1. 컴스탯의 기원

지역사회 경찰활동이 극적 효과를 발휘하지 못했을지라도 그 철학의 전제는 경찰을 더욱 능률적이고 효과적으로 만들고자 하는 품질 운동(Quality Movement)을 이끌었다. 오늘날 대부분의 야심찬 경찰활동은 컴스탯(Compstat)에 중점을 두고 있다. 컴스탯이란 용어는 computer의 comp와 statistics의 stat에서 나왔다. 또는 컴스탯은 comparative statistics를 위한 축약어로도 사용된다. 컴스탯은 1994년에 New York시 경찰국장이었던 브래턴(William Bratton)에 의해서 New York시에서 개발되었고, 오늘날 대부분의 주요 도시에서 여러 형태로 계속 유지되고 있다.

2. 컴스탯의 개념

컴스탯은 지역사회의 니즈를 살펴보고 범죄를 중단시키거나 예방하기 위한 사전적 전략을 설명하는 과정이다. 이러한 목적을 성취하기 위하여 브래턴은 그의 경찰관서(1990년대는 New York, 2000년대는 Los Angeles)로 하여금 매주 범죄자료를 분석하도록 요구했으며, 경찰관리자로 하여금 부서(division)와 순찰구역(precinct) 사이에 정보를 공유하기 위하여 정규적으로 만나도록 요구하였다.

컴스탯 경찰활동의 기초를 구축한 범죄통제 전략은 범죄다발구역 경찰활동(hot-spot policing), 문제해결 접근법(problem-solving approach), 깨어진 유리창 집행(broken windows enforcement) 등을 포함한다(Jang, Hoover, & Joo, 2010). 특히 컴스탯 모델은 사회적 무질서와 삶의 질 이슈를 향상시키는 데 경찰이 중점을 두는 것은 궁극적으로 중범죄를 감소시킬 수 있다는 전제를 갖고 경범죄에 대한 무관용 접근법을 취함으로써 깨진 유리창 철학을 수용하고 있다.

Ⅱ. 컴스탯의 4가지 핵심원리

여러 경찰관서의 컴스탯 모델은 다음과 같은 4가지 핵심원리를 갖고 있다 (Dussault, 2000: 1-2).

1. 지역사회 기반의 범죄통계정보

지역사회에 기초를 둔 정확하고 적시의 범죄통계정보가 제공되어야 한다. 효과적인 컴스탯 노력을 위해서 요구되는 집합적·개별적 자료를 제공하는 데 최첨단 컴퓨터 시스템과 지리적 지도 프로그램은 매우 유익하다.

2. 순찰활동과 비밀운용을 결합한 자원의 신속한 배치

즉각적인 순찰활동과 통제적인 비밀운용을 결합한 자원이 신속하게 배치되어야 한다. 불편 처리 직원(nuisance and abatement personnel), 위생직원(sanitation worker), 알코올 음료와 자격 단속(alcoholic beverage and licensing enforcement)과 같이 시와 정부 자원의 신속한 배치는 컴스탯 원리의 추가적인 측면이다.

3. 거리범죄 또는 삶의 질 범죄에 중점을 두는 전술·전략

눈에 띄는 거리범죄 또는 삶의 질 범죄에 중점을 두는 효과적인 집행 전략과 전술이 실행되어야 한다. 눈에 띄는 거리범죄 또는 삶의 질 범죄의 예는 어슬렁거리며 걷기(loitering), 공공장소 음주, 거리의 매춘, 심지어 지하철 회전식 문(turnstile) 위로 점프해서 통과하기 등이다.

4. 철저한 추적조사와 평가

철저한 추적 조사와 평가가 행해져야 한다. 이것은 순찰경찰관뿐만 아니라 순찰부서 장(division head) 또는 순찰구역 장(precinct captain)과 같은 지역 경찰관리자(manager)에 대하여 책임(accountability and responsibility)을 부여하는 것을 포함한다.

III. 컴스탯의 주요 내용

1. 관리책임과의 결합

컴스탯의 주요 요소는 경찰지휘관으로 하여금 그들의 책임지역 내의 범죄 및 사회적 문제를 분석하고 즉시 다루도록 하는 것이다. 그 후 경찰지휘관은 그들의 계획과 결정이 성공했는지 여부를 확인하게 된다. 본질적으로 컴스탯은 정확하고 시기적절한 범죄통계정보에 기초를 둔 현대적 관리, 배치 노력, 강력한 집행전략의 결합인 것이다.

2. 능률성과 효과성의 향상

컴스탯은 경찰에게 이용 가능한 가장 정확하고 시기적절한 정보와 자료를 사용하고, 조직 내에서 수평적·수직적 의사소통 라인을 열고, 지역사회를 전체적으로 활성화하여 경찰의 전반적인 능률성과 효과성을 향상시키는 것에 중점을 둔다.

3. 문제 및 예방 지향

컴스탯은 문제 지향적이고, 예방 지향적이며, 과거 사건보다는 오히려 문제에 중점을 둘 것을 강조한다. 이러한 측면에서 컴스탯은 사후 대응적이고 사건 지향적인 전통적 경찰모델과는 다르다. 컴스탯 미팅은 상황을 개선하고 앞으로의 범죄를 예방하려는 시각을 갖고, 지역사회 문제에 중점을 두는 경향이 있다.

4. 다양한 도시에서의 활용

컴스탯 과정은 규모가 큰 대도시 기관에 제한된 것이 아니다. 사실상 컴

[그림 12-1] New York시 경찰국 Compstat

Police Department
City of New York

Michael R. Bloomberg
Mayor

Raymond W. Kelly
Police Commissioner

Volume 20 Number 47

CompStat

Citywide

Report Covering the Week 11/18/2013 Through 11/24/2013

Crime Complaints

	Week to Date			28 Day			Year to Date⁴			2 Year % Chg	12Year % Chg (2001)	20Year % Chg (1993)
	2013	2012	% Chg	2013	2012	% Chg	2013	2012	% Chg			
Murder	8	6	33.3	27	17	58.8	303	379	-20.1	-35.8	-48.5	-82.7
Rape	17	24	29.2	95	94	1.1	1,291	1,300	0.7	0.9	26.6	56.3
Robbery	378	358	5.6	1,613	1,503	7.3	17,124	18,007	-4.9	-2.3	-31.4	-77.8
Fel Assault	345	367	-6.0	1,471	1,338	9.9	18,158	17,726	2.4	7.7	-14.2	-51.9
Burglary	347	402	-13.7	1,323	1,585	-16.5	15,477	17,123	-9.7	-7.0	-40.8	-82.0
Gr. Larceny	918	811	13.2	3,565	2,986	19.4	40,402	37,851	6.6	17.0	-2.1	-47.8

스탯은 다양한 인구와 범죄율이 상이한 모든 규모의 도시에서 수행될 수 있다. 그 과정은 경찰간부로 하여금 경찰기관의 임무를 명확히 하고, 중요한 이슈에 노력을 집중하도록 돕는다. 또한 문제를 확인하고, 개선과 예방을 위한 효과적인 전략을 개발하도록 한다. 가장 중요하게도 컴스탯 과정은 조직에게는 무엇이 효과가 있고 효과가 없는지를 빨리 알 수 있도록 하며, 혁신적인 프로그램과 유용한 전략을 제공해 준다(Walsh & Vito, 2004: 51-69).

IV. Minneapolis의 CODEFOR

1. CODEFOR의 개념

컴스탯의 핵심적인 원리와 Newport News의 문제해결 모델을 비교해 보면 유사한 점이 많이 발견된다. 사실상 컴스탯은 오늘날 복잡한 도시에서 문제해결 모델의 발전 결과인 것이다. Los Angeles, Philadelphia, New Orleans, Albuquerque, Sacramento, Boston, Dallas를 포함한 많은 도시는 계속해서 컴스탯 원리를 수정하고 있지만, Minnesota주 Minneapolis 경찰국보다 더욱 성공한 지역은 없다.

Minneapolis에서 컴스탯 프로그램은 CODEFOR(Computer Optimized DEployment - Focus On Result)라고 불린다. 이 전략은 범죄를 감소시키기 위해 특별히 설계되었으며 Minneapolis 경찰국 내의 모든 부서를 참여시킨다. CODEFOR는 컴퓨터 응용 및 지도화 기술과 현장에서 증명된 경찰기술(예 통제순찰, 안전한 거리, 우범지역 경찰활동 등)을 결합시킨다.

2. CODEFOR의 과정

컴퓨터에 의해 제작된 지도는 범죄다발 구역을 확인하고 경찰자원이 적시에 그 위치에 배치된다. 경찰관리자는 매주 함께 모여서 그들 지역의 범죄율에 관한 회의를 한다. 여러 색깔로 된 범죄지도가 커다란 스크린에 투사되고, 컴퓨터에 의해서 만들어진 게시판이 그 회의에서 제시된다. 경찰관서의 고위간부(executive)와 지휘관(commander)은 순찰지구(precinct) 경감에게 담당 지역의 범죄에 대하여 엄하게 추궁한다. 경감은 범죄를 완전히 제거할 수 있을 것으로 기대되지는 않을지라도 범죄경향을 바꾸거나 우범지역 제거를 위한 실용적인 전략을 명확히 제시하도록 기대된다.

3. CODEFOR의 효과

1) 최고 경찰관리자의 참여

경찰관리자는 그들 지역의 범죄를 줄이는 데 책임이 있는 것으로 여겨지기 때문에 CODEFOR 과정은 효과가 있다. 내부적인 문제해결, 지역사회 미팅에의 참여, 스케줄 정하기, 많은 다른 행정업무 이외에도 경찰관리자는 책임지역 내의 범죄를 다루는 데 노력을 기울이도록 요청된다.

2) 의사소통의 증진

범죄 인식과 범죄와의 싸움에 대한 강조는 순찰구역(beat) 경찰관과 순찰지구(precinct) 경감 사이의 의사소통을 증진시킨다. 순찰지구 내의 범죄를 다룸에 있어서 모든 사람은 성과와 성공이 그들의 상호관계에 달려 있다는 것을 깨닫고 있다. 분명히 사기를 높이고 컴스탯의 주된 목표를 지원해주는 팀 지향적인 정신은 CODEFOR 아래에서 자연스럽게 형성된다.

3) 주기적인 범죄정보 제공

Minneapolis 경찰국은 지역에 따라 매주 특정 범죄통계를 작성할 뿐만 아니라 성공 또는 실패 여부를 표로 작성하여 훨씬 더 세련된 과정을 사용하고 있다. 흥미 있게도 그 보고서는 시민의 활용과 평가를 위해서 매달 인터넷에서도 제공된다.[3]

V. 컴스탯의 성과

연구들에 의하면 컴스탯 접근법은 재산범죄 및 전체 지표범죄를 감소시키는 데 효과적일지라도 그것은 폭력범죄를 유의미하게 감소시키지 못했다(Jang, Hoover, & Joo, 2010). 그러나 미국에 있는 경찰기관 내에서 컴스탯 과정은 범죄와의 싸움을 발전시켰고 지역사회를 더욱 안전하게 만들었다(Serpass & Morley, 2008: 60). 10년 이상 동안 이러한 혁신은 지역 경찰관에게 매우 향상된 책임과 임파워먼트를 가져왔다.

예를 들면 South Carolina주 Columbia 경찰국은 컴스탯을 성공적으로 실행하였고, 그것은 개방성, 유연한 의사소통, 향상된 팀워크를 만들었다. 그것은 또한 인접한 법집행기관과 지역사회 조직과의 관계를 향상시켰다. 가장 중요하게도 컴스탯은 도시의 범죄를 매우 감소시켰고, 체포 건수를 증가시켰다(Crisp & Hines, 2007: 48).

그러나 모든 사람이 컴스탯이 효과적이고 윤리적이라고 인식한 것은 아니다. 이 기술이 경찰관 재량의 적절한 적용을 감소시켜서는 안 되고 또한 부정적인 생산성 목표를 형성하도록 허용해서는 안 된다. 몇몇 경찰관서는 결정을 내리거나 재량권을 사용하는 경찰관의 능력이 미흡하고, 소환(summon), 불심검문(stop-frisk), 체포(arrest) 건수를 증가시키기 위해서 컴스탯을 사용했다는 비판에 직면하고 있다(Kates, 2012).

---

3) www.ci.minneapolis.mn.us/citywork/police/index.html.

제2절 범죄분석

Ⅰ. 범죄분석의 등장

경찰활동이 정보와 증거에 기초를 둔 역할로 변화하기 때문에, 정확한 분석이 점차 중요해지고 있다. 결과적으로 이러한 요구사항을 충족시키기 위한 수단으로서 범죄분석(crime analysis)이 등장하였다. 경찰관서의 범죄분석 활용은 기술 활용의 변화와 관련되어 있다. 범죄분석은 경찰기관으로 하여금 추측보다는 증거에 기반해서 조직적·전략적 결정을 내릴 수 있도록 한다. 또한 범죄분석은 경찰기관으로 하여금 자원을 배정하고 범죄활동을 예측하는 것에 관하여 자료 기반 결정(data-driven decision)을 내릴 수 있도록 하고, 순찰경찰관과 수사경찰관을 지원해 준다(Walker & Katz, 2011: 508).

Ⅱ. 범죄분석의 개념

범죄분석이란 경찰활동의 우선순위를 정하고 목표대상을 정하기 위해서 범죄자료와 다른 관련 자료 사이의 관계를 확인하는 과정이다(Cope, 2004: 188-203). 또한 범죄분석은 주로 범죄와 사회적 문제의 관련 추세와 유형을 확인하기 위해 설계된 유연하고 역동적인 과정이다. 범죄분석은 범죄 대응 시 법집행 간부로 하여금 더욱 정확한 결정을 내릴 수 있도록 지원하기 위해서 설계된다. 범죄분석은 3가지 기능으로 구성되어 있다(O'Shea & Nicholls, 2002).
  (1) 능률적이고 효과적으로 자원을 배정하고 인력을 배치하기 위해서 범죄의 성격, 범위, 분포를 평가하는 것
  (2) 범죄수사를 지원하기 위해서 범죄-피의자 관계를 확인하는 것
  (3) 정책결정가들이 범죄예방 접근법에 관하여 정확한 결정을 내리기 위해서 범죄와 무질서를 촉발하는 조건을 확인하는 것

범죄분석 기술은 연구방법론 및 통계학적 방법론을 이용하며 자동화된 처리과정을 활용한다. 그것이 반드시 고급통계기술일 필요는 없고 Word·Excel과 같이 Microsoft Office 프로그램에 대한 기본적인 이해를 통해서도

충분히 성취될 수 있다(Stallo, 2010).

Ⅲ. 범죄분석의 목적

범죄분석은 신고된 범죄정보에만 제한된 것이 아니다. 통계적인 정보분석에 대해서도 관심이 부여되어야 한다. 범죄분석은 범죄를 예방하고 통제하려는 시도에서 수사관, 의사결정가, 정책결정가를 지원한다(Kinney, 1984: 4).

1. 범죄 관련 변수 간의 관계 파악

공간과 장소, 범죄자 유형, 범죄피해의 불규칙성으로 인해 범죄분석가는 범죄유형으로부터 추론하고, 그러한 추론은 경찰자원을 배치하기 위한 기초로 이용될 수 있다. 즉 범죄분석은 범죄 관련 변수(공간, 시간, 범죄자, 피해자) 사이의 관계를 파악한다.

2. 앞으로의 사건 예견

범죄분석의 목적은 자동화된 기록시스템의 데이터베이스에서 나온 많은 가공되지 않은 정보를 조직화하고, 이러한 자료를 통계적으로 처리하여 앞으로의 사건을 예견하는 것이다. 이론상으로 범죄분석은 과거·현재·미래의 행동에 관하여 합리적인 결정을 내릴 수 있도록 하기 위해서 철저하고 체계적인 자료분석을 제공한다(Boba, 2005: 5).

3. 경찰자원의 배치

범죄분석은 우범지역 경찰활동, 통제 순찰과 포화 순찰, 예견적 경찰활동 등과 같은 새로운 경찰활동 전략을 활용해서 경찰자원을 배치할 때 중요하게 활용된다.

Ⅳ. 범죄분석의 유형

경찰기관에 의해서 사용되고 있거나 사용될 수 있는 범죄분석의 일상적인 유형은 (1) 전술적 범죄분석, (2) 전략적 범죄분석, (3) 행정적 범죄분석 등이다 (Osborne & Wernicke, 2003).

1. 전술적 범죄분석

전술적 범죄분석(tactical crime analysis)은 전형적으로 특정 지리영역에서 특정 범죄문제를 확인하는 것과 관련된다. 전술적 범죄분석의 목적은 순찰경찰관과 수사경찰관에게 시기적절한 정보를 제공해서 그들로 하여금 현재 발생하고 있는 범죄에 대응할 수 있도록 하는 것이다.

예를 들면 범죄분석가는 자동차 절도(auto burglary) 경향을 확인해서 그 범죄활동의 전형적인 장소·시간·날짜를 결정할 수 있다. 이것은 순찰경찰관에게 순찰방향을 어디로 할 것인지, 범죄자를 잡거나 억제하는 데 가장 효과적인 시간은 언제인지에 대한 정보를 제공할 것이다.

전술적 범죄분석은 다양한 시기 동안 특정한 장소에 집중되는 범죄유형(예 강도, 주거침입 절도, 자동차 절도 등)을 탐지하기 위해 이용된다. 전술적 범죄분석의 초점은 최근의 범죄행위를 대상으로 하는데, 피의자 확인 및 사건해결을 돕기 위해서 범죄행위의 방법·시간·장소와 같은 특성을 조사하는 것이다.

2. 전략적 범죄분석

전략적 범죄분석(strategic crime analysis)은 장기간의 범죄경향에 중점을 두고, 특정한 문제를 다루기 위한 전략적 계획을 개발하기 위해서 사용된다. 전략적 범죄분석은 장기적 기획이고 더 크고 더 복잡한 프로젝트라는 점에서 전술적 범죄분석과 다르다.

예를 들면 Arizona주 Scottsdale 경찰서의 범죄분석반(Crime Analysis Unit)은 여러 해 동안 '열린 주차장 절도'(open-garage-door burglary)가 증가하고 있

다는 것을 발견하였다. 범죄분석가는 그 범죄를 예방하는 전략적 계획을 개발하기 위해서 순찰(patrol), 지역감시 집단(community watch group), 지역 협회(neighborhood association)와 협력하였다. 그 계획은 실행되었고, 활용된 전략은 여러 해 동안 반복되었다.

전략적 범죄분석은 경찰대응과 조직적 절차를 평가할 뿐만 아니라 장기적인 활동유형을 결정하기 위해 특정 지역의 범죄와 사회적 문제를 연구한다. 전략적 범죄분석은 주어진 기간 동안 경찰의 효과성을 결정하거나 앞에서 논의된 특정한 경찰전략을 평가하기 위해서 이용된다.

3. 행정적 범죄분석

행정적 범죄분석(administrative crime analysis)은 경찰관리자에게 요약된 통계와 데이터를 제공하는 데 중점을 둔다. 이 정보는 범죄와 무질서 문제를 더 잘 이해하기 위해서 관리자에 의해서 종종 사용된다. 예를 들면 경찰서장은 관할구역의 범죄율을 비교하기 위하여 경찰기관에 의해서 수집된 통일범죄보고서(Uniform Crime Report)를 활용할 수 있다. 마찬가지로 지구대장(district commander)은 자신의 책임구역의 범죄에 대하여 더 잘 알기 위해서 그들의 순찰구역에서 발생하고 있는 범죄의 양과 유형을 조사한 일일 범죄 보고서(daily crime report)를 요구할 수 있다.

4. 기타 분석

1) 연관분석

연관분석(Link Analysis)은 지정된 시점에서 사람, 조직, 사건, 활동, 위치 상호 간의 연관 및 관계를 도표로 표현한 것이다. 연관분석 기술은 범죄자 사이의 숨겨진 연계를 밝혀내고, 종종 발견되는 은밀한 조직화된 범죄조직의 구조를 밝혀내는 데 강력한 분석도구가 된다. 연관분석은 공모자가 있는 복잡한 범죄의 수사에서 중요하며, 정보 주도 경찰활동(Intelligence-Led Policing: ILP)에서 집중적으로 이용되는 강력한 도구이다.

2) 전화요금 분석

전화요금 분석(Telephone Toll Analysis)은 불법 마약거래에서 피의자의 장거리 전화 청구서로부터 전산화된 보고서를 작성하는 것을 의미한다. 이 보고서는 숫자 순서, 시간 순서, 지역 순서로 표현된 전화번호와 빈도를 표시한다. 청구대상 전화번호와 그 상대방 전화번호 간의 관계를 보여주기 위해서 연계분석이 이용될 수 있다(Ross, 1983: 45).

3) 시각적 범죄수사 분석

시각적 범죄수사 분석(Visual Investigation Analysis: VIA)은 시간적 순서로 중요한 사건을 보여주는 도표를 의미한다. VIA는 대상자의 관련 정도를 보여주기 위해서 사용된다. 이러한 방법은 특히 공모사건에서 설득력이 있으며, 수사상의 자원을 집중시키는 기획도구로서 이용될 수 있다. 학교 총기발사에 초점을 둔 회의에서 Virginia Tech University 총기발사 사건에 대해서 도표화된 VIA가 제시되었다. 흥미 있게도 VIA 노력 결과로서 60피트(약 18미터) 이상의 길이에 1,200개 이상의 항목을 갖고 있는 수평 그래프가 제시되었다.

4) 사례분석과 관리체계

사례분석과 관리체계(Case Analysis and Management System: CAMS)는 특정 항목의 검색을 위해서 많은 양의 자료가 수집되고 컴퓨터화된 사례관리를 의미한다. 이 시스템은 관계를 명확히 하고 연관 가능성을 계산하기 위해 이용된다(Ross, 1983: 49).

5) 정보분석

정보분석(Intelligence Analysis)은 조직범죄, 갱, 마약 거래자, 매춘 조직, 테러리스트 조직과 관련된 범죄자 및 범죄행위의 네트워크를 확인하는 것을 의미한다. 정보분석에 대한 최근의 관심은 대규모의 중앙집중화된 정보처리 허브(fusion centers라고 불림)의 개발을 가져왔다. 정보분석은 정보 주도 경찰활동(ILP)의 기초가 되었다.

V. 범죄분석의 실행

범죄분석의 목적을 성취하기 위하여 범죄분석가(crime analyst)는 범죄 관련 데이터의 수집, 분석, 배포와 관련된 많은 활동에 책임이 있다.

(1) 범죄분석가는 경찰에게 오는 정보를 수집하는데 책임이 있다. 이 정보는 전형적으로 범죄 보고서(crime report), 서비스 요청 전화(call for service), 체포 보고서(arrest report), 현장 인터뷰 카드(field interview card) 등을 통해서 수집된다.

(2) 범죄분석가는 범죄의 패턴과 경향을 결정하는 데이터를 수집하는 데 책임이 있다. 이것은 사용을 위해 실질적인 훈련을 요구하는 데이터베이스, 복잡한 통계 패키지, 지도 소프트웨어를 통해서 성취된다.

(3) 범죄분석가가 패턴을 확인한 후에 그 정보는 적합한 직원에게 제공되고, 그 직원은 어떤 대응을 개발하기 위해서 그것을 사용한다.

미국에서 100명 이상의 경찰관이 있는 경찰관서 중 약 75%는 범죄분석을 실행하는 한 명의 경찰관을 배치하였다. 이러한 범죄분석가 직위는 주로 민간요원(civilian)에 의해서 충원되었다. 왜냐하면 그 임무를 위해서는 전문 훈련이 필요하고 민간요원은 정규 경찰관과 비교할 때 고용하기에 더 적은 비용이 들기 때문이다.

범죄분석가가 있는 경찰관서 중 약 72%는 그들을 분리된 부서에 배치하였다. 이 부서는 일반적으로 행정과(administrative division) 소속이지만 수사과(detective division) 또는 순찰과(patrol division) 소속이기도 한다(Walker & Katz, 2011: 509).

제3절 지리정보 시스템

I. 지리정보 시스템의 개념

지리정보 시스템(Geographic Information System: GIS)은 전산화된 지도를 만

들고, 업데이트하고, 분석하는 것을 의미한다. 범죄사건을 지도화하기 위한 지리정보 시스템(GIS) 활용은 범죄유형을 설명하고자 했던 환경 범죄학 연구와 관련이 있다. 전산화된 지도 시스템 이전에 경찰은 범죄를 추적하는 수단으로서 일반적으로 pin 지도를 이용했다. 이러한 관행은 군집 경향과 일반 경향을 설명하는 데 어려움이 있다(Ratcliffe, 2004: 65-83). 그러나 복잡한 전산화된 지도의 도입과 함께 대규모 경찰관서들이 광범위한 지리정보 시스템(GIS)을 도입했다(Weisburd & Lum, 2005: 419-434).

Ⅱ. 공간 통계 분석

공간 통계 분석(Geospacial Statistical Analysis)은 이전의 사건이 발생했던 장소와 통계적으로 유사해서 앞으로 위험 지역을 확인하도록 도와줌으로써 GIS 기술을 한 단계 더 발전시킨다. 공간 통계 분석은 과거 사건과 관련된 위치의 특성을 파악하고, 과거 사건과 통계적으로 관련된 환경적 요소들을 결합하는 모델을 만든다. 이 모델은 앞으로 사건이 발생할 것 같은 유사한 위치를 확인하기 위해서 사용될 수 있다. 궁극적으로 이러한 접근법은 범죄를 예방하기 위해서 법집행기관이 적극적으로 행동하는 것을 가능하게 해 준다(McCue, 2011: 4).

환경 범죄학(environmental criminology)과 일상적 활동이론(routine activity theory)을 활용해서 공간 통계 분석은 지역의 범죄 및 무질서 문제와 관련된 지역 특성을 법집행기관이 이해하고 확인하는 것을 돕는다. 어떤 환경적 요소는 범죄를 끌어당기고 반면에 다른 특성은 범죄에 대한 억제요인으로 기능한다. 이러한 요소들은 앞으로 사건 발생의 가능성에 대한 상대적 기여에 기초해서 순위로 매겨질 수 있다. 이러한 정보 기반 대응은 경찰 운용에서 획기적인 변화를 보여준다. 왜냐하면 이것은 법집행기관으로 하여금 특정 범죄 문제에 대하여 맞춤식 해결책을 개발하고 그들 지역사회를 더욱 안전하게 유지할 수 있도록 만들기 때문이다.

III. 지리정보 시스템의 활용

1. 범죄예방에의 활용

지리정보 시스템(GIS)은 범죄지도를 경찰활동 영역에서 이용하기 쉽도록 만들었다. 그 기능성을 고려한다면 환경설계 범죄예방, 상황적 경찰활동, 통제 순찰, 범죄분석뿐만 아니라 범죄다발구역 경찰활동에서 영향력 있는 도구가 되었다. 예를 들면 경찰전략의 효과성을 평가하기 위해서 연구원들은 각종 사례연구에서 범죄지도를 이용했다. 특히 우범지역으로 사용되는 거리 주소와 교차로를 정확하게 특정하기 위해서 분석가들은 공식적인 경찰 데이터를 지도화하였다.

경찰의 범죄 해결은 필연적으로 범죄 발생 장소에 관한 것이기 때문에 지리적 패턴을 시각화하고 분석하는 능력은 매우 중요하다. 지리정보 시스템 소프트웨어의 향상은 데이터를 분석하는 새로운 방법을 수집하고, 통합하고, 개발하는 것을 가능하도록 만들었다. 분석은 지리정보 시스템 소프트웨어의 도움을 받아서 인구사회학적, 경제적, 사회적 데이터를 함께 수집할 뿐만 아니라 인간 행동을 더욱 정확하게 모델화하는 새로운 분석을 개발할 수 있다 (Peed, Wilson, & Scalist, 2008: 24).

2. 경찰활동 평가에의 활용

지리정보 시스템(GIS)은 경찰활동에서 많은 다양한 용도를 갖고 있다. 경찰관리자는 특정범죄 유형에 대한 도표화된 분석을 제공하고, 새로운 경찰활동 전략을 평가할 뿐만 아니라, 개개의 경찰관의 성과를 추적하기 위해서 지리정보 시스템을 활용한다(Vigne & Wartell, 2001). 지리정보 시스템은 경찰간부로 하여금 정보에 기초한 더 나은 결정을 내릴 수 있도록 돕는 강력한 도구가 되었다. 범죄지도와 지리정보 시스템은 그 광범위한 용도 때문에 경찰운용과 경찰전략 평가에서 중요한 도구가 될 것이다.

제4절 범죄 지도

I. 범죄 지도의 개념

범죄는 인간에 의한 현상이다. 그러므로 지역의 범죄 분포는 지리적으로 불규칙적이지 않다. 범죄가 발생하기 위해서 범죄자와 그의 목표대상(예 피해자와 재물)은 같은 장소에 일정 기간 동안 존재해야 한다. 어떤 범죄자의 경우에는 잠재적 목표대상의 매력에서부터 단순한 지리적 편리성까지 몇몇 요인이 어디에서 범죄를 범할 것인지를 선택하는 데 영향을 미친다. 그러므로 범죄가 어디에서, 왜 발생하는지에 대한 이해는 범죄진압 능력을 향상시킬 수 있다.

범죄 지도(crime mapping)는 범죄분석가에게 범죄 관련 이슈에 대한 그래픽적 표현을 제공해 준다(Rossmo, 2005: 1). 범죄 지도는 범죄자로부터 범죄다발 구역과 같은 범죄장소로 관심의 초점을 변화시켰다. 범죄를 지도화하는 것은 색으로 표현된 핀을 사용하는 것에서부터 범죄행위를 조사하고 예측하기 위하여 설계된 '사용자 친화적 지도제작 프로그램'까지 발전해왔다.

범죄 지도에는 통계적 공간분석(statistical spatial analysis)과 공간 모델(spatial modeling)의 2가지 유형이 있다. '통계적 공간분석'은 특정 지역에서 범죄지점 간의 공간적 관계에 중점을 두는 반면에, '공간 모델'은 데이터의 기술과 적용에 관심이 있다(Battin, 2009: 35-50).

II. 범죄 지도의 유용성

1. 범죄다발 구역의 확인

범죄 지도는 법집행기관이 지역사회에서 시민을 더욱 효과적으로 보호하도록 도와 준다. 범죄가 발생한 위치를 보여주는 단순한 지도는 순찰을 가장 필요로 하는 장소를 알려주기 위해 이용될 수 있다. 전통적인 밀도 지도(density mapping)는 범죄가 관할구역에 어떻게 분포되어 있는지를 시각화하고 다른 지리적 특성과 관련된 패턴 또는 경향을 확인할 수 있도록 허용한다.

그러한 지도화는 경찰관서가 범죄다발 구역(hot spot)을 더 쉽게 확인할 수 있도록 해준다. 특히 지도화는 경찰 서비스에 대한 지속적인 요청을 하는 범죄다발 지점(hot dots)을 보여준다(Miller, Hess, & Orthmann, 2014: 107).

2. 범죄사건의 해결

범죄 지도는 범죄 사건을 해결하는 데 매우 중요한 것으로 증명될 수 있다. 예를 들면 형사들은 연쇄 범죄자의 범행 패턴을 더 잘 이해하고 범죄자가 살고 있을 장소를 추정하기 위해서 범죄 지도를 사용할 수 있다.

3. 교통사고의 감소

범죄다발 구역을 지도화하고 사건 기반 배치(incident-based deployment)를 사용하는 것은 교통 사고와 같은 공공안전 이슈를 위해서도 사용되어 왔다. 미국에서 주요한 주간(interstate) 고속도로를 갖고 있는 자치단체는 매년 수백 명이 부상을 당하는 특정 지역의 충돌 사고를 확인하기 위해서 지도를 제작하였다. 그러한 데이터로 무장한 경찰관서는 주간 교통 단속 및 충돌 감소를 위한 부서를 운용하였고, 그 결과 문제지역을 해결할 수 있었다.

4. 비범죄활동의 지원

경찰 서비스 요청 중 대부분은 비범죄 문제라는 점을 인식하면서 몇몇 경찰관서는 실종된 아이나 알츠하이머(Alzheimer) 질병을 겪고 있는 노인의 위치를 파악하고, 중요 국가기반시설 주변에 대한 감시 및 보호를 위해서 지도를 제작하기 시작하였다(Markovic & Scalist, 2011). 범죄다발 구역을 확인하는 것 외에도 지도 제작은 지역사회에 있는 등록된 성 범죄자를 추적하기 위해서 사용된다.

III. 지리적 프로파일링

1. 지리적 프로파일링의 개념

지리적 프로파일링(geographic profiling)은 과거 범죄 위치와 복잡한 수학 알고리즘을 사용함으로써 피의자 주거지의 가능성을 계산하는 범죄지도 기술이다. 지리적 프로파일링은 연쇄 범죄자가 거주하고 있을 것 같은 지역을 확인하도록 도와준다. Rigel, CrimeStat, Dragnet 등을 포함한 주요 소프트웨어 프로그램이 지리적 프로파일링 업무를 수행하는 경찰기관에 의해서 사용되고 있다.

지리적 프로파일링에서 일화적인 성공 사건이 있었을지라도 지리적 프로파일링이 범죄자가 살거나 일하고 있는 장소를 예측하는 데 틀렸거나 부적절한 모델들이 있었다(Geographic Profiling, 2009). 지리적 프로파일링은 피의자리스트를 우선순위화하고, 잠복감시장소(stakeout)를 지시하고, 지역의 면밀한조사를 실시하는 것을 도울 수 있다.

2008년 3월에 지역사회 지향적 경찰활동 서비스국(Office of Community Oriented Policing Services: COPS)과 국가사법연구소(National Institute of Justice: NIJ)는 Geography and Public Safety의 첫 번째 호를 시작했고, 순찰부서에서부터 특별수사부서까지, 일선 경찰관부터 경찰서장까지 모든 법집행 경찰관을 위해서 귀중한 자원을 제공하고 있다.

2. 지리적 프로파일링의 원리

지리적 프로파일링과 유사한 접근법은 '최소 노력 접근법'(least-effort approach)이라는 심리학적 이론이다. 이 이론은 범죄자는 그들의 거주지로부터 어느 정도 떨어져 있지만 그들이 안전하고 익숙하다고 느끼는 영역에서 범죄를 범하는 경향이 있다는 것이다. 범죄자를 추적할 수 있는 적어도 5~6건의 사건을 갖고서 범죄자의 주거지를 찾기 위한 수색 지역은 90% 이상까지 줄어들게 된다. 주요 장소가 가중처리된 후 지도에 입력된다. 이 과정의 목적은 '위험 표면'(jeopardy surface)이라고 알려져 있는데, 범죄자가 가장 거주하고 있을 것 같은 지역을 강조하기 위한 지도이다(Krish, 2003: 3).

지리적 프로파일링은 피의자, 우선순위 설정, 주소 기반 수색, 순찰 감시, 지역 조사 등을 포함해서 수사 전략을 위한 기초로서 사용될 수 있다. 이것은 수사관에게 이용될 수 있는 도구로 여겨지고, 다른 방법과 함께 사용되어야 한다. 지리적인 범죄 패턴은 범죄자의 방향을 알려주기 위해 사용될 수 있는 실마리이다.

제5절 인공지능

Ⅰ. 인공지능의 개념

법집행에 직접적으로 적용되는 또 다른 정보 시스템은 인공지능(Artificial Intelligence: AI)이다. 인공지능은 컴퓨터 과학, 생물학, 심리학, 언어학, 수학 및 공학과 같은 분야에 기초를 둔 과학과 기술이다. 인공지능의 목표는 보고, 듣고, 걷고, 말하고, 느끼는 것뿐만 아니라 생각할 수 있는 컴퓨터를 개발하는 것이다(O'Brien, 1990: 356). 기본적으로 인공지능은 단순한 데이터 처리에서 지식의 지적 처리로의 변화로 정의될 수 있다. 그러한 개발의 모델은 인간의 신체와 두뇌이다.

Ⅱ. 인공지능의 4가지 주요 연구분야

인공지능은 다음과 같은 4가지 주요 연구분야에 중점을 둔다.

1. 자연적인 언어응용

인간언어를 읽고, 말하고, 이해하는 컴퓨터 프로그램으로 번역하는 시스템

2. 로봇 응용

인간이 행동하는 것처럼 움직이는 기계에서 시각적·촉각적 능력에 중점

을 두는 프로그램

3. 컴퓨터 과학 응용

더욱 진보된 5세대 컴퓨터의 개발과 인간두뇌 기능의 복제

4. 인식과학 응용

인간두뇌의 의사결정 논리를 흉내 내는 프로그램

III. 전문가 시스템

경찰관리자가 가장 유망한 것으로 여기는 것은 전문가 시스템(expert system)과 관련된 인식과학 응용이다. 기본적으로 복잡한 문제의 해결책에서 전문가 시스템은 인간 노력을 보충하기보다는 오히려 대신하고자 시도한다. 전문가 시스템과 인공지능의 미래는 컴퓨터 하드웨어의 성능이 향상되고 소프트웨어 개발이 발전함에 따라 법집행분야에서 큰 기대를 갖고 있다. 경찰행정가는 운용과 관리 양자의 의사결정 지원 시스템에서 인공지능 기술을 더욱 사용할 것이다.

1. 범죄수사에의 활용

Washington주는 Green River 살인사건에서 피의자 프로파일을 제공하기 위해 사례분석 전문가 시스템을 활용했다. 또한 Maryland주 Baltimore 경찰서는 주거침입 사건을 해결하기 위해서 전문가 시스템(Residential Burglary Expert System: ReBes)을 활용하였다(Coady, 1985: 22-23). 전문가 시스템은 잠재적인 경향을 파악하기 위해서 과거 피의자의 활동방법과 현재의 주거침입 사건의 상관관계를 분석한다. 어떤 주거침입 사건과 관련된 약 25개의 특정 항목 정보가 인공지능(AI) 시스템에 입력되고, 인공지능(AI) 시스템은 가능성 있는 피의자 목록을 우선순위 순서로 제공한다(Ratledge & Jacoby, 1989). Los

Angeles 보안관서(Sheriff's Department)는 살인사건 수사를 지원하기 위해 CHIEFS라는 종합적인 데이터베이스를 활용한다.

2. 위험 경찰관의 확인

인공지능의 개발은 전통적인 범죄수사에 제한된 것이 아니다. 예를 들면 Chicago에서 인공지능 프로그램은 징계로 인해 해고되었던 경찰관들이 공통적으로 지닌 특성이나 행태유형을 확인하기 위해서 이용된다. Brainmaker 라는 프로그램은 해고되거나 체포될 수 있는 행위를 범하기 전에 위험한 경찰관을 확인하기 위한 조기경보 시스템(early warning system)으로 이용된다.

3. 다양한 관점의 제공

더욱 실용적인 수준에서 전문가 시스템은 복잡한 기획 및 업무 스케줄과 관련하여 경찰관리자를 지원하기 위해 이용되고 있다. 그러나 전문가 시스템의 가장 큰 이익은 문제해결에 대한 다양한 관점을 촉진함으로써 조직의 활동방법을 변화시키는 데 있다. 법집행에서 이러한 접근법은 경찰의 기능과 임무에 관한 전통적인 가정에 도전하는 창의적이고 혁신적인 경찰간부를 필요로 한다(Taylor, 1989: 257-270).

제6절 인터넷과 정보기술의 영향

Ⅰ. 인터넷

1. 인터넷의 개념과 이익

정보시대의 가장 중요한 기술적 이익은 인터넷(Internet)이다. 인터넷은 세계의 많은 사람에게 정보를 제공하고 그들로부터 정보를 받을 수 있는 세계적인 네트워크이다.

인터넷의 고유한 이익은 세계적인 도달 범위뿐만 아니라 속도와 능률성이다. 옆집에서부터 전 세계에 이르기까지 정보를 주고받는 데에 거의 어떤 장벽도 없다. 정보가 유지될 수 있는 편리함과 속도가 경찰기관에게 특히 중요하다. World Wide Web의 도입과 함께 인터넷에서 정보를 찾는 것은 매우 쉽고 사용자에게 친숙하다.

2. 인터넷의 영향

1) 홈페이지 제작

경찰기관은 인터넷 이용에 자본을 투자했으며 대부분의 주요 경찰관서는 자신들의 홈페이지를 제작하였다. 게다가 경찰관서는 지역사회로 하여금 인터넷을 통하여 경찰활동에 관한 각종 정보를 파악할 수 있도록 하였다.

2) 국가 간 자유로운 의사교환

인터넷을 통하여 세계적인 통신과 그 도달범위가 확장됨에 따라 경찰활동은 극적 변화를 경험할 것 같다. 예를 들면 UN은 최근에 다양한 국가의 형사사법 연구소를 연결하였으며, 세계에 영향을 미치는 이슈에 대하여 국가 간의 자유로운 의사교환을 최초로 가능하게 하였다. 새롭게 결합된 훈련, 다양한 원거리 통신 협력, 상호 간의 정보교환은 인터넷에서 일상적인 것이다.

인터넷에 의해 제공되는 정보에 더욱 편리하게 접근하는 것은 경찰기관 및 연구원을 위해서 뿐만 아니라 지역사회를 위해서도 중요한 차이를 만들 것이다. 확실히 인터넷은 사회적·경제적·정치적 변화를 위한 가장 강력한 촉매제이다.

II. 정보기술의 영향

1. 분석 지원

경찰활동에서 정보기술은 새롭고 필수적인 역할을 맡아왔다. 특히 정보기술은 새로운 경찰활동전략을 지원함에 있어서 그 중심이 된다. 정보기술의

새로운 임무는 과거와 같은 정보의 저장 및 유지뿐만 아니라 분석이다. 그러
나 다양한 경찰전략을 위한 분석적 지원은 전체 조직구조에까지 이르러야 하
며 범죄분석부서의 한 기능에 불과해서는 안 된다.

2. 전략의 다양성

정보기술은 일선 경찰관의 신속한 현장조사에서부터 특정 지역의 지도화
(mapping)와 특정 관리행위의 성과측정까지 다양해야 한다. 정보기술은 경찰
관리와 의사결정의 핵심부분에서 분리되어서는 안 된다. 또한 정보기술은 방
대한 양의 경찰 데이터의 저장·유지·검색에만 해당되어서는 안 된다. 대부
분의 새로운 경찰활동 전략(예 지역사회 경찰활동, 증거기반 경찰활동, 예견적 경
찰활동 등)은 정보에 기초하며, 정보 집약적이며, 문제를 확인하고 특정 경찰
대응을 제안하며, 그 효과성을 평가하는 능력을 요구한다.

3. 좋은 관계를 유지하는 능력

오늘날의 경찰관은 정보와 훈련으로 무장되어야 한다. 경찰직업은 적대적
인 환경으로 인한 긴장된 상태하에서도 다양한 사람과 좋은 관계를 유지할
수 있는 능력을 요구한다. 새로운 경찰활동 전략은 범죄적이거나 비범죄적인
문제와 관련될 때에 개인의 판단과 기술을 요구하는 새로운 전술을 필요로
한다. 미래의 경찰관은 다양한 방법으로 다양한 집단들과도 잘 어울릴 수 있
어야 한다.

4. 정보기술 관련 경찰간부의 3가지 조건

앞에서 설명한 도전을 충족시키기 위해 경찰간부는 3가지 조건을 갖추고
있어야 한다.

첫째, 정보기술 개발 및 설계는 경찰활동에서 새로 떠오르는 전략을 지원
할 수 있어야 하고, 특히 그러한 전략에 포함된 분석적 수요를 충족시킬 수
있어야 한다.

둘째, 경찰관과 경찰간부는 자신들이 기술에 의해서 관리되기 보다는 기술을 관리해야 한다.

셋째, 경찰관은 정보기술에 의해 통제를 받는 것이 아니라 지원을 받을 필요성을 이해해야 한다.

참고문헌

Battin, J. R. (2009). "Is Hot Spot Policing Effective Empirically?," *Professional Issues in Criminal Justice*, 4.

Brahan, J. W., Lam, K. P., Chan, H., & Leung, W. (2009). "AICAMS: Artificial Intelligence Crime Analysis and Management Systems," *Knowledge- Based Systems*, 11.

Boba, R. (2005). *Crime Analysis and Crime Mapping*, Thousand Oaks, Calif.: Sage.

Bratton, W. & Knobler, P. (1998). *Turnaround: How America's Top Cop Reversed the Crime Epidemic*, New York: Random House.

Coady, W. (1985). "Automated Link Analysis: Artificial Intelligence-Based Tools for Investigation," *Police Chief*, 52.

Cope, N. (2004). "Intelligence Led Policing or Policing Led Intelligence?," *British Journal of Criminology*, 44.

Crisp, H. D. & Hines, R. J. (2007). *The CompStat Process in Columbia*, The Police Chief, February.

Dussault, R. (2000). "Maps and Management: Compstat Evolves," *Government Technology*, April.

Jang, H., Hoover, L. T., & Joo, H. (2010). "An Evaluation of CompStat's Effect on Crime: The Fort Worth Experience," *Police Quarterly*, 13(4).

Kates, G. (2012). "Cracking the Blue Wall of Silence", *The Crime Report,* New York: John Jay College of Criminal Justice, May.

Krish, K. (2003). *Application of GIS in Crime Analysis and Geographuc Profiling*, Map India Conference.

Ratcliffe, J. H. (2004). "Crime Mapping and the Training Needs of Law Enforcement," *European Journal on Criminal Policy and Research*, 10.

Kinney, J. A. (1984). "Criminal Intelligence Analysis: A Powerful Weapon," *International Cargo Crime Prevention*, April.

McCue, C. (2011). "Proactive Policing: Using Geographic Analysis to Fight Crime," *Geography and Public Safety*, 2(4).

Miller, L. S., Hess, K. M., & Orthmann, C. H. (2014). *Community Policing: Partnerships for Problem Solving* (7th ed.), Clifton Park, NY: Delmar Cengage Learning.

O'Brien, J. A. (1990). *Management Information Systems: A Managerial End User Perspective*, Homewood, Ill.: Irwin.

Osborne, D. & Wernicke. S. (2003). *Introduction to Crime Analysis: Basic Resources for Criminal Justice Practice*, Routledge.

O'Shea, T. & Nicholls, K. (2002). *Crime Analysis in America*, Center for Public Policy at the University of South Alabama.

Peed, C., Wilson, R. E., & Scalist, N. J. (2008). *Making Smarter Decisions: Connecting Crime Analysis with City Officials*, The Police Chief, September.

Ratledge, E. C. & Jacoby, J. E. (1989). *Handbook on Artificial Intelligence and Expert Systems in Law Enforcement*, Westport, Conn.: Greenwood.

Ross, D. M. (1983). "Criminal Intelligence Analysis," *Police Product News*, June.

Rossmo, D. K. (2005, July). "What Is Crime Mapping?," *Briefling Book*, Washington, DC: National Institute of Justice.

Serpass, R. W. & Morley, M. (2008). "The Next Step in Accountability-Driven Leadership: CompStating the ComStat Data," *The Police Chief*, May.

Stallo, M. A. (2010). *Using Microsoft Office to Improve Law Enforcement Operations: Crime Analysis, Community Policing, and Investigations*, Dallas, Tex.: Booksurge Publishing.

Swanson, C. R., Territo, L., and Taylor, R. W. (2012). *Police Administration: Structures, Processes, and Behavior*, Upper Saddle River, New Jersey: Pearson.

Taylor, R. W. (1989). "Managing Police Information," in Dennis J. Kenney (ed.), *Police and Policing: Contemporary Issues*, New York: Praeger.

Vigne, N. G. L. & Wartell, J. (2001). *Mapping across Boundaries: Regional Crime Analysis*, Washington, D.C.: Police Executive Research Forum.

Walker, S. & Katz, C. M. (2011). *The Police in America: An Introduction*, New York, NY: The McGraw-Hill Companies, Inc.

Walsh, W. F. & Vito, G. F. (2004). "The Meaning of Compstat," *Journal of Contemporary Criminal Justice*, 20(1).

Weisburd, D. & Lum, C. (2005). "The Diffusion of Computerized Crime Mapping in Policing: Linking Research and Practice," *Police Practice and Research*, 6.

제**13**장

지역사회 경찰활동의
평가 및 미래

제13장 지역사회 경찰활동의 평가 및 미래

제1절 지역사회 경찰활동의 평가

경찰관서는 지역사회 경찰활동을 올바르게 실행하여 바람직한 성과를 가져올 수 있도록 노력해야 한다. 몇몇 프로그램만을 실행하는 것으로는 충분하지 못하다. 경찰관서는 지역사회 경찰활동이 기대에 따라 실행되고 있는지 여부를 파악하기 위해 평가기준(evaluation criteria)을 개발해야 한다. 지역사회 경찰활동의 5가지 평가기준에는 [그림 13-1]에서 보는 것과 같은 (1) 경찰관서의 구조, (2) 지역사회의 참여, (3) 지역사회 내 경찰 서비스의 질, (4) 지역사회의 경찰 만족도, (5) 지역사회 경찰활동에 대한 경찰관의 이해와 수용이 있다(Watson, Stone, &. Deluca, 1998).

[그림 13-1] 지역사회 경찰활동의 평가기준

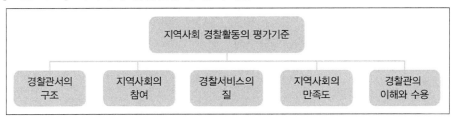

Ⅰ. 경찰관서의 구조

지역사회 경찰활동을 실행할 때 경찰행정가는 효과적 운용을 위해서 경찰관서의 구조와 관리행위를 적절하게 조정하여야 한다. 이것은 새로운 특별

부서를 신설하고, 그 부서에게 새로운 임무를 부여하고, 부서 활동을 검토하는 것이다. 지역사회 경찰활동을 실행할 때 경찰행정가는 경찰관서 구조보다는 경찰관을 변화시키는 데 중점을 두는 경향이 있다. 그러나 동일한 관심이 경찰관과 경찰관서 구조에 부여되어야 한다. 경찰행정가가 고려해야 하는 경찰관서의 구조(departmental structure) 영역은 다음과 같다.

1. 경찰서비스는 어떻게 전달되는가?

1) 경찰관의 참여

지역사회 경찰활동은 많은 경찰관이 경찰서비스 전달에 직접 참여할 것을 요구한다. 경찰관서는 많은 경찰관들에게 내근업무(desk jobs)를 맡기고 있으며 그들은 시민과 거의 접촉하지 못한다. 경찰행정가는 다음과 같은 질문을 해야 한다.

(1) "가능한 한 많은 경찰관이 일선에 배치되어 시민과 함께 활동하고 있는가?"
(2) "우리는 경찰과 시민 사이의 상호작용을 증진시켜서 더 나은 관계를 촉진시키고 협력관계를 개발하도록 지원하고 있는가?"

2) 다양한 시민과의 더 많은 접촉

경찰관이 시민을 만날 때, 자신이 이미 알고 있는 시민 또는 문제를 갖고 있지 않은 시민과 대부분의 시간을 보내는 경향이 있다(Parks, Mastrofkski, DeJong, & Gray, 1999). 경찰행정가와 일선감독자는 경찰관이 어려움에 처한 시민 들과 함께 더 많은 시간을 보낼 수 있도록 해야 한다.

2. 인적 자원은 적절하게 할당되어 있는가?

1) 경찰관서의 기초인 순찰부서

경찰관서의 기초인 순찰부서는 출동요청에 대응하고 문제를 예방하는 데 책임이 있다. 많은 경찰관서들은 순찰경찰관이 지역사회 경찰활동에 적극적으로 참여할 것을 기대하고 있다. 순찰경찰관은 시민과 만나서 시민의 관심사 및 지역 문제를 토의하도록 요구된다. 경찰행정가는 다루어져야 할 문제를 확인하는 데 순찰경찰관이 지원해 주기를 바란다. 또한 순찰경찰관은 확인된 문제를 감소시키고 요구되는 서비스를 제공하도록 기대된다.

2) 충분한 순찰인력의 확보

기대사항을 충족시키기 위해서 순찰경찰관은 지역사회와 함께 활동할 시간을 갖고 있어야 한다. 경찰관서는 많은 출동요청을 받고 있어서 출동요청에 대응하는데 많은 시간을 소비하고 있다. 경찰관은 지역사회 경찰활동에 참여할 시간을 갖고 있는가? 경찰관이 지역사회 경찰활동에 참여할 수 없다면 지역사회 경찰활동은 실패할 수밖에 없다.

지역사회 경찰활동은 새로운 활동과 책임을 필요로 하기 때문에 많은 비용을 필요로 한다. 경찰행정가는 순찰과 같은 운용부서(operational unit)가 지역사회 경찰활동을 수행하는 데 충분한 경찰관을 확보할 수 있도록 해야 한다. 이것은 순찰부서에 추가 인력을 배치하거나 순찰부서의 일부 업무를 다른 부서에 이관함으로써 순찰부서의 업무량을 감소시킬 것을 요구한다.

3. 경찰관은 지역사회 경찰활동에 참여할 재량이 있는가?

1) 재량의 제한

전통적으로 경찰관은 시민을 대함에 상당한 재량(discretion)을 갖고 있었지만, 경찰활동의 전문화 모델(professional model)은 경찰 부패(corruption)와 경찰관 비행(misbehavior)을 줄이기 위해서 재량을 제한하였다. 경찰관서는 제한정책(restrictive policy)을 실행하고 경찰관을 근접 감시(close supervision)함으로써 재량을 제한하였다.

2) 실질적인 재량의 부여

지역사회 경찰활동은 경찰관이 실질적인 재량을 갖고 있을 것을 전제로 한다. 지역사회 경찰활동 패러다임하에서 경찰관은 시민 및 다른 기관과 함께 활동해서 지역 문제에 대해서 대응방안을 고안해 내도록 기대된다.

예를 들면 범죄와 무질서에 참여하는 많은 청소년이 거주하고 있는 열악한 이웃에서 경찰관은 위생부서(sanitation department)로 하여금 이웃을 청결하게 하도록 지원해 줄 것을 요청하거나, 여가부서(recreation department)로 하여금 방과 후 여가 프로그램을 제공해 줄 것을 요청할 수 있어야 한다.

4. 경찰관리자와 감독자는 자신의 역할을 이해하는가?

경찰관리자와 일선감독자는 지역사회 경찰활동의 핵심이다. 그들은 지역사회 경찰활동이 적절하게 실행되도록 만드는 데 책임이 있으므로, 계선부서(line unit)가 지역사회 경찰활동 업무를 수행할 경찰관을 확보하도록 해야 한다. 또한 그들은 권한과 의사결정 책임을 계선 경찰관에게 위임해야 한다.

(1) 경찰관리자와 일선감독자는 감독 역할보다는 촉진 역할을 맡고 있는가?

(2) 그들은 문제해결(problem solving)과 지역사회 관계 형성(building community relationship)에서 경찰관을 지원하고 있는가?

(3) 과도한 서류업무, 제한정책, 관료주의적 장애가 감소되었는가?

5. 경찰부서 사이에 적절한 조정이 있는가?

순찰부서(patrol unit)는 지역사회 경찰활동에 참여하는 유일한 부서가 아니다. 기획부서(planning unit)는 지역사회 경찰활동 실행을 촉진하는 계획을 개발한다. 지역사회 관계부서(community relations unit)는 경찰 체육 리그(police athletic leagues: PAL), 지역사회 범죄예방(community crime prevention), 이웃 돌봐주기(neighborhood watches), 방과 후 튜터프로그램(after-school tutoring programs)과 같은 프로그램을 개발한다.

경찰관은 이웃 모임(neighborhood meeting)을 조직하고 그곳에 참여할 필요가 있다. 경찰행정가는 필요로 하는 서비스를 제공하기 위해서 다른 정부기관 및 사적 기관과 협력관계를 개발해야 한다.

(1) 지역사회 경찰활동에 참여하는 모든 부서는 적절하게 조정(coordination)되는가?

(2) 지역사회 경찰활동을 계속해서 모니터하고, 필요한 경우에 조정할 수 있는 새로운 정책과 회의가 있는가?

Ⅱ. 지역사회의 참여

경찰-지역사회 파트너십은 지역사회 경찰활동의 주요 요소이다. 경찰관서가 지역사회와 연결되어 있다는 것을 확인하기 위해서 검토되어야 하는 몇 가지 영역이 있다.

1. 지역사회 경찰활동은 경찰관서의 모든 부서에 존재하는가?

경찰-지역사회 협력은 지역사회가 순찰부서나 지역사회 경찰활동의 전담부서와 함께 활동하는 것만을 의미하지 않는다. 경찰-지역사회 협력은 지역사회가 경찰활동의 모든 측면에 대하여 피드백을 제공하는 것을 의미한다. 모든 경찰부서는 지역사회 경찰활동 철학 내에서 운용되고 있는가?
  (1) 순찰부서는 지역사회에 의해서 높은 우선순위로 확인된 문제에 중점을 두어야 한다.
  (2) 고충조사부서는 지역사회에 영향을 미치는 경찰관서 내의 문제에 대응해야 한다.
  (3) 범죄수사관은 사건을 처리하는 것에만 중점을 두기보다는 피해자의 욕구(needs)에 중점을 두어야 한다.
  (4) 교통경찰관은 위반행위가 쉽게 관찰되는 장소에서 범칙금 티켓을 발부하기보다는 시민 민원(citizen complaints)이 있었던 곳에서 교통법규를 집행해야 한다.

2. 경찰관서에서 모든 지역사회들이 대표되고 있는가?

1) 지역사회의 다양한 구성

모든 관할구역(jurisdiction)은 서로 상이한 지역사회로 구성되어 있다. 그러

한 지역사회는 광범위한 사회적 계층(social class), 경제적 능력(economic via-
bility), 인종적 구성(ethnic composition)으로 형성되어 있다. 각각의 지역사회는
자신의 고유한 욕구를 갖고 있으며, 경찰은 그러한 욕구가 충족될 수 있도록
노력해야 한다.

2) 문제해결활동에의 참여

경찰은 일반적으로 사회경제적 수준이 낮은 범죄다발 구역(high-crime area)
에 경찰관 또는 자원을 집중시키고 있다. 경찰은 출동요청에 대응하는 것 이
상을 행하고, 범죄와 무질서를 야기하는 문제를 감소시키기 위해서 문제해결
활동에 참여해야 한다.

3) 정기적인 관찰·조사

경찰은 그들이 받는 출동요청 건수에 의해서 관리되는 경향이 있다. 많은
이웃은 경찰에게 적은 출동요청을 하고 있다. 그 결과 경찰은 이러한 이웃을
소홀히 하기도 한다. 경찰은 정기적으로 이러한 이웃에서 어떤 일이 발생하
고 있는지를 면밀하게 관찰·조사해야 한다.

3. 경찰은 적절한 지역사회 협력을 형성하였는가?

경찰이 관심을 가져야 하는 2가지 종류의 지역사회 협력이 있다.

1) 지역 내의 구성원과의 협력

경찰은 지역 주민뿐만 아니라 지역사회 조직과 협력해야 한다. 이러한
유형의 협력은 지역 주민이 범죄·무질서와의 전쟁에 참여하도록 촉진할 것
이다.

2) 다른 기관과의 협력

경찰은 다른 정부, 사회적 기관, 사적 기관과 협력하여야 한다. 이러한 기관
은 지역사회에게 광범위한 서비스를 제공할 수 있다. 예를 들면 실업을 줄이기
위한 노력에서 경찰은 낙후된 지역사회 내에 직업 박람회(job fair)를 개최하기

위해서 사회 서비스 기관(social service agency)과 협력할 수 있다. 경찰은 '방과 후 개인교육 프로그램'을 개발하기 위해서 학교와 협력할 수 있고, 학교에서 문제를 야기하는 청소년에게 '분노 관리'(anger management) 수업을 제공하기 위해서 교직원과 협력할 수 있다.

III. 지역사회 내 경찰 서비스의 질

경찰행정가는 지역사회에 제공하는 서비스의 건수나 유형에 중점을 두고 있지만 앞으로는 서비스의 품질을 고려해야 한다. 즉 "그러한 서비스는 경찰 사명(police mission)에 부합하는 목표를 성취하고 있는가?"를 고려하여야 한다. 양질의 서비스를 제공하고 있는지 여부를 평가할 때 경찰행정가가 고려할 수 있는 몇 가지 기준이 있다.

1. 경찰관서는 사명을 공유하고 있는가?

경찰관서의 가치는 지역사회 니즈를 반영해야 한다. 이것은 경찰관서가 지역사회와 연결되도록 만들고, 최상의 경찰 서비스를 제공하도록 해 준다. 경찰관서의 가치와 사명서는 지역사회의 니즈에 대한 이해를 반영해야 한다. 경찰관서 내 모든 직원은 경찰관서의 지역사회 경찰활동 사명을 제대로 이해하고 있어야 한다.

2. 경찰관서는 고객 지향적인가?

경찰관서는 일반 시민에게 봉사하는 정부기관이다. 시민은 그들이 제공받는 서비스에 만족해하는가? 시민은 그들이 경찰에 의해서 대우 받는 방법에 만족해하는가? 경찰은 시민에게 최고의 서비스를 제공하기 위해 모든 것을 행하고 있는가? 경찰관뿐만 아니라 경찰관서는 항상 이러한 질문을 물어보아야 한다.

Ⅳ. 지역사회의 경찰 만족도

경찰관서가 지역사회 니즈를 다루는 방법에 대해서 피드백을 받는 것은 매우 중요하다. 경찰이 지역사회 니즈를 충족시키는 데 성공했는지 여부를 확인하고자 할 때 몇몇 질문을 할 필요가 있다.

1. 시민 만족의 증거가 있는가?

경찰관서가 업무를 잘 수행하고 있다는 피드백을 시민들으로부터 제공받고 있는가? 이러한 증거는 신문에 있는 편지와 이야기의 형태일 수 있고, 다양한 지역사회 모임에 참여할 때 경찰서장에게 직접 언급할 수 있고, 일반 시민을 대상으로 한 조사에서 얻어질 수 있다. 시민 만족에 관한 정보 부족은 경찰과 지역사회 사이에서 중요한 문제를 야기할 수 있다.

2. 문제 지역 내의 시민은 경찰에 대해 어떻게 느끼는가?

범죄다발 구역의 범죄문제를 해결하려는 노력에서 경찰은 공격 순찰을 활용하기도 한다. 이것은 법률을 잘 준수하는 많은 시민과 다수의 부정적 접촉을 야기할 수 있다. 경찰관서는 부정적 감정을 초래할 수 있는 공격 순찰의 효과를 조정하려고 노력하고 공격 순찰을 야기하는 인종적 프로파일링 문제를 다루어야 한다.

3. 지역사회는 지역사회 경찰활동을 이해하는가?

정치가는 모든 문제를 끝낼 수 있는 만병통치약으로서 지역사회 경찰활동을 옹호하기도 한다. 지역사회는 지역사회 경찰활동이 무엇이며 어떻게 운용되는지를 이해하여야 한다. 주민은 지역사회에서 경찰 역할에 대해서 올바르게 이해하고 경찰행정가는 주민을 지역사회 경찰활동에 참여시키고 교육해야 한다.

V. 지역사회 경찰활동에 대한 경찰관의 이해 및 수용

경찰관서의 지역사회 경찰활동 노력이 성공적이고자 한다면 일선 경찰관 (rank-and-file officer)이 지역사회 경찰활동을 이해하고 수용해야 한다.

1. 경찰관은 지역사회 경찰활동에 대해 적절하게 교육 받는가?

경찰관서는 경찰관들이 지역사회 경찰활동에 즉시 참여할 것을 기대할 수는 없다. 경찰관은 지역사회 경찰활동에 참여할 기술과 지식을 갖추기 위해서 적절하게 교육을 받아야 한다.

2. 경찰관은 지역사회 경찰활동에 참여하고 하는가?

법집행 지향적인 경찰관서를 서비스, 질서유지, 문제해결을 강조하는 경찰관서로 변화시키는 것은 어렵다. 그러나 경찰관서가 지역사회 경찰활동을 실행하는 관서가 되고자 한다면, 경찰관이 지역사회 경찰활동에 참여하도록 하고 적절한 보상을 받도록 해야 한다.

3. 경찰관은 적절한 지원을 받는가?

경찰관은 문제를 해결하거나 시민을 지원하기 위해서 순찰구역 또는 개개의 사건에 관해서 의사결정을 내릴 권한을 부여 받아야 한다. 지역사회 경찰활동이 앞으로 널리 확산되고자 한다면 관리자와 감독자는 지역사회 경찰활동 노력을 격려하고 지원해야 하며, 경찰관으로 하여금 이러한 지원 노력을 실제로 느낄 수 있도록 해야 한다.

VI. 지역사회 경찰활동의 평가

지역사회 경찰활동으로 인한 전반적인 범죄율 감소에 관한 보고서가 1990년대 중반과 후반에 언론에 보도되면서, 경찰관은 이러한 감소의 원인을

지역사회 경찰활동 담당경찰관(CPO)의 증원뿐만 아니라 지역사회 경찰활동
을 통한 경찰과 지역사회 간의 긴밀한 협력관계와 연계시킨다.

1. New Jersey주 Newark시 사례

New Jersey주 Newark는 10년 이상 동안 깨진 유리창 이론을 활용하여 놀
라운 결과를 가져왔다. 폭력범죄는 거의 73%나 감소되었으며, 재산범죄는
58%나 감소하였다(Kilzer, 2006). 그러나 살인범죄와 차량절도범죄는 증가하
였다. 깨진 유리창 이론 제안자들은 다른 요인이 영향을 미칠 수 있었다는
것을 인정한다. 그러나 전반적으로 그 전략은 성공이라고 여겨지며 시민들이
그 도시로 다시 돌아왔다.

2. New York시 사례

종종 인용되는 가장 큰 성공은 New York시에 관한 것이다. 1980년대 중
반에 New York의 범죄율은 증가하고 있었고, 삶의 질은 도시의 많은 영역에
서 비참했다. New York시는 공공의 신뢰를 회복하고 도시를 되찾고자 하는
노력을 시작했다. 그 도시는 새로운 조례를 집행하고, 낙서를 지우고, 폭력범
죄자를 추적했다. 상인협회는 경찰 노력을 지원하기 위해 참여하였다. 판사
와 법원이 협력했고, 새로운 상담, 부흥, 지역사회 서비스 프로그램이 실행되
었다. New York시에서 폭력 및 재산범죄율은 하락했고, 주민 및 여행객뿐만
아니라 사업 투자가는 Time Square와 Grand Central Station으로 모여들었으며,
그 도시는 새로운 투자와 사업 그리고 안전의식으로 넘쳐났다(Berg, 2006).

3. 시민의 지지를 보여주는 연구

미국에서의 조사 결과에 따르면 일반 시민은 지역사회 경찰활동을 실행
하는 전략을 지지한다. 시민들이 지역사회 경찰활동의 일부 전략에 관하여
질문을 받았을 때 그들은 학교에서의 경찰 프로그램을 증가시킬 뿐만 아니라
경찰관과의 지역사회 모임을 발전시킬 것을 지지하였다(Weitzer & Tuch, 2004).

몇몇 연구는 지역사회 경찰활동이 범죄감소를 야기할 뿐만 아니라 경찰활동에 대한 주민의 신뢰 및 안전감을 증대시키고, 경찰은 성공적으로 지역사회 경찰활동을 다루고 있다는 것을 보여주고 있다(Tuffin, Morris, & Poole, 2006).

다른 연구는 지역사회 경찰활동에서 경찰관에 대한 교육이 비교적 집중적으로 이루어진 도시에서는 피해자가 경찰에의 사건 신고에 관하여 더 선호한다는 것을 보여준다. 경찰관과 시민은 범죄를 줄이기 위해 함께 노력해야 하고 경찰과 지역사회 사이에 상호 신뢰가 있어야 한다(Schnebly, 2008).

제2절　지역사회 경찰활동의 미래

지역사회 경찰활동, 문제 지향적 경찰활동, 무관용 경찰활동이 미국 경찰활동에 혁신을 가져온 것은 명확하다. 베일리(Bayley)(1994)에 의하면, 20세기의 마지막 10년은 1829년에 London 거리에 경찰관이 배치된 이후 가장 창의적 경찰활동 시대일 것이다.

Ⅰ. 지역사회 경찰활동의 가치

현대사회는 치안수요의 폭발시대로 불릴 만큼 각종 범죄는 양적·질적으로 증가하고 있으나, 이에 대처하는 경찰조직은 상대적으로 인적·물적 자원의 부족으로 인해 주민의 생명·재산을 보호하는 데 한계를 갖고 있다. 이러한 경찰활동의 한계를 극복하기 위해서 경찰관과 주민의 동반자 역할을 강조하는 새로운 치안철학이 바로 지역사회 경찰활동이며 지역사회 경찰활동은 다음과 같은 가치를 갖고 있다.

1. 일반적 가치

지역사회 경찰활동 전략을 통하여, 시민에게 범죄예방정보를 제공하는 '소식지 배포', 특별 계획(예 청소 캠페인, 재산등록, 아이들을 위한 안전한 집)을 개발하기 위한 '지역사회 조직', 경찰이 거주자·상인에게 자신을 소개하고,

시민이 경찰의 관심을 요구하는 문제를 갖고 있는지 여부를 질문하는 '가정 방문 프로그램'을 시행하였다.

또한 순찰경찰관이 사건의 상황에 대해서 피해자에게 알려주고, 도움이 필요한지를 물어보고, 범죄예방 정보를 제공하고, 피해자가 추가 정보를 제공할 수 있는지를 물어보는 '피해자 재접촉 프로그램', 그 지역에 다양한 서비스를 제공하는 '경찰 지역사회 출장소', 도보순찰을 확대하고 법집행을 강화하고 물리적으로 낙후된 지역을 회복하기 위한 프로그램을 시행하였다.

지역사회 경찰활동 프로그램은 지역사회에 의해서 인식된 무질서에 대한 두려움 수준을 감소시키고, 개인 피해에 대한 두려움을 줄이며, 재산범죄의 걱정을 줄이고, 경찰에 대한 평가를 개선하며, 지역사회에 대한 만족을 증진시킨다(Wycoff, 1988).

2. 지역사회 차원의 4가지 가치

스콜닉(Skolnick)과 베일리(Bayley)(1988)가 제시한 지역사회 경찰활동으로 인한 지역사회 차원의 가치를 정리하면 다음의 4가지와 같다.

1) 범죄예방능력의 향상

지역사회 경찰활동이 보다 안전한 지역사회를 만들어 주느냐는 것은 우리가 갖고 있는 의문이다. 지역사회 경찰활동이 과거의 전통적 접근방식보다 더 효과적이라고 볼 수 있는 이유는 범죄예방능력의 향상 때문이라고 볼 수 있다.

Singapore 경찰과 Singapore 국립대학의 학자들로 이루어진 집단은 5개 중심지역에 대해 1년간 예비 프로젝트를 실시하였다. 이 연구에서 프로젝트 실시 전후의 시민의견이 포함되었다. 조사 결과 프로젝트가 실시되지 않은 다른 지역과 비교해 볼 때 실시지역에서는 경미범죄 신고가 증가하였지만 중대범죄는 감소하였으며, 경찰에 대한 지지가 증가하였고, 시민의 안전의식은 향상되었다.

Illinois주 Chicago에서 다지역 범죄예방 프로그램(Multi-neighborhood Crime Prevention Programs)에 대한 평가가 실시되었다. 평가기준은 (1) 프로그램에 대한 참여도, (2) 효과에 대한 인식, (3) 행태적 변화, (4) 사회적 통합, (5) 범죄와 무질서의 감소, (6) 두려움의 감소, (7) 이웃에 대한 애착의 7가지 측정 도구를 활용하였다. 연구 결과는 지역사회 조직에 의한 지역사회 범죄예방 프로그램이 실시된 지역과 실시되지 않은 지역 간에 의미 있는 차이를 보여 주지 못했다(Rosenbaum, Lewis, & Grant, 1986: 67-70).

2) 경찰에 대한 시민 통제의 증대

지역사회 경찰활동이 시민안전에서 시민참여 확대를 의미한다면 경찰은 경찰전략에 시민의견을 반영할 수 있는 방법을 모색해야 한다. 시민이 경찰 활동을 통제할 수 있는 3가지 방법은 (1) 경찰활동에 대한 법규와 재정의 기본 틀을 제시하는 방법, (2) 바람직한 목표달성을 위한 수단과 관련하여 정책 결정에 참여하는 방법, (3) 경찰업무수행에서 나타나는 잘못을 조사하고 처벌하는 방법이다.

3) 지역사회에 대한 시민 책임의 증진

경찰활동이 보다 성공적이기 위해서 경찰은 환류(feedback) 과정을 거쳐야 할 것이다. 많은 자문위원회, 범죄예방 위원회, 경찰연락 집단은 정책제안을 하고 있는데 경찰은 이러한 제안을 존중해야 할 것이다. 그 결과 지역사회에 대한 시민 책임 또한 증대될 것이다.

4) 여성과 소수민족 경찰의 채용 증대

지역사회 경찰활동과 전통적 경찰활동은 거친(Hard) 전술과 부드러운 (Soft) 전술을 함께 사용하고 있지만, 지역사회 경찰활동은 권유, 유도, 참여, 조장 등과 같은 부드러운 방법을 더 강조하고 있다. 지역사회 경찰활동은 전통적 경찰활동보다 직접적 방법을 덜 사용하고 있다. 지역사회 경찰활동은 남성적이기보다는 여성적인, 과장되기보다는 사실적인, 물리적 강제력보다는 언어로서, 권위적이기보다는 공감적인 방법을 사용하는 경찰활동이다. 그 결과 지역사회 경찰활동에서는 여성과 소수민족 출신을 경찰로 채용하는 비율이 늘어난다.

3. 경찰조직과 경찰관 차원의 가치

지역사회 경찰활동이 경찰조직과 경찰관에게 제공하는 7가지 이익은 다음과 같다(Skolnick & Bayley, 1988: 71-73).

1) 정치적인 이익

정치적으로 지역사회 경찰활동은 경찰이 패할 수 없는 게임이다. 지역사회 참여를 통한 공동생산으로 인해서 낮은 범죄율과 높은 체포율을 가져온다면 경찰은 신뢰를 얻을 수 있다. 경찰이 실제로 범죄감소라는 거시적인 목표를 달성하지 못할지라도 경찰 가시성의 향상은 시민을 안심시키는 효과를 가져다 줄 것이다. 따라서 경찰에 대한 정치적 이익의 관점에서 지역사회 경찰활동은 경찰이 관심을 갖고 접근해야 할 메시지를 전달해 주고 있다.

2) 시민의 지지

지역사회 경찰활동은 경찰활동에 대한 시민 지지를 얻기 위한 많은 기회를 제공한다. 지역사회 경찰활동은 경찰과 지역사회 간의 협력을 유도하고, 이것은 지역사회에서 경찰을 알릴 수 있는 기회를 제공해 준다.

3) 경찰과 시민 사이의 합의의 구축

지역사회 경찰활동은 법과 무력의 적절한 사용에 대해서 경찰과 시민 사이의 합의를 발전시키기 위한 수단이다. 즉 지역사회 경찰활동은 경찰활동에 대한 시민의 지지와 이해를 얻을 수 있는 매개체인 것이다. 지역사회와의 접촉을 통해서 경찰은 자신의 행동을 지역사회 기준으로 발전시키고, 업무수행 또한 수용될 수 있는 수준으로 발전시킬 수 있다.

4) 경찰사기의 증진

지역사회 경찰활동은 경찰의 존재와 활동을 환영하는 지역 지지자와의 긍정적인 접촉을 증가시키기 때문에 경찰관의 사기를 향상시킨다. 도보순찰을 행하는 경찰관은 친밀한 존재로서 이웃 주민의 감사 인사를 받고, 자주 만나서 이야기를 나누는 주민과도 긍정적인 관계를 형성한다.

5) 경찰업무에의 만족

효과적인 지역사회 경찰활동은 일선 경찰관으로 하여금 경찰업무에 만족해 하고 더 많은 창의성과 책임성을 갖도록 하기 때문에 경찰이란 직업을 더욱 도전적으로 만든다. 경찰관리자는 오늘날 높은 수준의 교육을 받은 경찰관이 틀에 박힌 업무를 덜 선호하고, 제시된 명령에 의문을 제기하고, 반복해서 발생하는 문제에 대한 해결책이 없을 때 참지 못하는 성격을 갖고 있다고 한다. 이런 측면에서 지역사회 경찰활동은 경찰직에 대해 열정을 갖고 있는 경찰관에게 좋은 프로그램이 될 것이다.

6) 전문적 능력의 발전

지역사회 경찰활동은 요구되는 기술의 범위를 확대함으로써 경찰의 전문적 능력을 발전시킨다. 지역사회 경찰활동이 성공적이기 위해서 경찰은 보다 거시적이고, 물리적이고, 끈기가 있어야 한다. 그리고 경찰은 보다 분석적이고, 감정이입적이고, 유연하고, 원활한 의사소통을 할 수 있어야 한다.

7) 다양한 경력의 개발

지역사회 경찰활동은 전통적인 경찰활동 모델을 포함하면서도 동시에 확장하기 때문에 경찰관에게 많은 가치를 갖고 있는 업무를 제공한다. 지역사회 경찰활동을 실행함에 있어서, 경찰조직은 업무수행능력에 대하여 광범위한 보상체계를 수립해야 한다. 이것은 다양화된 경찰조직에서 경력개발(Career Development) 기회를 제공해 줄 것이다.

Ⅱ. 지역사회 경찰활동의 문제

몇몇 옹호자들이 지역사회 경찰활동이 많은 가치를 갖고 있다고 주장할지라도 지역사회 경찰활동에 대하여 답해지지 않은 질문이 여전히 있다(Bayley, 1988: 225-237). 많은 경찰관에게는 지역사회 경찰활동, 문제 지향적 경찰활동, 무관용 경찰활동은 수십 년 동안 실행해 오고 있는 전통적 경찰활동(Traditional Policing)을 가장한 용어일 뿐이다(Hunter & Barker, 1993). 비판가들은 지역사회 경찰활동이 현대 경찰활동을 지배하고 있거나 장기간 성공적인 것으로 증명되었다고 주장하는 것은 너무 이르다고 한다. 지역사회 경찰활동에 대해서 다루어질 필요가 있는 많은 중요한 질문은 다음과 같다(Walker & Katz, 2008: 332-335).

1. 화려한 언어표현에 불과한가 또는 실질적인 것인가?

기본적인 문제는 지역사회 경찰활동이 화려한 언어표현에 불과한가 또는 실질적인 것인가이다. 특별한 지역사회 경찰활동 프로그램은 완전히 새로운 어떤 것을 나타내는가 또는 전통적 경찰활동을 설명하기 위해서 사용되는 새로운 언어표현에 불과한가?(Greene & Mastrofski, 1988). 몇몇 경찰간부들은 전통적 경찰활동을 포기하지 않은 채 발전적이고 혁신적인 것으로 보이는 방법에 대해서 '지역사회 경찰활동'이라는 언어표현을 사용한다.

2. 너무 빠른 확산

지역사회 경찰활동의 너무 빠른 확산의 문제는 실질적인 프로그램보다는 오히려 화려한 언어표현이라는 문제와 밀접하게 관련되어 있다. 높은 인기 때문에 몇몇 도시는 주의 깊은 기획 없이 지역사회 경찰활동을 채택해 왔다. Chicago의 CAPS 프로그램은 경찰관의 경찰활동 방향을 재설정하는 문제, 도시의 다른 기관과 협력하는 문제, 지역사회 참여를 확보하는 문제를 보여주고 준다(Skogan & Harnett, 1997).

3. 경찰의 합리적인 역할인가?

지역사회 경찰활동 논쟁에서 주요한 이슈는 경찰의 적절한 역할에 관한 문제이다. 경찰관은 지역사회 조직가(community organizer)로서의 기능을 수행해야 하는가?, 주택 문제와 빈터 청소를 다루어야 하는가?, 이것은 체포권한을 갖고 있는 경찰관에게 적절한 역할인가?, 경찰관은 중범죄에 대해서 시간과 에너지를 소비해야만 하는가? 이러한 질문에 대해서는 올바른 답이나 틀린 답은 없다. 그것은 정책 선택의 문제인 것이다.

어떤 지역사회는 위의 상황에서의 경찰역할을 정의할 수 있다. 또 다른 지역사회는 전통적인 경찰역할을 선호할 수도 있다. 오늘날 '범죄와 싸우는 역할'은 많은 사람이 생각하는 것만큼 오래된 것이 아니다. 사실상 그러한 역할은 단지 지난 50년 동안에 걸쳐 발전된 것이었다(Walker & Katz, 2002: 332).

4. 정치적인 경찰인가?

경찰 역할을 변화시키는 것은 경찰을 정치와 관련시킬 수 있는 위험이 있다. 보통법(Anglo-American law)의 기본적 원리는 경찰권에 대한 제한이고 이러한 제한은 권리장전(Bill of Rights)에서 실현되었는데 이것은 최소 강령주의(minimalist) 경찰활동이라고 언급된다. 그러나 지역사회 경찰활동은 경찰 역할을 확대시키는데 이것은 최대 강령주의(maximalist) 경찰활동이라고 언급된다(Bayley, 1994: 126-128). 경찰이 지역사회 집단(community group)을 조직한다면 그들은 정치적 옹호집단으로 변화되어 경찰이 지지하는 후보자나 이슈를 위해서 로비할 수 있다(Bayley, 1988). 경찰이 이웃 문제의 근본 원인을 밝혀내기 위해서 사회의 구조적 이슈를 자세하게 탐구할수록 경찰이 개인의 자유에 대하여 제한을 가할 가능성이 점점 커진다.

5. 분권화와 책임

1) 분권화의 위험

지역사회 경찰활동의 기본적인 원리는 분권화된 의사결정이다. 즉 일선 경찰관에게 무슨 문제를 다룰 것이며, 어떻게 그들 시간을 사용할 것인지를 결정할 수 있는 권한을 부여하는 것이다. 그러나 분권화(decentralization)는 경찰행위에 대하여 통제 상실의 가능성을 야기하며 결국 권한 남용(abuse of authority)을 가져올 수 있다. 경찰비행을 통제함에 있어서 대부분의 결실은 중앙집권화된 통제를 통해서 획득되었다. 중요한 통제장치는 행정규칙의 제정이었다. 즉 무슨 종류의 행위가 허용되지 않는지에 관해서 문서화된 규칙을 경찰관에게 제공하는 것이다.

2) 전통적인 감독과 부패의 문제

New York시 CPOP(Community Patrol Officer Program)에 대한 평가 결과 순찰경찰관을 감독하는 전통적인 방법은 지역사회 경찰활동에서 부적절하였다. New York시는 경찰관에게 너무 많은 자유재량을 부여하는 것은 부패(경찰관서에서 재발하는 문제)를 야기할 수 있다고 생각하였다. CPOP은 경사로 하여금 엄격하게 규제하는 역할을 하기보다는 관리자 역할을 더욱 수행하도록 요구했다(McElroy, 1993).

6. 지역사회 이익과의 갈등

경찰이 지역사회와 함께 활동하는 것은 이론상으로는 매우 놀라운 것이다. 그러나 Minneapolis RECAP(Repeat Call Address Policing) 프로그램에 대한 연구는 몇몇 경우에 지역사회 이익이 혁신적인 경찰 프로그램의 목적과 갈등을 야기한다는 것을 발견했다(Buerger, 1994).

1) 편의점과의 갈등

어떤 프로그램은 편의점에서 상점절도(shoplifting)를 목표대상으로 하였다. 그러나 편의점 직원은 상점절도보다는 고객으로부터의 소송 가능성에 관하여 더 걱정을 하였다. 한편 상점주들은 경찰 존재가 고객을 놀라게 하여 다른 곳으로 가도록 할 것을 걱정하였다. 통행금지(curfew) 이후에 청소년이 상점에 들어오지 못하도록 하는 프로그램은 청소년에게 안전한 피난처(haven)를 제공하는 프로그램과 갈등을 일으켰다.

2) 집주인과의 갈등

경찰은 집주인으로 하여금 의심되는 마약 판매자에게 집을 임대하지 못하도록 시도했다. 그러나 많은 집주인들은 마약 판매자를 더 좋아했다. 왜냐하면 그들은 현금으로 임대료를 지불했고 관심을 끄는 것을 피하려고 노력했기 때문이다. 결론적으로 지역 주민의 이익, 특히 재정상의 이익은 지역사회 문제를 해결하고자 하는 창의적인 프로그램을 방해할 수 있다.

7. 지역사회 경찰활동은 효과가 있는가?

1) 지역사회 경찰활동의 범죄에 대한 효과 연구

지역사회 경찰활동에 관하여 많은 의문이 여전히 남아 있지만, 지역사회 경찰활동의 미래는 밝은 것으로 보인다. '지역사회 지향적 경찰활동 서비스 국'(COPS)은 지역사회 경찰활동의 효과성을 조사하는 많은 연구를 지원했으며, 그 연구 중 가장 많은 것이 자오(Zhao)와 설만(Thurman)(2001)에 의해서 수행되었다. 그들은 지역사회 경찰활동의 범죄에 대한 효과를 결정하기 위해서 6년 동안 6,100개 도시를 조사했다. 그들은 Clinton 행정부 아래에서 수행된 지역사회 경찰활동 전략이 매우 효과적이었고, 주민 1명당 기부금 1달러 증가는 10만 명당 폭력범죄 12.26건, 재산범죄 43.85건의 감소에 기여하였다고 보고하였다.

2) 소수민족 거주지역에서의 효과 연구

Perspectives on Policing에의 기고에서 윌림엄스(Williams)와 머피(Murphy)(1990: 12)는 대부분의 지역에서 효과적이었던 지역사회 지향적 접근법이 낮은 소득의 흑인과 소수민족이 거주하는 지역에서는 덜 효과적이거나 전혀 효과가 없었다고 보고하였다.

제3절 지역사회 경찰활동과 조직변화

Ⅰ. 조직변화의 이유

지역사회 경찰활동으로 전환하는 경찰기관은 2가지 이유 때문에 조직 변화(Organizational Change)를 필요로 한다. 첫째, 경찰관으로 하여금 지역사회 경찰활동 기능을 수행하도록 자극하고 격려하기 위해서이다. 둘째, 조직을

[그림 13-2] 성공적인 지역사회 경찰활동 실행을 위한 경찰조직의 변화

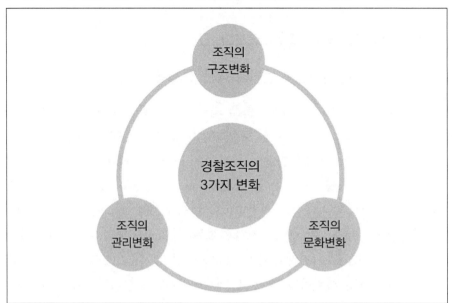

유연하게 하여 지역사회 파트너십(community partnership)과 창의적 문제해결 전략(creative problem solving strategy)을 개발하는 데 경찰관이 참여하도록 하기 위해서이다(Eck & Maguire, 2006). 엑크(Eck)와 매과이어(Maguire)(2006)는 지역사회 경찰활동을 성공적으로 수행하고자 한다면 경찰기관은 [그림 13-2]에서 보는 것과 같이 (1) 조직의 구조 (2) 조직의 문화, (3) 조직의 관리에서 변화가 있어야 한다고 주장하였다.

II. 조직의 구조변화

1. 분권화된 조직구조

전통적 방식으로 조직된 경찰관서는 중앙집권화되어 있는 반면에 지역사회 경찰활동 조직은 분권화되어 있다. 이것은 지역사회 경찰활동 조직이 더 적은 관리단계를 갖고 있고, 덜 전문화되어 있으며, 계선 경찰관(line officer)에게 더 많은 자유재량을 허용한다는 것을 의미한다(Green, 2000).

2. 계선 경찰관에의 자유재량 부여

지역사회 경찰활동의 주요 가정은 경찰기관은 다양한 지역사회에서 다양한 문제를 다룰 수 있도록 유연해야 한다는 것이다. 이것을 성취하기 위해서 계선 경찰관은 지역문제를 진단함에 있어서 많은 자유재량을 부여 받는다(Skolnick & Bayley, 1988).

3. 경찰관의 고정 배치

지역사회 경찰활동 조직은 경찰관을 특정한 이웃이나 지리적 영역에 고정적으로 배치한다. 이러한 전략은 지역의 책임의식을 촉진할 뿐만 아니라 경찰관으로 하여금 순찰구역에서 발생하는 것에 대해서 책임을 지도록 하는 수단이다. 지역사회 경찰활동 옹호자는 지역사회에서 경찰활동에의 더 많은 참여를 유도하고 그 피드백에서 얻을 수 있는 특별한 정보를 이용하기 위해서 이러한 전술이 필요하다고 주장한다(Skolnick & Bayley, 1988: 14).

III. 조직의 문화변화

1. 새로운 종류의 경찰관 등장

전통적인 경찰조직문화는 범죄와의 싸움의 중요성을 강조했다. 그 결과 지역사회 경찰활동으로의 변화는 주로 경찰관의 가슴과 마음을 얻기 위한 싸움이었다(Lurigio & Skogan, 2000). 지역사회 경찰활동의 많은 옹호자들은 문제해결과 지역사회 상호작용에 관하여 더 많은 지식과 경험을 갖고 있고, 더 생산적이고, 그들의 업무에 대해 더 만족해하는 새로운 종류의 경찰관이 등장할 것이라고 주장한다.

2. 각종 조직개혁의 시도

많은 경찰관서들은 조직개혁을 시도함으로써 조직문화를 변화시키려고 하였다. 예를 들면 경찰관서의 정책결정에 일선 경찰관을 참여시키는 참여적 관리를 시도하였고, 지역사회 협력, 문제해결, 지역사회 경찰활동 전술에 대하여 경찰관에게 교육훈련을 제공하였다. 또한 지역사회 경찰활동을 옹호하는 경찰관이 조직에서 승진할 수 있도록 하기 위하여 승진기준을 변경하였고, 지역사회 경찰활동의 가치를 강화하기 위하여 경찰관서의 평가기준을 변경하였다(Weisel & Eck, 2000).

IV. 조직의 관리변화

1. 관리자의 역할 변화

지역사회 경찰활동의 채택은 경찰관리에 영향을 미친다. 과거에 경찰관리자는 경찰관서의 규칙과 규정을 강조함으로써 징계를 통한 통제에 중점을 두었다. 그러나 지역사회 경찰활동에서 경찰관리자는 지역사회 접촉을 개발함에 있어서 지역 경찰관을 지원하고, 정치적 이슈에 대해서도 지역 경찰관과 상담하고, 자원을 획득함에 있어서 지역 경찰관을 지원하고, 지역 경찰관에게 교육훈련 기회를 적극적으로 제공하도록 기대된다(Trojanowicz & Bucqueroux, 1992).

2. St. Petersburg 경찰서의 경험

지역사회 경찰활동 조직은 더 많은 관리자(manager)와 더 적은 일선감독자(supervisor)를 갖고 있다. St. Petersburg 경찰서장은 지역사회 경찰활동을 촉진하려는 노력에서 많은 관리 지향적 변화를 실행하였다. 그러한 변화 이전에 경사들은 출동요청에 대응하는 경찰관을 감독할 책임이 있었고, 그것은 동시에 지역사회 경찰활동 담당경찰관(CPO)을 감독해야 할 경사의 책임과 갈등이 있었다. 일선감독자는 프로젝트와 관련하여 경찰관을 지원하거나 지역사회 경찰활동에 관하여 신임 경찰관을 교육할 시간이 거의 없었다.

경찰-지역사회 모임 이후에 경찰서장은 지역사회 경찰활동을 담당하는 경사 계급의 증원을 포함해서 많은 조직 변화를 행하였다. 지역사회 경찰활동 담당 경사는 순찰 담당 경사처럼 경위와 경감에게 보고하는 것 대신에 경찰서장(district major)에게 직접 보고했으며, 단지 지역사회 경찰활동 담당경찰관을 관리하는 것에만 책임이 있었다. 이러한 전략은 경사들로 하여금 경찰관과 함께 일할 수 있는 더 많은 시간을 허용하였고, 지역의 범죄와 무질서를 다루기 위해 요구된 자원에 더욱 접근할 수 있도록 하였다(Stevens, 2000-2001).

Ⅴ. 조직변화에 관한 연구 결과

1. 자오의 연구

자오(Zhao)는 200개 이상의 도시 경찰서의 조직상 우선순위와 핵심기능을 조사하였는데, 연구 결과는 경찰이 지역사회 경찰활동 원리에 일치하도록 그들의 우선순위를 변경하지 않았다는 것을 보여주었다. 그는 미국 경찰활동의 핵심기능상 우선순위는 대체로 전문화 경찰활동 모델과 거의 유사하며, 이러한 우선순위들은 경찰관 증원, 지역사회 경찰활동 훈련을 위한 자금제공, 지역사회 경찰활동 프로그램의 채택과 같은 변화에 의해서 의미 있는 정도로 영향을 받지 않았다(Zhao, Lovrich, & Robinson, 2001)

2. 매스트로프스키 등의 연구

Indianapolis의 지역사회 경찰활동에 관한 조사 결과에 따르면 지역사회 경찰활동은 일선감독자들의 역할을 변화시켰을 수도 있다. Indianapolis의 경사들이 경찰관의 문제해결 활동을 돕는 지원활동(supportive activity)은 경찰서의 정책을 집행하고 경찰관을 모니터하는 억제활동(constraining activity)보다 훨씬 더 중요하다(Mastrofski, Parks, & Worden, 1998).

3. 미국 Philadelphia 연구

Philadelphia에서의 연구 결과는 공공주택 지역에 고정적으로 배치된 경찰관은 고정적으로 배치되지 않은 경찰관보다도 수사를 더 개시할 것 같고, 향상된 주인의식(ownership)과 책임의식(responsibility)을 갖고 있다는 것을 보여

380 제13장 지역사회 경찰활동의 평가 및 미래

주고 있다(Kane, 2000).

4. 미국 서북지역 경찰서 연구

다른 연구 결과에 따르면 경찰기관의 직업문화는 지역사회 경찰활동 실행 때문에 상당히 변화했다. 자오(Zhao) 등(1999)은 지역사회 경찰활동을 실행한 것으로 유명한 미국 서북지역 경찰서의 경찰관을 조사했다. 그들은 경찰관의 직업가치가 지역사회 경찰활동의 실행 후에 상당히 변화했음을 발견했다. 특히 개인의 행복, 안락함, 안전을 반영하는 가치가 증가하였다.

5. 미국 경찰학교 훈련의 연구

미국 경찰관서들은 문화적 변화를 촉진하기 위해서 경찰학교 훈련 교과목에 지역사회 경찰활동 관련 원리를 통합하였다. Arizona에서의 경찰 훈련을 조사한 하르(Haarr)(2000)의 연구는 지역사회 경찰활동 원리를 교육 받는 것은 만족스런 효과를 보여줄지라도 그 효과는 경찰관이 경찰학교를 떠나서 업무환경에 노출될 때 빨리 소멸된다는 것을 보여주었다. 또한 이 연구는 신임경찰관의 현장훈련(field training) 동안에도 지역사회 경찰활동 원리가 강화되지 않았다는 것을 발견했다.

참고문헌

Bayley, David. (1988). "Community Policing: A Report from the Devil's Advocate," in Greene & Mastrofski (eds.), *Community Policing: Rhetoric or Reality*, New York: Praeger.

Bayley, David. (1994). *Police for the future*, New York: Oxford Press.

Berg, S. (2006). "How New York Got its Groove Back... and What It Could Mean for Minneapolis," *Minneapolis Star Tribune*, June 11.

Buerger, Michael E. (1994). "The Problems of Problem-Solving: Resistance, Interdependencies, and Conflicting Interests," *American Journal of Police*, ⅩⅢ(3).

Eck, John E. & Maguire, Edward R. (2006). "Have Changes in Policing Reduced Violent Crime?," in Alfred Blumstein & Joel Wallman (eds.), *The Crime Drop in America* (rev. ed.), Cambridge University Press.

Goldstein, Herman. (1997). "Toward Community-Oriented Policing: Potential, Basic Requirements and Threshold Questions," *Crime and Delinquency*, 33.

Greene, Jack R. & Mastrofski, Stephen D. (1988). *Community Policing: Rhetoric or Reality*, New York: Praeger.

Haarr, Robin(2000). *The Impact of Community Policing Training and Program Implementation on Police Personnel: A Final Report*, National Institute of Justice.

Hunter, Ronald D. & Barker, Thomas. (1993). "BS and Buzzwords: The New Police Operational Style," *American Journal of Police*, 12(3).

Kilzer, L. (2006). "Brokwn Windows' Crime-Fighting Strategy Works in N.J.," *Rocky Mountain News*, March 14.

Kane, R. (2000). "Permanent Beat Assignment in Association with Community Policing: Assessing the Impact on Police Officers' Field Activity," *Justice Quarterly*, 17(2).

Kelling, George L. & Moore, Mark H. (1988). "The Evolving Strategy of Policing," *Perspective on Policing No. 4*, Washington, D.C.: Government Printing Office.

Lurigio, Arthur & Skogan, Wesley. (2000). "Winning the Hearts and Minds of Police Officers," in Ronald Glensor, Mark Correia, & Kenneth Peak (eds.), *Policing Communities*, Los Angeles: Roxbury Publishing.

Mastrofski, Stephen, Parks, Roger, & Worden, Robert. (1998). *Community Policing in Action: Lessons from an Observational Study*, Washington, DC: National Institute of Justice.

McElroy, Jerome, Cosgrove, Colleen, & Sadd, Susan. (1993). *Community Policing: The CPOP in New York*, Newbury Park, CA: Sage.

Parks, R. B., Mastrofkski, S. D., DeJong, C., & Gray, M. K. (1999). "How officers spend their time with he community," *Justice Quarterly*, 16(3): 483-518.

Rosenbaum, Dennis P., Lewis, Dan A., & Grant, Jand A. (1986). "Neighborhood-Based Crime Prevention: Assessing the Efficacy of Community Organizing in Chicago," in Dennis P. Rosenbaum (ed.), *Community Crime Prevention: Does It Work?*, Beverly Hills: Sage Publications.

Skogan, Wesley G. & Harnett, Susan M. (1997). *Community Policing, Chicago Style*, New York: Oxford University Press.

Skolnick, Jerome & Bayley, David. (1988). *Community Policing: Issues and Practices around the World*, Washington, D.C.: National Institute of Justice.

Stevens, Dennis J. (2000-2001). *Case Studies in Community Policing*, Upper Saddle River, NJ: Prentice Hall.

Trojanowicz, R. & Bucqueroux, B. (1992). *Toward Development of Meaningful and Effective Performance Evaluations*, East Lansing, MI: National Center for Community Policing.

Walker, Samuel & Katz, Charles M. (2002). *The police in America: An Introduction* (4th ed.), New York: McGraw-Hill.

Walker, Samuel & Katz, Charles M. (2008). *The police in America: An Introduction* (6th ed.), Boston, Mass: McGraw-Hill.

Weisel, Deb & Eck, John. (2000). "Toward a Practical Approach to Organizational Change," in Ronald Glensor, Mark Correia, & Kenneth Peak (eds.), *Policing Communities*, Los Angeles: Roxbury Publishing.

Hubert Williams & Patrick V. Murphy. (1990). "The Evolving Strategy of Police: A Minority View," *Perspectives on Policing*, 13.

Wycoff, M. A. (1988). "The Benefits of Community Policing: Evidence and Conjecture," in J. R. Green & S. D. Mastrofski (eds.), *Community Policing: Rhetoric or Reality*, New York: Praeger.

Zhao, Jihong. *"Solomon"* & Thurman, Quin.(2001). *A National Evaluation of the Effect of COPS Grants on Crime from 1994 to 1999*, Omaha: University of Nebraska at

Omaha, December.

Zhao, Jihong, Lovrich, Nicholas, & Robinson, Hank. (2001). "Community Policing: Is It Changing the Basic Functions of Policing?," *Journal of Criminal Justice*, 29.

Schnebly, Stephen M. (2008). "The Influence of Community-Oriented Policing on Crime-Reporting Behavior," *Justice Quarterly*, 2.

Tuffin, Rachel, Morris, Julia, & Poole, Alexis. (2006). "Evaluation of the Impact of the National Reassurance Policing Programme," *Great Britain Home Office Research Development and Statistics Directorate*, January.

Watson, E. M., Stone, A. R., & Deluca, S. M. (1998). *Strategies for Community Policing*, Upper Saddle River, NJ: Prentice Hall.

Weitzer, Ronald & Tuch, Steven A. (2004). "Public Opinion on Reforms in Policing," *Police Chief*, December.

찾아보기

임창호

[약력]

동국대학교 경찰행정학과 및 동 대학원 졸업(경찰학 박사)

경찰대학교, 경찰종합학교, 중앙경찰학교 외래교수

경찰청 치안정책고객평가단 위원

대전광역시 어린이안전대책위원회 위원

대전지방경찰청 국가대테러협상위원

대전·충남·경남 지방경찰청 지방경찰학교 외래교수

경비지도사 자격시험 선정위원

경남대학교 경찰행정학과 교수

대전대학교 입학사정관 실장

日本 北海商科大學 交換敎授

한국공안행정학회 회장

현재

대전대학교 경찰학과 교수

법무부 보호관찰위원

대전광역시 안전브랜드 활성화사업 자문위원

대전지방경찰청 민원조정위원

대전동부경찰서 청소년선도심사위원

대전중부경찰서 경미범죄심사위원

도시안전디자인센터 방범분과장

인사혁신처 5급, 7급, 9급 공무원 채용시험 출제 및 선정위원

[주요 연구실적]

한국지역사회 경찰활동의 활성화 방안

문제 지향적 경찰활동의 활성화 방안

지역사회에 기초한 범죄예방

성공적인 지역사회 경찰활동의 실행전략에 관한 연구

지역사회 경찰활동과 경찰관 직무만족도에 관한 연구 등

지역사회 경찰활동과 범죄예방

초판발행	2021년 3월 30일
지은이	임창호
펴낸이	안종만·안상준
편 집	이면희
기획/마케팅	정연환
표지디자인	최윤주
제 작	고철민·조영환
펴낸곳	(주) **박영사**
	서울특별시 금천구 가산디지털2로 53, 210호(가산동, 한라시그마밸리)
	등록 1959. 3. 11. 제300-1959-1호(倫)
전 화	02)733-6771
f a x	02)736-4818
e-mail	pys@pybook.co.kr
homepage	www.pybook.co.kr
ISBN	979-11-303-1241-5 93350

정 가   24,000원